Armin Strohmeyr
Abenteuer reisender Frauen

PIPER

Zu diesem Buch

Angetrieben von Mut und Neugier stellten die hier porträtierten Frauen alles in Frage. Sie stürzten bestehende Gesellschaftsnormen, verließen despotische Ehemänner und eroberten die Welt auf ihre ganz eigene Art.

Fünfzehn spannende Lebensgeschichten voller äußerer Irrtümer und innerer Konsequenz!

Armin Strohmeyr, geboren 1966, ist promovierter Germanist und Autor viel beachteter Biografien über Klaus und Erika Mann, Annette Kolb, George Sand, die Frauen der Brentanos und Sophie von La Roche sowie der Porträtsammlungen *Verlorene Generation* und *Glaubenszeugen der Moderne*. Er ist Autor zahlreicher Features für das Radio; erhielt den Kulturpreis der Stadt Königsbrunn (2005) und war »Burgschreiber zu Beeskow« (2010).

www.armin-strohmeyr.de

Armin Strohmeyr

Abenteuer reisender Frauen

15 Porträts

Piper München Zürich

Mehr über unsere Autoren und Bücher:
www.piper.de

»Nur Reisen ist Leben, wie umgekehrt
das Leben Reisen ist.«

Jean Paul

Originalausgabe
Dezember 2012
© für diese Ausgabe:
2012 Piper Verlag GmbH, München
Umschlaggestaltung: Birgit Kohlhaas, Egling
Umschlagabbildung: oben: Getty Images (Agatha Christie),
unten: Slim Aarons/Getty Images (Katharine Hepburn, Antilles),
Bild U4: Time Life Pictures/Getty Images (Thea Rasche)
Satz: Kösel, Krugzell
Gesetzt aus der Berling
Papier: Munken Print von Arctic Paper Munkedals AB, Schweden
Druck und Bindung: GGP Media GmbH, Pößneck
Printed in Germany   ISBN 978-3-492- 27431-9

Inhalt

1 Catalina de Erauso (1592–1650)
Nonne und Konquistadorin

Spanien zu Beginn des 17. Jahrhunderts: Es ist das sogenannte Goldene Zeitalter. Das Königreich ist eine Weltmacht. Die Kolonien in der Neuen Welt erstrecken sich von Kalifornien im Norden bis Feuerland im Süden. Spanische Galeonen und Karacken, beladen mit Gold und Silber, mit Mais, Zuckerrohr und tropischen Früchten, überqueren in Flottenstärke den Atlantischen Ozean und löschen ihre Ladungen in den Häfen von Sevilla, Cadiz und San Sebastián.

Manchen Konquistadoren ist das nicht genug: Noch lebt der Mythos von El Dorado, dem sagenhaften Goldland. Was Hernando Cortés und Francisco Pizarro aus den zerstörten Städten der Azteken und Inka an Schätzen geraubt haben, kann – so glaubt man – nur der Abglanz dessen sein, was sich im unzugänglichen Inneren des Kontinents verbirgt. Der Mythos lebt daher fort, er lebt in den Köpfen der Spanier, von König Philipp III. und den Adligen bis hinab zu den Kleinbürgern und Tagelöhnern. Selbst in den weltverschlossenen Klöstern hat der Goldrausch in Gestalt prächtiger Monstranzen und Altäre, die aus den Schätzen der fernen Kolonien gefertigt wurden, Einzug gehalten.

Flucht aus dem Kloster

Auch in den Konvent der Dominikanerinnen von San Sebastián im Baskenland haben sich die Gerüchte von El Dorado eingeschlichen. In diesem Kloster lebt die zwölfjährige Novizin Catalina. Sie stammt aus der vornehmen baskischen Adelsfamilie Erauso. Doch als Mädchen und viertes Kind stellt sie für die Familie nur eine Last dar. Um sie gut zu verheiraten, hätte man ihr eine anständige Mitgift auszahlen müssen. Aber das Erbe wurde bereits den drei älteren Geschwistern versprochen. Also blieb für Catalina nur das Kloster. Bereits mit vier Jahren kam sie zu den Dominikanerinnen. Dort erhält sie eine solide Ausbildung in Lesen, Schreiben und Rechnen, in Latein und Musik. Und sie wird auf das Leben als Klosterfrau vorbereitet: Mit vierzehn Jahren soll sie die ewige Profess ablegen.

Glücklicherweise schrieb sie eine Autobiografie, worin sie minutiös ihre Erlebnisse bis zum fünfunddreißigsten Jahr erzählt. Und sie hatte wirklich eine buchwürdige Vita.

Catalina ist ein selbstbewusstes, etwas störrisches Mädchen. Mit der Lebensweise einer Nonne kann sie sich einfach nicht anfreunden. Als sie zwölf Jahre alt ist, beschließt sie, zu fliehen und ihr Glück in der Neuen Welt zu suchen. Ihre Tante, die ebenfalls im Kloster lebt, wird ihr dabei unwillentlich zur Komplizin:

»Gegen Ende meines Noviziats hatte ich einen Streit mit einer Nonne namens Donna Catalina de Aliri, die als Witwe ins Kloster eingetreten war, und die – sie war stämmig und ich jung – mich grob behandelte, und die ich hasste. [...] Am Abend des Sankt-Josephs-Tages [19. März] hatte sich der Konvent um Mitternacht zum Matutin-Gebet erhoben. Ich ging in den Chor der Kirche, wo mich meine Tante herbeirief, mir den Schlüssel zu ihrer Zelle gab, damit ich ihr das Brevier holen solle. Ich ging hin, öffnete die Zelle und sah die Schlüssel zur Klosterpforte an einem Nagel hängen. Ich ließ die Zelle offen und ging zurück, um meiner Tante den Schlüssel und das Brevier zu geben. Als die Nonnen im Chor waren, und die Matutin mit Feierlichkeit begann, bat ich beim ersten Bibelvers meine Tante, mich zurückziehen zu dürfen, ich fühle mich krank. Sie tätschelte mir den Kopf und sagte: ›Ja, geh zurück ins Bett.‹ Ich verließ den Chor mit einer Kerze, ging in die Zelle meiner Tante, nahm

Schere, Faden und Nadel, einige Geldmünzen, die ich vorfand, und die Schlüssel zum Kloster. Dann ging ich, öffnete und schloss die Türen, bis hin zur letzten, die die Pforte zur Straße war, wo ich mein Skapulier von mir warf. Ich trat auf die Straße hinaus, die ich noch nie in meinem Leben gesehen hatte, und wusste nicht, wohin ich mich wenden, wohin ich gehen sollte. Ich überließ mich dem Abenteuer und gelangte in einen Kastanienwald, der außerhalb der Stadt lag, hinter dem Kloster. Dort verbarg ich mich drei Tage lang, zerschnitt mein Gewand und nähte ein neues daraus. Ich nähte mir lange blaue Hosen [...] und Gamaschen. Das Habit, das ich getragen hatte, ließ ich liegen, ich hatte keine Verwendung dafür. Außerdem schnitt ich mir die Haare kurz. Dann, in der dritten Nacht, zog ich los, wusste nicht, wohin ich gehen sollte, folgte den Pfaden und mied bewohnte Orte. Schließlich gelangte ich nach Vitoria, zwanzig Meilen von San Sebastián entfernt. Ich war müde und hungrig, hatte nichts anderes gegessen als Kräuter, die ich auf meinem Weg gefunden hatte.«

Aus der Novizin wird ein Mann

Mit dem Anlegen von Männerkleidern tut Catalina de Erauso einen entscheidenden Schritt. Sie macht aus der Not eine Tugend: Bis an ihr Lebensende wird sie – von einer kurzen Unterbrechung abgesehen – die Männerkleider nicht mehr ablegen. Mehr noch: Sie wird sich als Mann fühlen, sich einen Männernamen zulegen, sich wie ein Mann gebärden, Männerberufe ergreifen. Unter dem damaligen strengen Sittenkodex muss sie, sollte sie entdeckt werden, mit Gefängnis und Folter, sogar mit der Todesstrafe rechnen. Sie nimmt das Risiko jedoch auf sich, weil sie sich im Innersten als Mann fühlt. Ihr biologisches Geschlecht wird überlagert von ihrer psychischen Identität.

Über die inneren Beweggründe Catalinas wurde viel gerätselt. Selbst die moderne Psychologie, Medizin und Soziologie kamen zu keiner eindeutigen Erklärung. Catalina wurde als lesbische Frau definiert, dann wieder als Transsexuelle oder als Hermaphrodit. An bildlichen Darstellungen glaubte man sogar eine hormonelle Dysfunktion, eine Überproduktion des männlichen Hormons Testosteron, ablesen zu können. Aber keine dieser Interpretationen überzeugt. Dazu wissen wir über die Person Catalina de Erausos zu wenig. Sie erzählt in ihren Memoiren zwar detailfreudig von ihren äußeren Lebensumständen und Abenteuern, aber der Impetus innerer Erkenntnis war der Memoirenliteratur vor vierhundert Jahren noch fremd.

Mit solch müßigen Fragen kann sich die auf der Flucht befindliche jugendliche Catalina ohnehin nicht befassen. Zunächst gilt es, den von den Nonnen alarmierten Stadtwachen zu entkommen. Aber wie soll es weitergehen ohne Geld, ohne Verbindungen? Und wo soll sie unterkommen?

Hungrig irrt sie in der Stadt Vitoria umher, bis ein Mann namens Francisco de Cerralta, Professor für Literatur, sie mitleidig aufliest und mit nach Hause nimmt. Er fördert den vermeintlichen Jüngling, unterrichtet Catalina in Latein und will sie sogar auf die Universität schicken. Doch Catalina schlägt dieses außerordentliche Angebot aus, das Studieren ist nicht ihre Sache. Sie hungert vielmehr nach dem Abenteuer, nach dem prallen Leben. Bei Nacht und Nebel verlässt sie daher das Haus des Professors – nicht ohne ihn um Geld erleichtert zu haben.

Sie schließt sich einem Maultiertreiber an, der nach Valladolid zieht. Dort bewirbt sie sich unter dem Namen Francisco Loyola als Page bei dem königlichen Sekretär Don Juan de Idiaquez und dient ihm sieben Monate lang. Weitere zwei Jahre arbeitet sie als Page in Estella in Navarra. Schließlich kehrt sie in ihre Heimatstadt San Sebastián zurück. Jetzt hat sie nur noch *ein* Ziel vor Augen: Amerika, die Neue Welt, das sagenhafte El Dorado. Mit ihren Ersparnissen bezahlt sie einen Platz auf einer Galeone, die wenige Tage später ausläuft. Das Ziel: Panama.

Was für eine fremde Welt ist dieses Amerika! Es herrscht tropische Hitze. Die Stützpunkte der Soldaten und Händler bestehen meist nur aus wenigen Straßenzügen. Von der Kirche und dem Haus des jeweiligen Gouverneurs abgesehen, gibt es nur elende Holzhütten. Auf den Märkten werden fremdartige Früchte angeboten, die Catalina nicht kennt. Sie sieht mit einer Mischung aus Neugier und Abscheu Menschen mit anderer Hautfarbe. Es gibt auf den Märkten bronzefarbene Indios und auf den Zuckerrohrplantagen schwarze Sklaven. Catalina geht in die Hafenkneipen und begegnet Söldnern, Huren und allerlei Gesindel. Alle erzählen sie Geschichten, die vielleicht im Rumrausch zusammenfantasiert sind: Weit im Süden, wo sich die geheimnisvollen, schneebedeckten Anden erheben, soll es noch unerforschte Gegenden geben, mit unentdeckten, unzugänglichen Inkastädten, in denen die Fenster aus Edelsteinen und die Pflastersteine aus Gold sind!

Catalina – oder Antonio, wie sie sich nun nennt – lernt den Kaufmann Juan de Urquiza kennen und schließt sich ihm als Gehilfe an. Sie segeln nach Peru. Schon glaubt sie ihrem Ziel El Dorado nahe zu sein, doch kurz vor der peruanischen Küste geraten sie in einen Sturm: »Als wir uns dem Hafen von Manta näherten, wurden wir von einem so heftigen Gewitter überfallen, dass unser Schiff auf die Seite geworfen wurde und nur die, die schwimmen konnten, wie ich, mein Meister und ein paar andere, sich retten konnten. Alle anderen ertranken.«

Nach ihrer Rettung übernimmt sie in dem peruanischen Ort Zaña eine Handelsfiliale ihres Brotherrn. Mit Fleiß und Wagemut gelingt es Catalina, gute Gewinne zu erzielen. Von Juan de Urquiza erhält sie großzügigen Lohn sowie zwei schwarze Sklaven und eine Köchin.

Doch das Glück ist nur von kurzer Dauer. Bald gerät sie in Streit mit einem Trunkenbold, der nach kurzem, heftigem Wortwechsel den Degen zieht. Catalina, ebenfalls mit einem Degen bewaffnet, setzt sich zur Wehr und verletzt den Widersacher. Die Wache eilt herbei. Catalina wird ins Gefängnis geworfen. Kurze Zeit darauf kann sie in eine Kirche fliehen, in der ihr Asyl gewährt wird. Versuche ihres Arbeitgebers, sie bei der Gerichtsbarkeit freizukaufen, scheitern. Da verfällt der Kaufmann auf eine List, die nicht ohne erotische Pikanterie ist: Catalina alias Antonio soll die Dame Beatriz de Cardenas heiraten, eine Nichte des verwundeten Widersachers. Durch diese Verbindung – so des Kaufmanns Kalkül – würde man den Gegner versöhnen. Außerdem ist Beatriz de Cardenas die Geliebte Juan de Urquizas: Würde sein Handelsgehilfe die Dame heiraten, könnte der Kaufmann unauffällig in der Nähe von Beatriz sein, die er – da selbst verheiratet – nicht zur Frau nehmen kann. Catalina geht nur widerwillig auf das Spiel ein:

»Nachts schlich ich mich aus der Kirche und ging zum Haus dieser Dame; sie überschüttete mich mit Zärtlichkeiten, und unter dem Vorwand, sie fürchte die Justiz, bat sie mich, nachts nicht mehr zur Kirche zurückzukehren, sondern vielmehr die Nacht bei ihr zu verbringen. Eines Nachts sperrte sie mich ein, und erklärte, ich solle zum Teufel noch mal mit ihr schlafen; sie drückte mich so fest an sich, dass ich gezwungen war, Gewalt anzuwenden, um zu entkommen. Ich sagte meinem Meister sogleich, es sei nutzlos, weiterhin von dieser Heirat zu sprechen, ich würde das um nichts auf der Welt tun.«

Um den Nachstellungen der liebestollen Dame zu entkommen, geht Catalina nach Truxillo, wo sie wieder ein Geschäft ihres Herrn, des reichen Kaufmanns, führt. Doch sie gerät erneut in Streit mit einem Mann. Ein Freund des Degenhelden, den Catalina in Zaña verletzt hat, will Rache an ihr nehmen. Wieder kommt es zum Zweikampf. Diesmal weiß Catalina die Waffe besser zu führen und trifft ihren Gegner tödlich.

Es ist der erste Totschlag, den Catalina begeht. Im Laufe ihres Lebens bringt sie – will man ihren Memoiren glauben – rund ein halbes Dutzend Männer im Streit um. Später, als Soldat, streckt sie im Kampf noch etliche Gegner nieder. Mag man das noch als das mörderische Handwerk des Krieges begreifen, so waren ihre Duelle durchaus von niederen Instinkten geleitet, ausgelöst durch Karten- und Glücksspiel, Trunksucht und kriminellen Umgang.

Nachdem Catalina ihren Gegner tödlich niedergestreckt hat, flüchtet sie erneut in eine Kirche und bittet um Asyl. Mithilfe ihres Herrn kann sie schließlich aus der Stadt fliehen und geht, mit einem Empfehlungsschreiben versehen, nach Lima, die Hauptstadt Perus.

Kurz zuvor hatte sich Catalina noch heftig geweigert, die Geliebte ihres Meisters zur Frau zu nehmen. Jetzt findet sie anscheinend Gefallen am weiblichen Geschlecht. Offensichtlich war die persönliche Identifikation mit der Rolle eines Mannes so fortgeschritten, dass sie auch die Figur des Draufgängers gerne spielte. Immer wieder hat sie Kontakt zu Prostituierten. In Lima tritt sie in die Dienste eines anderen Kaufmanns, der sie jedoch nach neun Monaten aus dem Haus wirft. Catalina erinnert sich: »Der Grund war, dass er bei sich zwei junge Mädchen hatte, mit denen, und vor allem mit einer, mich eine Zuneigung verband. Ich hatte die Angewohnheit, mit ihr zu spielen und zu schäkern. Eines Tages lungerte ich so auf der Terrasse herum, an ihre Seite geschmiegt und ihre Beine streichelnd, als ihr Vater zufällig an einem Fenster erschien, von wo er uns sah, und er mich sagen hörte, ich wolle nach Potosi gehen, um Geld zu verdienen, und sie dann später heiraten. Er zog sich zurück, rief mich einen Moment später zu sich, verlangte meinen Geschäftsbericht und schickte mich dann weg.«

Catalina war als Händler und Prokurist gescheitert. Sie besaß keine Empfehlung und musste sich nach einem anderen Posten umsehen. Was lag da näher, als den Soldatenberuf zu ergreifen? Das Vizekönigreich Peru war an seinen Grenzen im Süden und Osten noch immer bedroht: Portugiesen fielen ins Land ein, Indios revoltierten, Rebellen und Räuber machten ganze Landstriche unsicher. Als Soldat der königlichen Armee konnte man Ruhm ernten, guten Sold einstreichen und sich an der Ausplünderung der Einheimischen beteiligen. Ein Leben galt dabei wenig.

Catalina de Erauso wird nun also Konquistador, spanischer Eroberer. Sie wird mit geschlitzten Hosen, eisernem Brustharnisch, hohem Kragen und dem spanischen Helm mit ausladenden eisernen Spitzen ausstaffiert. Als Söldner wurde sie im Jahre 1630 – sie war achtunddreißig – von dem Maler Francisco Pacheco, dem Schwiegervater von Diego Velázquez, in Öl porträtiert. Das Bild befindet sich heute in San Sebastián im Baskenland, der Heimat Catalinas. Auf dem Gemälde blickt einem ein Konquistador mit strengen, etwas verbitterten Zügen entgegen. Die Augen sind groß und dunkel, das rechte schielt etwas. Tränensäcke treten deutlich hervor. Die Nase ist lang und etwas gebogen, der Mund fest geschlossen, das Kinn markant. Eine tiefe Falte zieht sich vom Nasenflügel zum Mundwinkel. Die Gesichtsmuskulatur ist stark ausgeprägt, sie verleiht den Zügen etwas Hartes, Willensstarkes. Das Haar trägt Catalina halblang, es fällt bis über die Ohren – einziges Zugeständnis an ihr biologisches Geschlecht.

Mit einer Kompanie spanischer Söldner erreicht Catalina die Stadt Concepción im heutigen Chile. Der Zufall will es, dass sie hier ihrem älteren Bruder, einem Offizier, begegnet, doch sie gibt sich nicht zu erkennen. Als die Kompanie nach Lima zurückgeschickt wird, erreicht sie, dass sie in Chile bleiben kann. Drei Jahre lang ist sie dort Soldat unter dem direkten Kommando ihres Bruders.

Als sie wieder einmal in Streit gerät, wird sie in die Ebene von Valdivia strafversetzt. Dort widersetzen sich die Indios der spanischen Oberhoheit. Catalina berichtet vom grausamen Vorgehen gegen die Aufständischen: »Die Indios nahmen Valdivia ein und plünderten es. Wir zogen ihnen entgegen und lieferten ihnen drei oder vier Gemetzel, in denen sie stets unterlagen und in die Flucht geschlagen wurden. Aber beim letzten Mal – sie hatten Verstärkung erhalten – setzten sie uns schwer zu, und sie töteten viele von uns, auch Offiziere, unter anderem auch meinen Fähnrich, und entwendeten unsere Fahne. Als wir sahen, dass sie die Fahne mitnahmen, setzten wir hinterher, ich und zwei andere berittene Soldaten, mitten hinein in eine große Menge. Wir warfen sie nieder, schlugen und steckten Schläge ein. Bald sank einer von uns tot nieder. Zu zweit kämpften wir weiter, und wir kamen bis zu unserer Fahne. Mein Kamerad wurde von einem Lanzenstoß niedergerissen, und ich trug eine Verwundung am Bein davon. Schließlich tötete ich den Kaziken [Häuptling], der die Fahne trug, und ich riss sie an mich. Dann packte ich meine beiden Kameraden, stieß noch eine ganze Gruppe von Feinden nieder und tötete sie, obwohl ich selbst verletzt war, getroffen von drei Pfeilen und einer Lanze in der linken Schulter, die mir viel Pein bereitete. Schließlich gelangte ich zurück zu den Unseren, und ich fiel erschöpft vom Pferd.«

Für ihren Wagemut wird Catalina zum Leutnant ernannt. Auch bei weiteren Zusammentreffen mit feindlichen Indios ist sie nicht zimperlich: Sie sticht ihre Gegner meist mit Schwert oder Hellebarde nieder. Gefangene werden nicht gemacht, sondern auf ihren Befehl hin gleich am nächsten Baum aufgeknüpft.

Rausch des Tötens

Catalinas militärische Karriere wird durch ihre Spielsucht gefährdet: Beim Kartenspiel gerät sie mit anderen Soldaten aneinander und tötet zwei. Sie kann zunächst fliehen, wird verfolgt, in der Dunkelheit der Nacht kommt es zum Kampf mit ihrem Verfolger, den sie ebenfalls niedersticht. Zu spät erkennt sie, dass sie ihren eigenen Bruder getötet hat. Sie flüchtet in ein Kloster und verbirgt sich dort acht Monate lang. Dann gelingt ihr der Ausbruch aus dem von Soldaten bewachten Konvent, sie schlägt sich nach Tucumán in Argentinien durch. Auf der Flucht tut sie sich mit zwei anderen Deserteuren zusammen. Gemeinsam überqueren sie die Anden. Es wird ein grauenvolles Erlebnis:

»Auf dreihundert Meilen begegneten wir niemandem. Wir hatten noch eine Handvoll Brot und ein wenig Wasser; wir aßen Gras, ein paar kleine Tiere, Wurzeln. Manchmal sahen wir Indios, die aber vor uns flohen. Wir waren gezwungen, eines unserer Pferde zu töten, um davon zu essen und den Rest mit uns zu nehmen. Aber das Pferd war ganz abgezehrt und nur noch Haut und Knochen. Wir töteten schließlich auch die beiden anderen Pferde, gingen zu Fuß weiter und konnten uns kaum noch aufrecht halten. Die Erde war so kalt, dass sie gefror. Wir sahen schließlich zwei Männer, die an einem Felsen lehnten, was uns mit großer Freude erfüllte. Wir rannten zu ihnen hin, riefen ihnen Begrüßungen zu, noch bevor wir sie erreichten, und fragten, was sie da machen. Sie antworteten nicht. Wir näherten uns; sie waren tot, erfroren, die Münder offen, als würden sie lachen, was uns mit Grausen erfüllte. Wir gingen weiter. Drei Tage später, als wir uns bei einem Felsen zum Schlafen legten, gab einer von uns, der nicht mehr weiterkonnte, den Geist auf. Zu zweit ging es weiter, und am nächsten Tag, gegen vier Uhr nachmittags, ließ sich mein Kamerad fallen und brach in Tränen aus. Er konnte nicht mehr weitergehen und starb ebenfalls. Ich fand in seiner Tasche acht Piaster und setzte meinen Weg fort, ohne zu wissen, wohin, ausgestattet nur noch mit einer Arkebuse und einem Stück Pferdefleisch. Ich hatte das gleiche Schicksal wie meine Kameraden zu erwarten. Man kann sich meine Betrübnis vorstellen, müde wie ich war, ohne Schuhe, die Füße wundgerieben. Ich lehnte mich an einen Baum und fing an zu weinen, ich glaube zum ersten Mal in meinem Leben. Ich betete den Rosenkranz, empfahl mich der Heiligen Jungfrau und dem ruhmreichen heiligen Joseph.«

Doch Catalina hat Glück: Zwei Reiter entdecken sie und bringen sie zu einem nahegelegenen Bauernhof, wo man sie gesund pflegt.

Wieder bei Kräften, kehrt sie nach Peru zurück. In einer Unruheprovinz verpflichtet sie sich erneut als Söldner und wütet im Trupp unter den aufständischen Indios. Catalina, ganz Kind ihrer Zeit, berichtet voller Stolz von den begangenen »Heldentaten«: »Die Indios, mehr als zehntausend an der Zahl, waren in das Land eingebrochen. Wir unternahmen einen Angriff wie im Rausch und richteten ein solches Gemetzel an, dass ein Bach von Blut sich über den Platz ergoss, und wir verfolgten sie weiter und töteten sie, bis hin zum Fluss Dorado.«

Dorado. Das Zauberwort. War Catalina noch immer auf der Suche nach dem sagenhaften Goldland? Wir wissen es nicht. Ihre Autobiografie verrät allerdings, dass sie ganz andere Probleme hatte: Mehrmals gerät sie in den folgenden Jahren beim Spiel in Streit, tötet verschiedene Gegner, wird verhaftet, ins Gefängnis geworfen, flieht wieder, verdingt sich in einer anderen Provinz als Söldner. Einmal wird sie – Ironie des Schicksals – wegen eines Mordes, den sie gar nicht begangen hat, festgenommen. Im Kerker zeigt man ihr bereits die Folterwerkzeuge. Kurz bevor man sie der Marter unterzieht, wird sie auf Geheiß des Gouverneurs freigelassen. Man hat die wahren Übeltäter festgesetzt und ihnen ein Geständnis abgepresst.

Das hätte für Catalina eine Mahnung sein können, ihrem Leben eine Wende zu geben. Doch die Gier nach Abenteuern und Geld lässt sie nicht zur Ruhe kommen. Wieder verdingt sie sich als Söldner. Als sie vor der Küste Perus in einem Seegefecht zwischen Spaniern und Holländern kämpft, wird ihr Schiff geentert, sie selbst gefangen genommen und nach drei Wochen von den großmütigen Niederländern an der peruanischen Küste ausgesetzt.

Ein andermal wendet Catalina eine List an, um der Verhaftung zu entgehen. Als sie in Lima ein Pferd kauft, wird sie von zwei Betrügern beschuldigt, ihnen den Gaul gestohlen zu haben. Ein Offizier will sie festnehmen. Da wirft sie dem Pferd eine Decke über den Kopf und fragt die Betrüger, auf welchem Auge das Pferd denn blind sei. Die Aussagen widersprechen sich: Auf dem linken, sagt der eine, auf dem rechten, der andere. Catalina zieht dem Pferd die Decke vom Kopf: Es ist auf keinem Auge blind!

Schließlich besinnt sich Catalina in einem Augenblick höchster Not. In Cuzco spielt sie Karten, gerät in Streit und tötet erneut einen Mann, den stadtbekannten »Neuen Cid«, einen üblen Säufer und Raufbold. Catalina flüchtet daraufhin und findet Asyl im bischöflichen Palast. Der Bischof, ein alter, weiser und lebenserfahrener Mann, spürt, dass Catalina ein Geheimnis mit sich trägt. Er spricht ihr ins Gewissen. Da gibt der Damm, den sie jahrelang im Inneren aufgebaut hat, nach, und sie bricht – so zumindest erinnert sie sich – in Tränen aus. Es sind Tränen der Befreiung aus innerer Not. Sie beichtet dem Kirchenmann ihre Taten und gesteht, dass sie eine entlaufene Nonne ist. Der Bischof lässt sie daraufhin von zwei Hebammen auf ihr Geschlecht und ihre Jungfräulichkeit untersuchen. Als feststeht, dass sie die Wahrheit gesprochen hat, erteilt er ihr die Absolution. Unter seinem Schutz begibt sie sich nun in das Nonnenkloster der heiligen Klara in der Stadt Guamanga in Peru.

Hier könnte die Geschichte enden, wenn das Ganze ein sentimentaler Roman wäre. Aber es handelt sich um das Leben einer Frau, die nie Frau und Nonne sein wollte. Sie ist im Inneren nicht zu brechen und folgt dem Bischof, ihrem Wohltäter und Retter, nur zum Gefallen. Als der Kirchenmann wenig später stirbt, wird sie vom Orden nach Spanien zurückgerufen. Man möchte den Willen der ungehorsamen Frau brechen. 1624, zwanzig Jahre nach ihrer Flucht, macht sie sich auf den Weg in die alte Heimat.

In Sevilla angekommen, flüchtet Catalina erneut und legt wiederum Männerkleider an. Sie erbittet eine Audienz bei König Philipp IV. und schildert ihm ihre Geschichte. Der König hat schon allerlei von ihr gehört, in Spanien erzählt man sich auf den Straßen viel über sie. Er zeigt sich erkenntlich für ihre soldatischen Verdienste und gewährt ihr eine großzügige Rente. Doch für das andere Problem, die Frage ihrer Geschlechterrolle, fühlt er sich nicht zuständig. In solch schwierigen Sachverhalten kann nur der Papst eine Entscheidung fällen.

Also schifft sich Catalina nach Rom ein. Papst Urban VIII. – auch er hat von der Konquistadorin vernommen – gewährt ihr eine Audienz. Sie trägt auch ihm ihre Geschichte und ihr Problem vor. Schließlich fasst der Heilige Vater einen weisen und großherzigen Entschluss. Catalina erinnert sich: »Seine Heiligkeit zeigte sich sehr erstaunt über solch eine Geschichte und erteilte mir in seiner Güte die Erlaubnis, künftig in Männerkleidung zu leben, ermahnte mich aber, auch in Zukunft meine Keuschheit zu wahren. [...] Danach verließ ich ihn. Die Neuigkeit verbreitete sich rasch, und ich sah mich umringt von zahlreichen Persönlichkeiten, Prinzen, Bischöfen, Kardinälen. Alle Häuser standen mir offen, so dass ich anderthalb Monate in Rom zubrachte, und es gab kaum einen Tag, wo ich nicht eingeladen und von Prinzen bewirtet wurde.«

Catalina, die sich stolz bei ihrem Männer- und Adelsnamen »Antonio de Erauso« nennen darf, zieht im Juli 1626 nach Neapel weiter. Hier endet ihre Autobiografie, die viel später, im Jahre 1829, in spanischer Sprache veröffentlicht wird, ein Jahr darauf in französischer Sprache, im 20. Jahrhundert noch in anderen Übersetzungen. Lange hat man die Echtheit der Memoiren angezweifelt und ein paar Datierungsfehler im Text bemängelt. Inzwischen haben verschiedene Forscher jedoch die Authentizität der Autobiografie nachgewiesen. Lediglich ein paar romaneske Szenen scheinen von späterer Hand eingeflochten zu sein.

Das weitere Leben Catalinas ist nur grob nachzeichenbar: Bis 1630 hält sie sich in Sevilla auf, wo auch Pacheco das Ölporträt anfertigt. Dann zieht der Abenteuerdrang sie erneut nach Amerika: Sie schifft sich nach Mexiko ein, wohin man ihr die Leibrente nachsendet. 1645 begegnet ihr der Kapuzinermönch Nicolás de la Rentería und berichtet über das Treffen mit der »Monja Alférez«, der »Nonne als Fähnrich«. Das wurde die volkstümliche Bezeichnung für Catalina, und so lautet auch der Titel eines 1626, also im Jahr des päpstlichen Dispenses entstandenen Theaterstückes über ihr merkwürdiges Leben.

In Mexiko kauft sich Catalina von ihrer Rente Maultiere und Sklaven und unterhält eine Spedition für den Warenverkehr zwischen der Ostküste und der Hauptstadt Mexiko. Ganz so keusch, wie es Papst Urban von ihr gefordert hatte, scheint sie aber nicht gelebt zu haben. Bezeugt ist eine unglückliche Affäre mit einer jungen Dame: Diese soll von den Eltern ins Kloster geschickt werden, verlobt sich jedoch mit einem jungen Mann. Catalina, die im Auftrag der Eltern als »Begleitservice« die Verantwortung für die junge Frau übernommen und sich in sie verliebt hat, wird eifersüchtig. Sie bietet der von ihr Begehrten eine Mitgift von dreitausend Pesos, unter der Bedingung, dass sie ins Kloster eintritt. Sie selbst, Catalina, wolle dann auch den Nonnenschleier nehmen, um der Liebsten nahe zu sein. Aus dem Kuhhandel wird allerdings nichts. Die junge Frau heiratet ihren Bräutigam, Catalina bleibt Unternehmerin, und dem Kloster werden ungeahnte Schwierigkeiten erspart. Freilich verzichtet Catalina nicht so ohne Weiteres: Es kommt zu Szenen im Haus des Bräutigams, der ihr schließlich die Tür weist, woraufhin Catalina ihm eine Forderung zum Duell schickt. Der junge Mann entsinnt sich jedoch des zweifelhaften Ruhmes der Widersacherin und geht auf die Forderung lieber nicht ein: Er wolle sich mit einer Frau nicht schlagen. Eine offene Beleidigung für Catalina de Erauso! Zum Glück schlichten Außenstehende den Streit, und alle involvierten Personen kommen mit dem Leben davon.

Wenig später, im Jahr 1650, stirbt Catalina de Erauso im Alter von achtundfünfzig Jahren in Mexiko und wird unter großer Anteilnahme beigesetzt.

Geblieben ist das Bild einer Frau, die ein Leben lang kämpfte. Sie tat das aus einer etwas primitiven Gier nach Ruhm und Reichtum. Das ist der eine Aspekt. Der andere: Sie kämpfte auch gegen Vorurteile und Konventionen, um endlich das sein zu dürfen, als was sie sich empfand – ein Mann.

2 Hortense de Mazarin (1646–1699)
Femme fatale auf der Flucht

Paris, im Winter 1661: In Frankreich herrscht der zweiundzwanzigjährige König Ludwig XIV. Noch nennt man ihn nicht den »Sonnenkönig«, noch ahnt man nicht, zu welcher Bedeutung er sein Land einmal führen wird. Frankreich ist aus dem Dreißigjährigen Krieg und dem Krieg gegen Spanien gestärkt hervorgegangen. Im Inneren wurde der Aufstand der adligen Frondisten gegen den König niedergeschlagen. Der mächtige, inzwischen achtundfünfzigjährige Kardinal Mazarin hat das Sagen. Er ist krank und weiß, dass er, da er als Geistlicher keine Kinder hat, Macht und Reichtum auf andere Weise vererben muss, wenn sein Name und sein Ruhm weiterleben sollen.

Aus diesem Grund hat er bereits einige Jahre zuvor vier seiner sieben Nichten und seinen Neffen aus seiner Heimat Italien nach Frankreich kommen lassen, um sie am Hof einzuführen, sie französisch zu erziehen und ihnen günstige Verbindungen zu verschaffen. Den Neffen Philippe, einen unruhigen und unsteten Charakter, hält er allerdings für schwach. Seine Nichten verheiratet er nach und nach mit wohlhabenden und einflussreichen Männern, um den Clan der Mazarins mit Frankreichs Geld- und Geburtsadel zu vernetzen.

Mit seiner Lieblingsnichte, der jüngsten der sieben, hat er Besonderes im Sinn: Ortensia oder Hortense – sie ist gerade einmal vierzehn Jahre alt – soll den Titel »Herzogin von Mazarin« erben. Bald werben hochstehende Männer um sie, denn neben dem Titel winkt ihnen auch eine immense Mitgift von einhundertfünfzigtausend Livres, daneben unschätzbarer Diamantenschmuck, zudem das Herzogtum Mayenne, ein Stadtpalais in Paris und Ländereien im Elsass.

Schönheit als Waffe

In späteren Jahren klagt Hortense über diese Heiratspolitik und den frühen Verlust ihrer kindlichen Unbeschwertheit: »Sobald meine Kindheit unter verschiedenen Zerstreuungen dahin war, sprach man darüber, mich zu verheiraten. Das Schicksal, das mich schließlich zur unglücklichsten Person meines Geschlechts machen sollte, begann zunächst, als wollte es mich zu einer Königin küren.«

Hortense macht es dem Onkel und dessen dynastischen Plänen nicht leicht: Im Grunde ihres Herzens hasst sie ihn – und sie weiß um den Wert ihrer legendären Schönheit. Bilder zeigen eine schlanke, schwarzhaarige Frau mit dunklen, mandelförmigen Augen, schwarzen Brauen und einer ausgeprägten, geraden Nase. Sie trägt für die damalige Zeit eher schlichte Kleider mit tiefgeschnittenem Dekolleté, die Schultern frei, ihre Reize selbstbewusst zeigend. Am auffälligsten ist, dass sie auf einigen Stichen und Gemälden keinerlei Schmuck trägt: keine Ohrringe, kein Collier, nicht einmal einen Ring. Ihre schlichte, natürliche Schönheit pries – als sie bereits eine reife Frau war – der damals berühmte Dichter Charles Saint-Évremond mit hymnischen Worten in einem an sie gerichteten Brief:

»Ich habe es unternommen, Ihnen einen Rat zu geben, obgleich Frauen es nicht lieben, einen anzunehmen. Aber das macht nichts. Ich nehme an Ihrer Schönheit zu großen Anteil, um Sie nicht vor dem Unrecht zu warnen, das Sie ihr zufügen würden, wenn Sie zum Geburtstag der Königin Schmuck anlegten. Lassen Sie den Schmuck den anderen! Schmuckstücke sind fremde Schönheiten, die jenen an Stelle der natürlichen dienen. Und bei jenen sind wir verpflichtet, unseren Augen etwas Angenehmeres zu bieten, als es ihre Personen selbst sind. [...] Jeder Schmuck, den man Ihnen anlegt, verbirgt eine Schönheit, jedes

Schmuckstück, das man Ihnen fortnimmt, gibt Ihnen Anmut zurück. Und Sie sehen niemals so gut aus, als wenn man an Ihnen nur Sie selbst sieht.

Die meisten Damen verlieren sich vorteilhaft unter ihrem Schmuck. Es gibt welche, die man mit ihren Perlen sehr hübsch findet, jedoch sehr hässlich finden würde mit ihrem Hals. Das schönste Halsband der Welt würde auf dem Ihren sehr schlecht wirken. Es würde an Ihrer Person eine Veränderung eintreten, und jede Veränderung an einer vollendeten Sache könnte für diese nicht von Vorteil sein.«

»Gott sei Dank, er ist verreckt«

Nacheinander weist Hortense de Mazarin so illustre Heiratskandidaten wie den Marschall Turenne, Karl Stuart von England, den Herzog von Savoyen, den Prinzen von Courtenay und den Bruder des Königs von Portugal ab. Selbst ein Eunuch findet sich unter denen, die für sie schmachten. Schließlich ist es aber der Adlige Armand de La Porte, der ihre Hand erhält, obwohl gerade er – der Urenkel eines Advokaten – nicht der Wunschkandidat des schon todkranken Kardinals Mazarin ist. Hortense berichtet hiervon in ihren Memoiren: »Ich wurde im Alter von sechs Jahren nach Frankreich gebracht, und wenige Jahre später verschmähte Monsieur Mazarin [Armand de La Porte] meine Schwester, die Connetable Maria Colonna, und empfand eine so gewaltsame Zuneigung für mich, dass er sogar einmal zu Madame d'Aiguillon sagte, dass, würde er mich heiraten, es ihm egal wäre, müsste er drei Monate später sterben.«

Freilich schrieb Hortense diese Erinnerungen später mithilfe eines »Ghostwriters«, des Dichters César Saint-Réal, in der Absicht, ihren Mann, von dem sie inzwischen getrennt lebte, der Lächerlichkeit preiszugeben. Weiter berichtet sie über Armand de La Porte: »Der Erfolg übertraf seine Wünsche: Er hat mich geheiratet und ist immer noch nicht tot.«

Ob Armand de La Porte wirklich so vernarrt in Hortense war,

wissen wir nicht. Sicherlich war die in Aussicht gestellte Mitgift auch für ihn ein großer Anreiz. Für Hortense scheint der Wunsch, ihren Onkel zu düpieren, vielleicht auch nur ein pubertäres Aufbegehren, der Anlass gewesen zu sein, den aussichtslosesten der Bewerber zu wählen. Hortense erzählt selbst: »Nachdem der Kardinal Mazarin zum ersten Mal Gerüchte über diese Leidenschaft hörte, war er so unwillig, das anzunehmen, und so außer sich über den Korb, den Armand de La Porte meiner Schwester gegeben hatte, dass er mehrfach sagte, er würde mich lieber an einen Lakaien verheiraten.«

Armand de La Porte gelingt es, den Bischof von Fréjus zu seinem Verbündeten zu machen, indem er ihn mit Geldzusicherungen besticht – ein Versprechen, das er freilich nie einlöst. Kurz: Kardinal Mazarin gibt schließlich seine Einwilligung, und Hortense darf Armand de La Porte heiraten.

Wenig später, am 9. März 1661, stirbt Kardinal Mazarin und hinterlässt seinen Nichten ein riesiges Vermögen, selbst der französische Staatshaushalt wird aus den ihm zugesprochenen Mitteln saniert. Hortense, nun eine der reichsten Frauen Frankreichs, hat für ihren Onkel indes nur Hohn und Spott übrig. Sie vertritt in ihren Erinnerungen eine eigene Version der Todesursache, die – mag sie auch unglaubhaft sein – viel über das Verhältnis zwischen dem Kardinal und seinen Nichten verrät:

»Sobald die Ehe geschlossen worden war, schickte mir Armand ein Schränkchen, worin zwischen lauter Nippes auch zehntausend Pistolen in Gold waren. Ich teilte sie mit meinem Bruder und meinen Schwestern, um sie mit meinem Reichtum auszusöhnen, den sie nicht ohne Neid betrachten konnten, so eine Miene machten sie. Ja, sie brauchten mich nicht einmal darum zu bitten. Der Schlüssel blieb immer dort, wo er gewesen war, als man das Schränkchen gebracht hatte; jeder konnte sich von dem Geld nehmen. Und eines Tages, als wir uns keinen besseren Zeitvertreib wussten, warfen wir mehr als dreihundert Louis aus dem Fenster des Palais Mazarin, um das Vergnügen zu haben, damit eine Schar von Lakaien zu bewerfen, die unten im Hof standen.

Als diese Verschwendung zu Ohren des Kardinals Mazarin kam, empfand er darüber solch einen Verdruss, dass man fürchtete, dies würde seinen Tod beschleunigen. Wie dem auch sei, er starb acht Tage später und ließ mich zurück als die reichste Erbin und die unglücklichste Frau der Christenheit. Auf die erste Nachricht, die wir hiervon erhielten, sagten mein Bruder und meine Schwester zueinander: ›Gott sei Dank, er ist verreckt.‹ Um ehrlich zu sein, ich selbst war auch kaum betrübter; und es ist doch bemerkenswert, dass ein Mann mit diesen Verdiensten, der sein ganzes Leben lang geschuftet hat, um seine Familie nach oben zu bringen und ihr Reichtum zu verschaffen, nur Reaktionen des Widerwillens geerntet hat, selbst nach seinem Tod. Wenn Ihr wüsstet, mit welcher Strenge er uns in allen Belangen behandelte, wäret Ihr weniger erstaunt. Nie zuvor hatte ein Mensch sanftere Umgangsformen in der Öffentlichkeit, und ein so rohes Gebaren zu Hause.«

Ein Tartuffe mit Gesichten

Die Ehe mit Armand de La Porte, dem frischgebackenen Herzog von Mazarin und von Mayenne, ist von Anbeginn unglücklich. La Porte zeigt überaus bigotte und spleenige Züge. Nachdem er die legendäre Kunstsammlung des Kardinals Mazarin erheiratet hat, geht er mit einem Hammer durch die Galerie und schlägt den antiken Statuen die Geschlechtsteile ab, weil sie ihm unschicklich erscheinen. Auch Nacktheiten auf Gemälden von Tizian und Correggio lässt dieser Saubermann überpinseln. Überhaupt erscheint er manchmal wie eine Figur aus einer Molière'schen Komödie: Einmal verlost er die Dienstposten im Haushalt, denn – so Armand – aus dem Los spreche Gottes Wille. So wird der Koch sein Verwalter, der Parkettarbeiter sein Sekretär. Als Feuer im Haus ausbricht und die Leute zum Löschen herbeistürzen, verjagt Armand de La Porte dieses »Gesindel«, das es wagt, Gott ins Handwerk zu pfuschen. Louis Herzog von Saint-Simon schreibt amüsiert: »Dank dieses Verhaltens verringerte er die Last des ungeheuren Vermögens, die ihn bedrückte.«

Auf seinen Gütern verbietet Armand de La Porte den Bäuerinnen, die Kühe zu melken, das sei schlecht für die Keuschheit. Unschicklich gilt ihm auch die Körperhaltung beim Spinnen und beim Butterstampfen. Die Ammen dürfen freitags und samstags nicht stillen, denn das sind die Todestage des Herrn Jesus Christus. Durch seine Dörfer zieht er mit selbst verfassten Katechismen, die er unters Volk verteilt. Überhaupt steht La Porte mit überirdischen Mächten in gutem Kontakt: Er hat Visionen vom Erzengel Gabriel. Als er, der als Gläubiger des jungen Königs sogar Zugang zu dessen Privatgemächern hat, einmal zu später Stunde zu Ludwig XIV. eilt und ihm mitteilt, der Erzengel sei ihm erschienen und habe gefordert, der König solle sich von seiner Geliebten, Fräulein de La Vallière, trennen, erwidert Ludwig schlagfertig, der Erzengel sei auch ihm erschienen und habe verkündet, der Herzog von Mazarin sei verrückt.

Auch gegen seine Frau ist Armand de La Porte streng und von krankhafter Eifersucht. Bereits wenige Wochen nach der Hochzeit versucht Hortense daher, sich zu erdolchen. Er verbietet ihr die »Mouches«, die Schönheitspflästerchen, und nimmt ihr den Schmuck weg. Als Hortense weinend zu ihrem Bruder Philippe eilen will, der im Haus nebenan wohnt, lässt Armand die Verbindungstür kurzerhand zumauern. Sie erklärt daraufhin, sie werde eben über die Straße gehen, woraufhin er den Kopf zum Fenster hinausstreckt und unter dem Gelächter der Passanten lauthals fordert, man solle ihr den Weg abschneiden.

Verdacht auf Inzest

Armand de La Porte versucht, seine Frau wie eine Gefangene zu halten, verbietet ihr den Ausgang oder schickt die Hochschwangere über Wochen mit der Kutsche zwischen seinen Besitzungen in der Bretagne und dem Elsass hin und her. Hortense schreibt: »Wenn ich mit einem Diener redete, wurde er am nächsten Morgen entlassen. Machte mir ein Mann zweimal hintereinander Besuch, so verbot ihm der Herzog das Haus. Gefiel mir ein Dienstmädchen, schickte er es fort. Verlangte ich nach meiner Kutsche, so verhinderte er – wenn auch unter allerlei Scherzen –, dass angespannt wurde.«

Schließlich geht Armand de La Porte mit seinen eifersüchtigen Vorwürfen bis zum Äußersten. Die Herzogin berichtet:

»Urteilt selbst über die Entrüstung, die ich empfand, als ich seine widerwärtigen Verdächtigungen empfing. Mein Mann, hundertmal lächerlicher und verachtenswerter als der allerletzte Bürger, der fürchtet, von seiner Frau entehrt zu werden, mein Mann also erschien eines Abends urplötzlich in meinem Zimmer und fand mich und meinen Bruder dort allein vor, ohne dass ich hätte Kerzen bringen lassen, weil es noch nicht völlig Nacht war. Er zeigte sich befremdet über unser Alleinsein und über die Dunkelheit und rief nach den Hausburschen. Er ließ zwanzig Kerzen anzünden, ganz gegen seine Gewohnheit, und meinte, dass, befinde sich eine junge Frau fast ganz allein, man sie mit lauter Lichtern umgeben müsse, und dass übrigens jeder Tag, wo er das ›Glück‹ besitze, meinen Bruder, den Herzog von Nevers, als Gast dazuhaben, für ihn ein Tag großer Umstände sei. […] Als wir schließlich allein waren, erklärte mir mein Mann, er lese seit Langem schon in den Augen meines Bruders eine leidenschaftliche Liebe zu mir. […]

›Madame‹, sagte er, ›ich weiß selbst geheime Gefühle zu durchleuchten; im Übrigen: Wäre der Herzog von Nevers der erste Bruder, der sich in seine eigene Schwester verliebt? Schließlich haben Geschwister seit der Kindheit Gelegenheit, sich zu sehen; man hat voreinander nichts zu verbergen; diese Vertraulichkeit, der Reiz, den man empfindet, sich täglich ohne Hindernis zu begegnen, lässt eine süße Zuneigung entstehen, die man leicht als brüderliche Freundschaft bemäntelt, die aber sehr schnell zu einem Strafbestand wird.‹«

Eingeschüchtert durch diese maßlose Unterstellung, willigt Hortense ein, eine Zeit lang im Kloster Notre-Dame-des-Chelles, östlich von Paris, Unterschlupf zu suchen, unter den strengen Augen der Äbtissin. Dort freundet sie sich mit einer Altersgenossin an, Sidonie von Courcelles. Die Streiche, die die beiden jungen Frauen den Nonnen spielen, zeugen davon, wie Hortense fern vom Ehemann auflebt:

»Um den Novizinnen, die oft des Nachts gegen ihren Willen aufstehen mussten, einen Gefallen zu tun, füllten wir einmal die Schlösser zu den Zellen der Äbtissin und der Klosterfrau, die die Glocken läutete, mit Sand, so dass beide in jener Nacht nicht mehr aus ihren Kammern herauskonnten. Eines Abends trennten wir alle Glockenseile ab und warfen sie in einen Brunnen, um die Nonnen am Läuten zu hindern, und daran, die Nachtruhe aller zu stören.«

Ein andermal gießen sie Tinte ins Weihwasserbecken oder laufen bei einem Gang durch die Stadt der ihnen zur Bewachung beigegebenen Nonne kichernd davon. All das kommt natürlich Armand de La Porte zu Ohren, und er droht, Hortense zurückzuholen. Die Angelegenheit dringt an die Öffentlichkeit. Schließlich befasst sich sogar das Ständeparlament in Paris mit dem Ehekrach, denn der Friede im Umkreis des königlichen Hofes ist von dem Streit im hochherrschaftlichen Hause Mazarin bedroht. Die Versammlung ordnet an, dass Hortense fortan wieder im Palais Mazarin wohnen solle, ihr Mann, der das Amt eines Artilleriegroßmeisters innehat, im Arsenal.

Fideles Exil in Italien

Hortense de Mazarin hat indes einen Fluchtplan ausgeheckt: Ihr Bruder Philippe bringt sie in einer Karosse vor das Stadttor von Paris. Unterdessen hat Hortense in der Kutsche Männerkleider angelegt. Vor der Stadt besteigt sie ein Pferd, und zusammen mit ihrem Bruder, einem Vertrauten und der Zofe Manon beginnt die Flucht. Zunächst geht es in Richtung Lothringen, dann nach Süden, acht Tage und acht Nächte lang, in denen sie kaum schlafen, über die Alpen nach Mailand, zu ihrer Schwester Maria, die dort mit dem Konnetabel Lorenzo Colonna verheiratet ist. Freilich ist Hortenses Verkleidung – anders, als man das aus Mantel- und Degenfilmen kennt – so überzeugend nicht. Schmunzelnd schreibt Hortense in ihren Memoiren: »Fast überall erkannte man uns als Frauen. Immer wieder entglitt es Manon, mich mit ›Madame‹ anzusprechen. Und manchmal geschah es auch aus dem Grunde, dass mein Teint und die Feinheit meiner Gesichtszüge mein Geschlecht verdächtig machten. Auch wurde ich darüber unterrichtet, dass Leute in den Herbergen manchmal auf den Einfall kamen, uns durchs Schlüsselloch hindurch zu beobachten, wenn wir uns in unseren Zimmern eingeschlossen hatten: Sie sahen also, wie wir unser langes Haar lösten, sobald wir unter uns waren, weil unsere Männerfrisuren uns arg unbequem erschienen. Manon war sehr klein und so wenig überzeugend als Reiter gekleidet, dass ich sie nicht anschauen konnte, ohne in Lachen auszubrechen.«

Armand de La Porte hat unterdessen wieder Visionen vom Erzengel Gabriel (deren Inhalt uns leider nicht überliefert ist). Erneut lässt er eines Nachts den König wecken und bittet ihn, die staatliche Polizei nach Hortense und ihrem Bruder fahnden zu lassen. Ludwig antwortet ungehalten, er habe keine Lust mehr, sich in diese Eheangelegenheiten einzumischen. Bald gehen Lieder um, die den Herzog und seine Engelsvisionen verspotten:

»Mazarin, traurig, bleich und mit gebrochenem Herzen,/ fragt: Ach, meine Frau, was ist aus ihr geworden?/Der König darauf: Ist euch das wirklich nicht bekannt?/Hat der Engel, der euch alles sagt, euch diesmal nichts verraten?«

Armands Unruhe steigert sich noch, als Gedichte auftauchen, die Philippe auf seine Schwestern Hortense und Maria Colonna verfasst hat. Wieder wittert der Ehemann einen Bruder-Schwester-Inzest, wenngleich Philippe in den Versen beteuert: »Mit der schönen Hortense und der klugen Marie/verbringe ich so zwischen Schwester und Schwester mein Leben./Ihr beide seid im ganzen Universum einzigartig in eurer Art./Schöner als Venus und keuscher als Lukretia.«

Doch nicht mit dem Bruder lässt sich die lebenslustige Hortense in Mailand und später in Rom ein. Weit schlimmer für die damalige Ständegesellschaft: Sie wählt einen Stallburschen zum Geliebten. Das hat bald Folgen. Ein in Rom lebender Franzose namens Monsieur de Belbeuf berichtet in einem Brief an seine Mutter: »Obwohl man hier nicht übermäßig viele Frauen zu sehen bekommt, verbringen wir die Zeit recht angenehm mit der Frau Konnetabel und Madame de Mazarin, die äußerst zufrieden zu sein scheint, abgesehen von einer kleinen Unpässlichkeit, darin bestehend, dass sie im sechsten oder siebten Monat schwanger ist.«

Hortense de Mazarin gibt ihrem Stallburschen jedoch schon bald den Laufpass. Was aus dem Kind wurde, ist nicht überliefert.

Der König schreitet ein

Schließlich reist Hortense – ihres Exils überdrüssig – zusammen mit ihrem Bruder wieder zurück nach Frankreich. Sie lassen sich ein halbes Jahr lang Zeit, was wieder Gerüchte über einen Inzest schürt. In Nevers angekommen, wartet bereits ein vom Ehemann beauftragter Kommissar der Großen Kammer auf die Flüchtige, um sie zu verhaften. Doch die Bürger der Stadt rotten sich zusammen und demonstrieren lauthals für die schöne Herzogin, so dass man sie wieder freisetzen muss.

Nun verliert der König die Geduld: Er erteilt dem Herzog den Befehl, sich mit seiner Frau auszusöhnen, und empfängt Hortense bei Hofe. Ludwig redet der Störrischen ins Gewissen, sich mit Armand wieder zu vertragen. Sie aber skandiert uneinsichtig den alten Ruf der aufständischen Frondisten, was einem Hochverrat gleichkommt: »Point de Mazarin, point de Mazarin – fort mit Mazarin, fort mit Mazarin!«

Der König seufzt resigniert und bietet Hortense die Rückkehr nach Rom an, sofern sie sich mit einem Bruchteil ihrer Rente, vierundzwanzigtausend Livres, bescheidet. Zähneknirschend stimmt Hortense, die normalerweise ein Jahreseinkommen von anderthalb Millionen Livres gewohnt ist, ein. Unter Geleitschutz wird sie daraufhin nach Italien gebracht.

Doch schon bald nimmt sie – gemeinsam mit ihrer Schwester Maria Colonna, die ebenfalls ihrer Ehe überdrüssig ist – Reißaus. Die beiden Frauen suchen das Abenteuer, fern der höfischen und häuslichen Kontrolle. Sie mieten einen Kutter und segeln acht Tage lang übers Meer nach La Ciotat in der Provence. Armand de La Porte erfährt von der spektakulären Flucht und setzt einen Detektiv auf die Frauen an. Die fahren unterdessen in einer Barke rhoneaufwärts nach Lyon. Dort trennen sich die Schwestern. Maria macht sich auf den Weg nach Paris, Hortense begibt sich, ohne von dem Detektiv aufgespürt zu werden, nach Chambéry in Savoyen.

Bei Herzog Carlo Emanuele, der einst vergebens um ihre Hand anhielt, quartiert sie sich drei Jahre lang ein und wohnt auf dessen Schlössern in Chambéry und Turin. Ganz uneigennützig bietet der Herzog der schönen Frau allerdings nicht Unterkunft, vielmehr wird Hortense seine Geliebte. In Savoyen schreibt Hortense mithilfe César Saint-Réals ihre Erinnerungen, die 1675 zur Rechtfertigung ihres Lebensweges erscheinen. Als im selben Jahr Herzog Carlo Emanuele stirbt, fordert seine Witwe die Herzogin von Mazarin auf, das Land zu verlassen. Hortense entschließt sich, einen weiteren Verehrer zu besuchen: König Karl II. von England. Mit ihrem prachtvollen Gefolge von zwanzig Reitern durchzieht sie die Rheinebene flussabwärts, obwohl dort Krieg tobt – ein etwas gespenstisch anmutender Zug inmitten von Morden und Brandschatzung.

London ist entzückt

Hortense bleibt bis zu ihrem Tod im englischen Exil. Sie gefällt sich darin, die verarmte und verstoßene Ehefrau zu spielen, deren Mann ihr Vermögen einbehalten hat und deren Schmuck vom französischen Finanzminister zur Aufbesserung der Kriegskasse eingezogen worden ist. Somit sind die Bildnisse, die sie ohne Juwelen zeigen, nicht nur Ausdruck der natürlichen Schönheit, die ihr Vertrauter, der Dichter Saint-Évremond an ihr rühmte, sondern auch bildlich gewordener Vorwurf an die Männer, die ihr Unrecht getan haben. Zum tatsächlich erlittenen finanziellen Schaden gesellt sich auch ein gut Maß Selbstmitleid. Arm ist Hortense de Mazarin bis zuletzt nicht. Auch Karl von England verleiht ihr etliche Dotationen: Er schenkt ihr ein kleines Palais im Londoner Park von Saint James und setzt ihr eine Pension von viertausend Pfund aus, von der sie gut und sorgenfrei leben kann. Karl ist der einst von ihm umworbenen Frau gegenüber ein großzügiger und großherziger Kavalier. Als Armand de La Porte dem englischen König schreibt, er anerkenne keine von seiner Frau unterschriebene Quittung mehr, erwidert der König ritterlich, es sei nicht seine Gewohnheit, von Damen solche Zettel überhaupt anzunehmen. Hortense ist ihm am englischen Hof, den der frankophile König als langweilig empfindet, eine willkommene Abwechslung: Französische Kunst, Mode und Mätressen erscheinen ihm als das Nonplusultra feiner Lebensart.

Hortense hält in ihrem Londoner Haus Hof im Kleinen: Um sie gruppiert sich ein Kreis von Adligen, Künstlern, Philosophen und Dichtern – etwa der Schriftsteller und Abbé César Saint-Réal. Auch der damals bereits über fünfundsechzigjährige Dichter Charles Saint-Évremond gehört dazu, der sich in die sechsunddreißig Jahre jüngere Herzogin verliebt, ihr in Gedichten und Briefen Komplimente macht und ihr seine philosophische Abhandlung *Über die Freundschaft* widmet. Außerdem verfasst er später ihre Lebensgeschichte – und trägt mit seinen parteiischen Lobeshymnen viel zum etwas einseitig positiven Ansehen Hortenses in der Nachwelt bei. Für Vorwürfe, er sei ein alter Narr und höriger Sklave der Herzogin, hat Saint-Évremond indes nur ein Achselzucken übrig:

»Man beschuldigt mich zu Unrecht, zu viel Nachsicht für Madame Mazarin zu üben. Dabei gibt es niemanden, über den Madame Mazarin sich mehr beklagen könnte als über mich. Seit sechs Monaten suche ich schalkhaft etwas an ihr, das mir missfallen könnte, und trotz meiner Unzulänglichkeit finde ich nur Liebenswürdigkeit und Reiz. […] Sie ist die einzige Frau, für die man auf ewig in seinem Verhalten beständig bleiben könnte und mit der man sich in jeder Stunde dem Vergnügen der Unbeständigkeit hingibt.«

Auch Hortense schätzt ihr Faktotum: »Der achtbare Saint-Évremond, dieser teure Philosoph, ergriff alle Gelegenheiten, mir weise Ratschläge zu erteilen, manchmal in einem scherzenden Ton, manchmal ernsthaft. Glücklich die Frau, die solch einen Freund besitzt!«

Freilich hört die noch junge Herzogin oftmals nicht auf die weisen Ratschläge ihres Mentors: Stattdessen verstrickt sie sich in vielfache Liebeshändel. Zum Beispiel ist da der schwedische Baron Bannier (oder Banér), dessen Vorzüge sie – für eine Dame der damaligen Zeit gewagt – offen preist: »Das Objekt meiner lebhaften Gefühle war ein junger Schwede, der Baron von Bannier, Sohn des berühmten Generals dieses Namens [Johan Banér], einer der berühmtesten Zöglinge des Königs Gustav Adolf, der sich in Deutschland so viel Ruhm als Anführer der schwedischen Truppen erwarb. Nie zuvor wurde meinen Augen ein so schöner Mann vorgeführt. Stellt Euch ein Antlitz mit regelmäßigen Zügen vor, große blaue Augen, die zärtlich und ausdrucksstark sind, einen Mund, der von blendend weißen Zähnen geschmückt wird und um den stets das charmanteste Lächeln spielt. Fügt Eurer Fantasie noch frische und tiefrote Farben hinzu, den Glanz eines Pfirsichs oder eines Apfels. Er hat blondes Haar, vergleichbar dem, das die Maler Apoll geben, und eine hohe und edle Gestalt.«

Als 1684 der Sohn ihrer Schwester Olympia, der junge Chevalier de Soissons, nach London zu Besuch kommt, verliebt er sich in die Tante und fordert den Nebenbuhler Bannier zum Duell. Dabei tötet der junge Hitzkopf Hortenses Geliebten. Als Hortense die Nachricht erhält, verschließt sie ihr Haus und lässt es zur Trauer mit schwarzem Samt ausschlagen.

Ihr immer noch geifernder Ehemann überzieht sie unterdessen von Frankreich mit Klagen und Prozessen. Die Schriftstücke der Advokaten wandern zwischen Paris und London hin und her. Glücklicherweise hat Hortense noch immer den treuen Saint-Évremond, der ihr den Papierkram abnimmt und jeden seiner untertänigen Briefe an die Herzogin mit den Worten »Tuyo hasta la morte« unterzeichnet: »Dein bis in den Tod«.

Schulden, Branntwein, Kartenspiel

1689 besteigt der Protestant Wilhelm von Oranien den englischen Königsthron. Im Parlament entbrennt eine heftige Debatte über Hortense: Man fordert, die Pension der ausländischen Katholikin einzuziehen und die allzu leichtlebige Frau vor Gericht zu stellen. Ihr wird sogar die Beteiligung an einer Verschwörung unterstellt. Hortense ist bereit, England zu verlassen, doch ihre Gläubiger lassen sie nicht ziehen. Armand de La Porte, der sich angesichts der bevorstehenden Auslieferung seiner Frau bereits die Hände reibt, meint nun, die Engländer seien Ketzer, deren Forderungen man nicht zu begleichen brauche. Schließlich erbarmt sich Wilhelm von Oranien der in die Enge getriebenen Exilantin, lässt die Untersuchung einstellen und ihr wieder eine Staatspension ausbezahlen.

Hortense de Mazarin verfällt in den kommenden Jahren mehr und mehr dem Kartenspiel, der Wettlust und dem Alkohol. Sie trinkt Branntwein wie ein Matrose. Fassungslos wird berichtet, sie schaue Hahnenkämpfen zu und tanze in kurzen Röcken die ungebärdige Forlane. Doch das Bild der liebes- und vergnügungssüchtigen Herzogin zeigt nur *eine* Seite ihres unausgeglichenen Wesens. Hortense hadert mit ihrem Schicksal, das es ihr zwar an keiner äußeren Sicherheit fehlen lässt, ihr aber dennoch die Möglichkeit zur Selbstbestimmung verweigert: »Wie ist das Schicksal der Frauen zu beklagen! Sie sind dazu verdammt, die Sklaven der Ehemänner mit ihren seltsamen, unbeständigen und eifersüchtigen Launen zu sein; umgeben von allen Reizen der Verführung, von liebenswerten und zugleich gefährlichen Männern, die sie anbeten, ist ihnen auferlegt, den Illusionen ihrer Sinne zu widerstehen, und dennoch betrachtet man sie als viel schwächer denn die Männer!«

Im Jahre 1699 erkrankt Hortense de Mazarin und begibt sich zur Kur nach Chelsea, wo sie am 2. Juli stirbt. Sofort beschlagnahmen ihre Gläubiger die Leiche. Der Herzog von Mazarin, noch immer begierig nach dem Körper seiner Frau, muss eine hohe Kaution stellen, um den Leichnam auszulösen. Ein letztes Mal kann er wegen seiner Frau das tun, was er am liebsten tut: prozessieren. Auch bleibt ihm die Genugtuung, ihre Rückkunft – und sei es nur die ihres toten Körpers – nach über dreißig Jahren doch noch erzwungen zu haben.

Hortense de Mazarin hinterlässt drei Töchter und einen Sohn. Dessen Urenkelin heiratet 1777 den Fürsten von Monaco. Damit fallen das Herzogtum Mayenne und die Besitzungen im Elsass (unter anderem Pfirt oder Ferrette im Oberelsass) an die Grimaldis, gehen aber wenige Jahre später in der Französischen Revolution verloren. Den Titel »Gräfin und Graf von Pfirt«, den Hortense und ihr Mann ebenfalls führten, tragen die Grimaldis bis heute.

Charles Saint-Évremond, der treue Wegbegleiter von Hortense de Mazarin, überlebt die Herzogin um vier Jahre: Er stirbt dreiundneunzigjährig im September 1703 in London und wird als französischer Dichter neben den großen englischen Geistern in Westminster Abbey beigesetzt.

Man mag der Herzogin Hortense de Mazarin manches vorwerfen, doch oberflächlich war sie nicht. Vieles in ihren Memoiren scheint direkt aus ihrem Munde zu kommen, Gedanken, die ihr Hausautor Saint-Évremond so tief nicht empfunden und erfunden haben kann:

»Ich beende hier die Geschichte meines Lebens, gleichwohl in der Absicht, mir zum Ziel genommen zu haben, zu zeigen, wie viel Unrecht unserem Geschlecht angetan wird. […] Ich habe erfahren, dass selbst der vollkommene Rückzug aus dem öffentlichen Leben und selbst ein einwandfreies Verhalten nicht Schutz vor Verleumdungen bieten. […] Oftmals täuscht uns der Schein, und im Verhalten der Frauen gibt es oft mehr Unglück als Liederlichkeit.«

3 Mary Read (um 1685–1721) und Anne Bonny (um 1690–nach 1720)

Piratinnen der Karibik

Im Jahre 1713 wird der Friede von Utrecht geschlossen. Damit endet nach zwölf Jahren der Spanische Erbfolgekrieg, der Europa verwüstet und ausgeblutet hat. Doch der Friede wird nicht von allen begrüßt. Abertausende von Söldnern der verschiedenen Armeen sind nun ohne Lohn und Brot. Es sind viele »soziale Verlierer« darunter, Menschen ohne Besitz und Beruf. Um nicht als Bettler zu enden, gleiten etliche von ihnen in die Kriminalität ab, schlagen sich fortan als Diebe und Räuber durch. Andere suchen ihr Glück in der Neuen Welt, heuern auf Handels- und Auswandererschiffen an, in der vagen Hoffnung, in Amerika Fuß fassen zu können.

Eines dieser Auswanderer- und Glückssucherschiffe, ein niederländischer »Westindienfahrer«, ist im Jahre 1716 auf dem Weg in die Karibik. Es befindet sich bereits in den Gewässern der Bahamas, als der Matrose im Ausguck, dem sogenannten Krähennest, voller Entsetzen ein Piratenschiff sichtet, das Kurs auf die Holländer nimmt. Auf der Mastspitze des Seeräuberschiffs weht die schwarze Fahne mit Totenkopf und zwei gekreuzten Säbeln. Die damaligen berühmten Piratenkapitäne besitzen alle individuelle Flaggen. Diese hier, das wissen die Matrosen des holländischen Schiffes vielleicht, gehört Jack Rackham. Er ist der Dandy unter den Piraten, ein eitler Mann, der sich gern in bunten Fantasieuniformen zeigt, die aus feinster indischer Baumwolle aus Kalikut geschneidert sind, weswegen er den Spitznamen »Calico Jack« trägt.

Die Piraten holen den trägen Westindienfahrer rasch ein. Als die Enterhaken ausgeworfen werden und die beiden Schiffe Bord an Bord liegen, sackt den Holländern das Herz in die Hose. Zu schrecklich ist der Anblick der bis an die Zähne bewaffneten Piraten, denen die Mordlust in die Visagen geschrieben steht. Die Holländer ergeben sich kampflos und hoffen, so mit dem nackten Leben davonzukommen. Nur einer, ein Soldat namens Marc Read, ein hübscher junger Mann mit feinen Gesichtszügen, zieht Pistole und Degen und stellt sich furchtlos den Angreifern entgegen. Doch Read kann sich nicht lange gegen die Übermacht verteidigen und wird überwältigt. Die Holländer haben indes offenbar falsch kalkuliert. Denn Calico Jack findet ausgerechnet an diesem jungen Soldaten Gefallen und nimmt ihn auf sein Schiff: Der tapfere Kerl soll als Pirat kämpfen! Das Holländerschiff wird geplündert, in Flammen gesteckt und die Besatzung in Beibooten auf offenem Meer ausgesetzt. Ob die Holländer rettendes Land erreichten, ist nicht bekannt.

Was Rackham nicht weiß: Der hübsche junge Mann ist eine Frau und heißt in Wirklichkeit Mary. Calico Jack wird das erst einige Wochen später erfahren, von seiner Geliebten Anne Bonny, auch sie eine Piratin. Eine pikante Dreiecksgeschichte in karibischen Gewässern …

Auf den Schlachtfeldern Flanderns

Bereits zu Beginn der Vita von Mary alias Marc steht ein Betrug. Marys Mutter ist verheiratet mit einem Matrosen, der von einer seiner Seefahrten nicht mehr zurückkehrt. Aus dieser Ehe hat sie bereits ein Kind, einen Knaben. Als Mrs. Read bemerkt, dass sie erneut schwanger ist – nicht von ihrem Mann –, zieht sie unter einem Vorwand aufs Land, denn ihre Nachbarn und die Verwandten in London sollen nichts von ihrem Zustand erfahren. Immerhin unterstützt die Mutter des Seemanns ihre Schwiegertochter und den Enkelsohn finanziell. In der Provinz bringt Mrs. Read dann 1685 diskret ihre uneheliche Tochter Mary zur Welt.

Die Freude über das Landleben währt allerdings nicht lange, denn der Knabe stirbt, und Mrs. Read steht vor dem existenziellen Problem, wie sie weiterhin die Unterhaltszahlungen von der Schwiegermutter einbeziehen kann. Also verfällt sie auf die naheliegende Idee, das Mädchen als Knaben auszugeben: Aus Mary wird somit Marc. Der Schwindel fliegt nie auf, und Mary gewöhnt sich von Anbeginn an ihr transvestitisches Dasein und entwickelt »männliche« Verhaltensweisen. Als die Großmutter stirbt, wird die dreizehnjährige Mary als Page zu einer französischen Dame geschickt, um selbst für ihren Unterhalt aufzukommen. Doch Mary bleibt nicht lange dort, ihr ist der Dienst zu langweilig. Es drängt sie hinaus in die weite Welt, ins Abenteuer. Kurze Zeit dient sie daher als Schiffsjunge auf einem Frachter.

Eine der wenigen Möglichkeiten für junge Männer – und als ein solcher fühlt sich Mary –, die Fesseln sozialer Herkunft zu sprengen, ist der Eintritt ins Militär. Der Soldatenstand verspricht Abenteuer, Sold, Beute und das Kennenlernen fremder Länder. Vom Ausbruch des Spanischen Erbfolgekriegs erhofft sich auch Mary solche Freiheiten – unter der Gefahr, das eigene Leben zu verlieren. Mary kommt als einfacher Kadett auf die Schlachtfelder Flanderns, dann wechselt sie zur Kavallerie. Im Feld bewährt sie sich voller Mut und Tapferkeit. Sie hat ihre Rolle als Mann so verinnerlicht, dass der Transvestismus nie entdeckt wird, zumal sie als junger Mann von schlanker Statur und feinem Gesicht sein darf.

Doch dann funkt die Liebe dazwischen: Mary findet Gefallen an einem flämischen Kameraden und begibt sich mehr als einmal für ihn in Gefahr. In der Truppe wird diese Anhänglichkeit bemerkt, vielleicht wird auch über eine homosexuelle Leidenschaft gemunkelt. Mary ist verzweifelt und weiß nur eine Lösung: Als sie mit dem flämischen Kameraden einmal allein im Zelt ist, offenbart sie sich ihm, öffnet ihr Hemd und zeigt ihm ihre Brüste. Der Flame ist zunächst bestürzt, dann aber erleichtert, erklärt das doch die große Zuneigung des englischen Kameraden. Zudem sieht auch der Flame nun kein Hindernis mehr, ein Liebesverhältnis mit Mary einzugehen. Das allerdings kommt der Truppe bald zu Ohren, und Mary muss ihr Geschlecht offenlegen, nicht zu ihrem Nachteil. Die beiden lassen sich trauen, und mehrere Offiziere sind als Zeugen bei der Zeremonie anwesend.

Mary und ihr Mann nehmen Abschied von der Truppe und eröffnen in Flandern in der Nähe des Schlosses Breda ein Gasthaus, das den Namen »Drei Hufeisen« trägt. Das Geschäft läuft gut, denn vor allem Offiziere der ringsum stationierten Truppen gehen gern ein und aus und lassen ihr Geld da. Die Wirtin gilt als Sehenswürdigkeit, ihre Geschichte ist legendär, und vielleicht befeuert Marys einstiger Transvestismus auch ein wenig die erotische Fantasie der Gäste.

Doch dann wird zu Utrecht Frieden geschlossen. Die Heere werden aus Flandern abgezogen, in den »Drei Hufeisen« bleibt die Kundschaft aus. Wie so oft kommt ein Unglück selten allein. Denn kurze Zeit später stirbt Marys Ehemann. Die Witwe gibt daraufhin das Gasthaus auf und macht sich wieder auf die Suche nach dem Glück. Erneut taucht sie in den Niederlanden auf, in Männerkleidern, denn für eine Frau wäre es undenkbar, sich allein durch die Welt zu schlagen. Schließlich heuert sie auf einem holländischen Westindienfahrer an, der in die Karibik segelt. Und dort, bei den Bahamas, begegnet ihr wirklich das große Abenteuer: Das Schiff wird von Piraten gekapert, und Mary wird Seeräuber unter der schwarzen Flagge von Captain Calico Jack.

Erneut kommt Mary alias Marc die Liebe dazwischen. Diesmal aber ist *sie* das Objekt der Begierde: Auf dem Schiff befindet sich eine weitere Piratin, Anne Bonny. Sie trägt ebenfalls Männerkleider und ist Rackhams heimliche Geliebte. Doch Anne Bonny verliebt sich in den Neuzugang an Bord, den jungen Marc mit dem hübschen Gesicht. Heimlich, in der Kajüte, denn der eifersüchtige Rackham darf nichts erfahren, macht Anne dem jungen Mann Avancen. Der ist zunächst seltsam abweisend, dann öffnet er das Hemd …

Die Lebensgeschichte der Irin Anne Bonny ist nicht minder spektakulär als die ihrer Schicksalsgenossin Mary Read. Geboren wird sie um 1690 in Kinsale in Irland als Tochter des angesehenen Anwalts William Cormac. Auch Anne ist ein uneheliches Kind, denn ihre Mutter ist eine Dienstmagd im Haushalt des Anwalts. Doch Cormacs Ehefrau kommt dem Verhältnis ihres Mannes auf die Schliche. Cormac schickt daraufhin seine Geliebte und ihr Kind aufs Land. Anne wird als Junge gekleidet und als Sohn entfernter Verwandter der Cormacs ausgegeben, der sich in der Obhut einer Gouvernante befindet. So hofft Cormac alle Spuren zu verwischen.

Das Verhältnis von Mr. und Mrs. Cormac ist zerrüttet. Der Anwalt, der in tiefer Liebe zu seiner einstigen Dienstmagd entbrannt ist und auch Gefallen an Anne gefunden hat, handelt schließlich gegen alle Vernunft und bürgerliche Konvention: Er holt seine Geliebte und die gemeinsame Tochter wieder nach Hause zurück. Der Skandal ist perfekt. Mrs. Cormac tobt, die Klienten bleiben aus, und Cormac ist bald Besitz und Ansehen los.

Er bricht daraufhin alle Brücken hinter sich ab und tritt die Flucht nach vorne an: Er verlässt seine Frau, sein Haus, seine Kanzlei und geht mit seiner Geliebten und der Tochter nach Cork. Dort kaufen sie Plätze auf einem Auswandererschiff, das nach Nordamerika fährt. In Charleston in der britischen Kolonie South Carolina gehen sie von Bord. Dort gelingt Cormac erneut der gesellschaftliche Aufstieg. Er wird Kaufmann, erwirbt eine Plantage und kommt innerhalb weniger Jahre wieder zu Wohlstand.

Die Tochter Anne verliert als Heranwachsende offenbar jeglichen Halt, die Gründe hierfür liegen im Dunkeln. Es wird berichtet, sie habe sich am Hafen von Charleston so handgreiflich gegen Matrosen, die sie belästigten, gewehrt, dass zumindest einer von ihnen zu Boden ging. Überhaupt scheint Anne eine resolute junge Frau gewesen zu sein. In einer Auseinandersetzung mit einer Dienstmagd des Vaters soll sie zum Messer gegriffen und die Kontrahentin niedergestochen haben.

Wie dem auch sei, jedenfalls verweist Cormac seine Tochter schließlich des Hauses, da sie für den neu zu Ansehen gekommenen Plantagenbesitzer nicht mehr tragbar ist. Erschwerend kommt hinzu, dass Anne ein Verhältnis mit einem Tunichtgut, dem Matrosen James Bonny, begonnen hat. Beim Abschied vom Elternhaus – auch das eine Geschichte, die man sich über Anne erzählt – soll sie es aus Rache angezündet haben. Dann fliehen sie und James auf die Bahamas-Insel New Providence und heiraten dort.

Ménage-à-trois auf hoher See

New Providence ist damals ein übles Eiland jenseits von Recht und Gesetz. Hier treffen sich die Outcasts und Outlaws. Es ist ein Sammelbecken für Piratenschiffe und eine Stätte von Kriminalität, Zuhälterei, Trunk und Spiel.

Die englische Regierung will mit Zuckerbrot und Peitsche für Recht und Ordnung in den karibischen Kolonien sorgen. Einerseits werden Piratenschiffe von Kriegsschiffen verfolgt und versenkt (die wendigen Segler der Seeräuber sind aber oft schneller), andererseits soll eine Amnestie Piraten dazu bewegen, ihrer kriminellen Karriere zu entsagen und wieder ins gesellschaftliche Leben zurückzukehren. Das allein ist vielen Seeräubern als Anreiz jedoch zu wenig. Denn die meisten wandten sich nicht allein aus krimineller Energie der Piraterie zu, sondern aus sozialer und materieller Not. Und das Leben als Outlaw auf See verspricht zumindest Auskommen, im besten Fall sogar Reichtum. Außerdem ist das Piratenwesen in sich ein vergleichsweise freies System: Die Männer sind untereinander gleichberechtigt, die Beute wird zu gleichen Teilen an die Matrosen abgegeben, und ein Kapitän ist – anders als in der zivilen oder der militärischen Schifffahrt – nicht autokratischer Herrscher, sondern kann, wenn die Mannschaft unzufrieden mit ihm ist, ohne Weiteres abgesetzt werden. Die Meuterei ist also ein Recht, kein Verbrechen.

Durch eine Amnestie soll in jenen Jahren die Piraterie auf den Bahamas zurückgedrängt werden. Der Gouverneur der Inselgruppe, der ehemalige Freibeuter Woodes Rogers, will seine Kontakte und Erfahrungen nutzen, um in den Piratennestern das System zu untergraben. Hierfür werden Spitzel eingesetzt. Auch James Bonny, der zunächst Pirat werden wollte, lässt sich von Rogers ködern. Seine Frau Anne ist empört. Sie liebäugelt ebenfalls mit dem Seeräuberleben und beginnt – vielleicht aus Verachtung für ihren verräterischen Mann – ein Verhältnis mit einem der Piratenkapitäne, »Calico« Jack Rackham. Der ist für seine Begriffe ein Ehrenmann und löst Anne bei ihrem Gatten gegen eine beträchtliche Geldsumme aus. Daraufhin sticht Anne mit Rackham in See – zunächst in Männerkleidern, um die Mannschaft nicht zu irritieren. Später gibt sie die Verkleidung auf, zumal ihr Zustand – sie erwartet von Rackham ein Kind – allen offenbar wird. Auf Kuba bringt sie das Kind zur Welt und lässt es dort zurück, denn bald ist sie wieder an Bord des Piratenschiffs, um fremde Schiffe zu kapern, zu plündern und neue Männer zu rekrutieren.

Einer dieser Neuzugänge ist Marc Read. Ihm nähert sich Anne Bonny und gesteht ihm ihre Liebe, bekommt aber von Marc, der sein Hemd öffnet und seine Brüste zeigt, »offenherzig« bewiesen, dass er eine Frau ist und Mary heißt. Nachdem Calico Jack davon in Kenntnis gesetzt worden ist, scheinen die drei eine Zeit lang ein gemeinsames Verhältnis gehabt zu haben.

Schrecken der Karibik

Die Ménage-à-trois endet, als Mary Read sich in einen jungen Piraten verliebt, der ähnlich wie sie selbst nach der Kaperung eines Schiffes »angeheuert« worden ist. Sie sei, so ein zeitgenössischer Bericht, von dem Burschen so hingerissen gewesen, »dass sie weder bei Tag noch bei Nacht Ruhe fand«. Mary, die damals vor der Mannschaft noch unerkannt als Mann lebt, offenbart sich ihrem Schwarm auf gewohnte Weise, indem sie ihr Hemd öffnet und ihre »sehr weißen Brüste« zeigt. Der Chronist meint zur Reaktion des jungen Kerls lapidar: »Schließlich war er auch nur aus Fleisch und Blut.« Will heißen: Der auf hoher See sexuell unterforderte Bursche nimmt das Angebot gerne wahr. Doch er hat ein handfestes Problem: Er hat Händel mit einem älteren, kampferprobten Piraten und soll sich mit ihm duellieren. Die verliebte Mary, die ahnt, dass ihr Schwarm im Kampf keine Chance hat, ist so dreist, mit dem Gegner Streit vom Zaun zu brechen, um ihrerseits gefordert zu werden. Der ältere Pirat, der zu jenem Zeitpunkt noch glaubt, er habe es mit einem jungen Mann zu tun, geht auf die Forderung ein. Die beiden werden zum Kampf auf einer Insel ausgesetzt. Während des Degengefechts schlitzt der ältere Pirat seinem Kontrahenten das Hemd auf – und entdeckt entsetzt, dass es sich um eine Frau handelt. Mary Read nutzt den Augenblick der Verwirrung und stößt dem Gegner den Degen in den Leib. Der Pirat sinkt tot zu Boden. Mary kehrt auf Calico Jacks Schiff zurück und heiratet den jungen Mann – auch ohne Priester.

Das mordlüsterne Trio Calico Jack, Mary Read und Anne Bonny ist mehrere Jahre in der Karibik unterwegs und gilt als Schrecken der Handelsschifffahrt. Eine Zeugin, eine gewisse Dorothy Thomas, die sich auf einem Schiff befand, das von Rackhams Männern gekapert wurde, ist vor allem von Anne Bonny und Mary Read beeindruckt. Sie gibt zu Protokoll: »Die beiden Frauen trugen Männerjacken und lange Hosen und um den Kopf gebundene Taschentücher; jede von ihnen hatte eine Machete und eine Pistole in der Hand.«

Eine andere Quelle berichtet, was Mary Read über die Piraterie verlautbaren ließ: Sie finde, die Gefahr, dafür einmal gehängt zu werden, sei keine große Bedrängnis. Und außerdem sei das Hängen eine gute Sache, denn so würden nur die Mutigen Korsaren. Wäre die Piraterie sicher und leicht, so »würden viele von denen, die nun die Witwen und Waisen betrügen und ihre armen Nachbarn unterdrücken, die kein Geld haben, um Gerechtigkeit zu erlangen, dann auf See räubern, und der Ozean wäre so bevölkert mit Schurken wie das Land, so dass kein Kaufmann sich hinauswagte und der Handel in kurzer Zeit sich nicht mehr lohnte«.

Seltsam erscheint, dass Rackham und seine Mannschaft sich sogar von Gouverneur Rogers kaufen lassen und eine Zeit lang unter dem Union Jack in den karibischen Gewässern kreuzen, um Piratenschiffe aufzuspüren. Doch sind Sold und Beute so gering und der Dienst unter königlicher Order so langweilig und reglementiert, dass die Freibeuter den Union Jack bald wieder einholen und Calico Jacks Piratenflagge hissen.

Woodes Rogers rächt sich jedoch für den Seitenwechsel: Im November 1720 dümpelt Rackhams Schiff vor der Westküste Jamaikas, als Rogers' Leute unter Captain Jonathan Barnet das Schiff entern. Sie haben einen günstigen Moment abgepasst, denn nach einer Sauferei liegt die ganze Mannschaft sturzbetrunken unter Deck. Nur Anne Bonny und Mary Read leisten den königlichen Soldaten erbittert Widerstand, müssen sich aber schließlich der Übermacht geschlagen geben.

Elf am Galgen und weibliche List

Die Piraten und Piratinnen werden in die damalige jamaikanische Hauptstadt Spanish Town (Santiago de la Vega) gebracht und dort vor Gericht gestellt. In einem aufsehenerregenden Prozess werden Jack Rackham und die zehn männlichen Besatzungsmitglieder zum Tod durch den Strang verurteilt. Auch Mary Read und Anne Bonny haben mit der Todesstrafe zu rechnen, doch wird die Urteilsverkündung auf eine spätere Gerichtssitzung verschoben.

Am nächsten Tag, dem 17. November 1720, werden Calico Jack und seine zehn Männer in Spanish Town gehängt. Rackham steht schon unter dem Galgen, als ihm gestattet wird, seine Geliebte Anne Bonny nochmals zu sehen. Eine zeitgenössische Quelle, der Bericht *A General History of the Robberies and Mur-*

ders of the Most Notorious Pirates (1724) des Kapitäns Charles Johnson (hinter dem manche Historiker den Schriftsteller Daniel Defoe vermuten), gibt nicht ohne Ironie die schnoddrige und kaltblütige Anne Bonny wieder: »Aber der einzige Trost, den sie für ihn übrig hatte, war, dass sie ihm [Rackham] sagte: ›Es tut mir leid, dich hier zu sehen. Aber hättest du wie ein Mann gekämpft, würde man dich nicht wie einen Hund aufknüpfen.‹«

Rackhams Leiche wird in einen eisernen Käfig gesteckt und an Deadman's Cay, der Einfahrt nach Port Royal, zur Abschreckung aufgehängt. Zehn Tage später tritt das Gericht nochmals zusammen, um über Mary Read und Anne Bonny zu befinden. Mary erklärt, sie sei zur Piraterie gezwungen worden und habe das Leben als Pirat immer verabscheut. Die beiden Frauen geben der Verhandlung dann eine überraschende Wendung, denn beide geben bekannt, schwanger zu sein, Anne von Rackham, Mary von ihrem jungen Gemahl. Das Gesetz verbietet aber die Tötung unschuldigen Lebens. Ein herbeigerufener Arzt untersucht die Frauen und bestätigt die Schwangerschaften. Dennoch werden Mary Read und Anne Bonny mit den fürchterlichen Worten zum Tode verurteilt: »Ihr sollt mehrfach gehängt werden, bis ihr mehrfach tot seid!«

Die Vollstreckung des Urteils wird indes aufgeschoben. Die Frauen werden ins Gefängnis gebracht und sollen dort entbinden. Mary Read, die vor Gericht noch beteuert hat, sie sei zur Piraterie gezwungen worden, zeigt in einem nachfolgenden Verhör Größe: Man hat mittlerweile mehrere Männer festgenommen, bei denen nicht klar ist, ob sie Piraten sind oder nicht. Auch Marys junger Ehemann ist darunter, aber sie weigert sich in mehreren Kreuzverhören, seinen Namen zu nennen oder ihn zu verraten. Er wird daraufhin freigelassen, während sie mit seinem Kind im Leib im Gefängnis bleiben muss.

Schließlich erkrankt Mary Read im Kerker an einer fiebrigen Infektion und stirbt noch vor der Entbindung. Anne Bonny hingegen hat Glück: Sie bringt im Gefängnis ein Kind zur Welt und kommt dann wohl frei. Jedenfalls wird das Todesurteil nicht vollstreckt. Über ihr weiteres Leben weiß man nichts, ebenso wenig ist bekannt, wann und unter welchen Umständen sie gestorben ist. Gerüchte besagen, ihr wohlhabender Vater in South Carolina habe die verlorene Tochter freigekauft.

Bereits wenige Jahre nach den Geschehnissen wurden die beiden Piratinnen Mary Read und Anne Bonny zum Mythos stilisiert und in Balladen und Liedern besungen. Ihr abenteuerliches Leben diente als Stoff für Romane und Kinofilme, die freilich eher der Fantasie des jeweiligen Autors oder Regisseurs als der Realität entspringen und ein Frauenbild wiedergeben, das den Zeitströmungen entsprach.

4 Ida Pfeiffer (1797–1858)
Eine Wiener Hausfrau als Weltreisende

Ende April 1848 verlässt das Dampfschiff »S. Ch. Forbes« den Hafen von Bombay an der indischen Westküste. Das Ziel: Maskat auf der arabischen Halbinsel. Dampfer gelten zu jener Zeit als sicher, bequem und luxuriös. Doch bei der »S. Ch. Forbes« ist das nicht der Fall. Der Motor hat gerade einmal vierzig Pferdestärken, daher stampft der Dampfer mühsam durch das Arabische Meer. Neben den fünfundvierzig Mann Besatzung drängeln sich über einhundertzwanzig Passagiere an Bord, meist Perser und Araber, darunter viele Frauen und Kinder. Das Schiff ist für diesen Ansturm nicht geschaffen. Es gibt gerade einmal zwei Kabinen. Die meisten Passagiere müssen sich irgendwie in den Maschinen- und Mannschaftsräumen einrichten, viele schlafen auf offenem Deck. Eine Mitreisende, eine bereits fünfzigjährige Dame, berichtet über diese Zustände: »Als diese Menschenmasse versammelt war, gab es auf dem Deck auch nicht das kleinste leere Plätzchen – um von einem Ort zum andern zu gelangen, mußte man zahllose Kisten und Koffer übersteigen und dabei alle Sorgfalt anwenden, um den Leuten nicht auf die Köpfe oder Füße zu treten.«

Die Dame sucht sich einen Platz: »Mein Blick war auf den untern Teil des Speisetisches des Kapitäns gefallen, der auf dem Sterndeck befestigt war; ich nahm diese Region in Beschlag, warf meinen Mantel dahinter, und so hatte ich wenigstens eine ziemlich gesicherte Stelle und durfte nicht besorgen, daß man mir auf Händen oder Füßen, oder wohl gar auf dem Kopfe herumtreten würde.«

So notdürftig eingerichtet, blickt die Dame der Überfahrt nach Arabien recht zuversichtlich entgegen. Doch es soll anders kommen: »Um unser Unglück voll zu machen ward am 3t Tage unserer Reise die fürchterliche Entdeckung gemacht, daß die natürlichen Blattern unter einer Parthie dieser Leute herrschen, und daß mehrere Individuen dem Tode nahe seien. Am 5t Tage hatten wir die erste Leiche, am folgenden Tage die 2t, wir sahen einer bangen Katastrophe entgegen.«

Glücklicherweise breitet sich die Krankheit nicht weiter aus: »Gott wandte aber das Unglück einer allgemeinen Ansteckung ab, außer diesen beiden Opfern und $1/2$ Dutzend Kranker, die nach und nach genasen, blieb Alles gesund obwohl wir wie die Pickelhäringe beisammen wohnten.«

»Reisen war der Traum meiner Jugend«

Freilich, so die Briefschreiberin, würden im fernen Europa etliche Leute, die von diesen Strapazen erführen, besserwisserisch und hämisch urteilen: »Da höre ich gewiße Leute wieder ausrufen: ›Wohlverdiente Strafe für so viel unnöthige Neugierde, könnten die Menschen nicht ruhig daheim sitzen und höchstens eine Rutschparthie in Tivolie machen, nur damit ihnen der gepanschte Cigorienkaffee besser schmecke.‹ – Diese wiß- oder neugierigen Leute aber sind unverbesserlich, und wenn sie nicht einige Magnete im Vaterlande hätten, würden sie noch vor Jahren nicht heim finden. Leute, die immer bequem daheim sitzen oder nur auf Eisenbahnen, Dampfschiffen und Postgelegenheiten reisen, wissen den Hochgenuß eines guten Bettes, oder Bissens gar nicht zu würdigen, sie denken, so etwas könne gar nie fehlen.«

Die Autorin dieser Zeilen muss es wissen, denn sie ist eine Globetrotterin, eine Frau, die begierig danach ist, Länder und Menschen kennenzulernen und ohne Scheu oder Vorbehalte fremden Kulturen zu begegnen. Sie ist eine der ersten Frauen, die die Welt tatsächlich umrundeten, und überdies eine bekannte, viel gelesene Reiseschriftstellerin. Ihr Name: Ida Pfeiffer. Sie selbst schreibt über ihre Leidenschaft bescheiden: »Schon in mehreren Zeitungen ward ich ›Touristin‹ genannt; dieser Name gebührt mir indessen, seiner gewöhnlichen Bedeutung nach, leider nicht. Einerseits besitze ich zu wenig Witz und Laune, um unterhaltend zu schreiben, und andrerseits zu wenig Kenntnisse, um über das Erlebte gediegene Urteile fällen zu können. Ich vermag nur schmucklos das zu erzählen, was mir begegnet, was ich gesehen, und will ich etwas beurteilen, so kann ich es bloß von dem Standpunkte einfacher Anschauung aus.«

Doch es ist eine falsche Bescheidenheit. Ida Pfeiffer weiß um den Wert ihrer Reisebücher. Sie hat nicht den Anspruch, literarisch geschliffene oder kulturhistorisch bedeutsame Arbeiten zu liefern. Dazu fehlt ihr der intellektuelle Horizont. Aber sie kennt ihre Stärken: Wissbegier und Wahrhaftigkeit. Selbstbewusst stellt sie fest: »Wie es den Maler drängt, ein Bild zu malen, den Dichter, seine Gedanken auszusprechen, so drängt es mich, die Welt zu sehen. – Reisen war der Traum meiner Jugend, Erinnerung des Gesehenen ist nun das Labsal meines Alters.«

Obgleich Ida Pfeiffer im Rückblick das Reisen als ihre Erfüllung darstellt, war es ihrem Lebensweg keineswegs vorgezeichnet. Vielmehr hat sie sich erst langsam aus den Konventionen und Fremdbestimmungen ihrer Zeit, ihres Standes und ihres Geschlechtes freikämpfen müssen. Es ist eine Laune des Schicksals, dass Ida in ihrer Kindheit nach weiblichen und männlichen Richtlinien erzogen wird. Vielleicht rührt ihr lebenslanges Fernweh als eine Möglichkeit, Konventionen hinter sich zu lassen, auch daher.

Geboren wird sie am 14. Oktober 1797 in Wien als Tochter des Baumwollwarenfabrikanten Aloys Reyer und dessen Frau Anna. Erst wenige Monate zuvor sind die Reyers auf der Flucht vor französischen Truppen aus Klagenfurt in die österreichische Hauptstadt gezogen. Die Familie ist wohlhabend und führt ein standesgemäßes Haus. Ida ist das dritte Kind. Sie hat zwei ältere Brüder. Nach ihr kommen weitere drei Jungen und schließlich –

neun Jahre später – noch ein Mädchen zur Welt. Ida wächst also zunächst nur unter Brüdern auf. Vielleicht erzieht der Vater sie deshalb wie einen Jungen und steckt sie sogar in Knabenkleider. Ida erinnert sich:»Ich war nicht schüchtern, sondern wild wie ein Junge und beherzter und vorwitziger als meine älteren Brüder.«

Zurück in die Konvention

Freiheit und Ungebundenheit haben jedoch ein Ende, als der Vater 1806 mit nur dreiundvierzig Jahren stirbt. Anna Reyer ist zwar finanziell gut abgesichert, dennoch ist sie nach dem Gesetz verpflichtet, einen Vormund für ihre sieben Kinder zu bestellen. Diese Pflicht übernimmt ein Verwandter in Triest, Francesco Taddeo Reyer. Die Mutter versucht nun, die ihrer Ansicht nach verkorkste Erziehung Idas zu korrigieren und »die Hosen gegen den Unterrock zu vertauschen«. Nicht nur Äußerlichkeiten wie die Kleiderfrage gehören hierzu, sondern auch ein Kanon an Fächern und Fertigkeiten wie Fremdsprachen, Handarbeiten, Tanzen. Naturwissenschaften sind verpönt, ebenso die Mathematik. Die schöne Literatur gilt als gefährlich, Gedichte sind erlaubt, Romane hingegen strikt verboten, sie werden als unschicklich angesehen und stehen im Ruf, sinnliche Fantasien zu entfachen. Das Klavierspiel wird als probates Mittel geschätzt, um Mädchen zu harmonischen Wesen heranzuziehen. Ida interessiert sich jedoch mehr für das Violinspiel – undenkbar in einer bürgerlichen Welt, in der Kammermusikensembles und Orchester ausschließlich Männern vorbehalten sind (die Berliner Philharmoniker widersetzten sich bekanntlich bis in die 1980er-Jahre hinein erfolgreich weiblichen Mitgliedern). Ida erinnert sich in der dritten Person:»[…] da sie beispielsweise Klavierspielen mehr als weibliche Art betrachtete, schnitt sie sich in die Finger oder brannte letztere mit Siegellack, um den verhaßten Übungen zu entgehen. Für Violin-Spiel zeigte sie große Lust.«

Aller Widerstand des burschikosen Mädchens nützt auf Dauer wenig. Immer stärker wird sie von der Erziehung und der Konvention beschnitten, ihre Entfaltung nach innen verdrängt, in das Reich der Fantasie. Sie beginnt, Reiseliteratur zu lesen, begeistert von den Abenteuern und der Freiheit, die fremde, ferne Länder versprechen. Sie selbst – so realistisch ist sie – wird dies wohl nie kennenlernen, es erfasst »sie Wehmuth, daß ihr als Mädchen für immer das Glück verschlossen bleiben mußte, das Weltmeer zu durchfurchen und ferne Länder aufzusuchen«.

Für sie bleibt, das wird ihr früh vermittelt, nur die Rolle der Ehefrau, Hausfrau und Mutter. Dabei gilt sie immerhin als privilegiert, erwartet sie doch eine üppige Mitgift. Freilich schließt das bürgerliche Standesdenken eine Liebesheirat aus. Die Ehe gilt als Institution, die den Sinn hat, den Stand zu festigen, das Vermögen zu mehren und das Ansehen zu erhöhen. Die Liebe zu einem Hauslehrer, dem neun Jahre älteren Dichter Emil Trimmel, ist zum Scheitern verurteilt, da die Mutter und ein zu Rate gezogener Pfarrer Ida zwingen, den Kontakt zu dem jungen Mann abzubrechen. Trimmel gelobt Ida zwar, auf sie zu warten und nicht zu heiraten (er hält sein Versprechen und tritt später wieder zu ihr in Verbindung), doch bis zur Volljährigkeit Idas ist es noch weit, und ohne Einverständnis des Vormunds ist eine Heirat auch dann nicht möglich. Ida erkrankt daraufhin seelisch und körperlich so schwer, dass sie von den Ärzten bereits aufgegeben wird. Plötzlich regt sich in ihr doch noch der Lebenswille. Langsam gesundet sie. Sie scheint sich in ihr Schicksal zu fügen.

Bald findet sich der geeignete Ehekandidat: Anton Pfeiffer, ein beinahe doppelt so alter, verwitweter Rechtsanwalt aus dem galizischen Lemberg. Ihn heiratet Ida am 1. Mai 1820, obwohl sie ihm zuvor brieflich gestanden hat, dass sie keine Gefühle für ihn hege und ihr Herz einem anderen gehöre.

Ida ist eine gute Partie und ihre Mitgift für Anton Pfeiffer von entscheidender Bedeutung. Denn sein guter Ruf ist nur Fassade. Seine Anwaltskanzlei läuft schlecht, mehrfach zieht die Familie – es kommen zwei Söhne zur Welt – zwischen Wien und

Lemberg um, immer auf der Suche nach einträglichem Auskommen. Pfeiffer versagt als Anwalt, seine Kanzlei ist bald ruiniert, die Mitgift seiner Frau aufgebraucht, und ein zunächst recht aufwendiger und sorgloser Lebensstil leert die Haushaltskasse. Anton Pfeiffer verfällt in Depressionen und Ida ist gezwungen zu sparen, wo sie nur kann. Die Dienstboten werden entlassen, Wagen und Pferde verkauft, sie selbst gibt Unterricht, um etwas dazuzuverdienen – heimlich, denn für eine Bürgersfrau stellt dies eine Schande dar. Die Ehe schleppt sich bis 1833 hin, als sich Ida Pfeiffer entschließt, ihrem Mann, der wieder einmal einen beruflichen Neubeginn in Lemberg versucht, nicht nachzufolgen, sondern mit den halbwüchsigen Söhnen in Wien zu bleiben. Ihre Mutter ist inzwischen gestorben, die Firma wird von Idas Brüdern weitergeführt, die der in Not geratenen Schwester finanziell unter die Arme greifen. Notdürftig abgesichert kann die inzwischen Sechsunddreißigjährige diesen ungewöhnlichen Schritt wagen, der ihr von der bürgerlichen Gesellschaft nur deshalb verziehen wird, weil sie sich nicht von ihrem Mann scheiden lässt. Dass sie in Wien bleibt, erklärt sie damit, dass sie ihren Söhnen eine gute Ausbildung bieten will.

Eine Pilgerreise

Dann das entscheidende Erlebnis: Als Ida Pfeiffer Anfang Juli 1836 mit dem jüngeren Sohn Oscar zum Onkel Francesco nach Triest reist, sieht sie zum ersten Mal das Meer. Sie schreibt in einer biografischen Skizze von sich in der dritten Person: »Die Träume ihrer Jugend tauchten mit den imposantesten Bildern ferner, noch unbekannter Länder voll fremdartiger, üppiger Vegetation auf. Eine kaum zu bewältigende Reiselust erwachte in ihr, und gerne hätte sie das erste Schiff bestiegen, um hinauszufahren in das unermeßlich geheimnißvolle Meer.«

Das Meer, die Verheißung der Weite, die Sehnsucht nach der Fremde lassen sie nicht mehr los. Aber noch ist sie gebunden, vor allem an ihre Rolle als Mutter. Erst als die Söhne Alfred und

Oscar erwachsen sind und Berufe ergreifen, ist Ida Pfeiffer tatsächlich frei. Nun beginnt ihr drittes Leben, nach denen in der Obhut im Elternhaus und in den starren Grenzen von Ehe und Mutterschaft. Aber noch immer wagt sie nicht, alle Fesseln der Konvention abzustreifen. Noch bangt sie um ihren »guten Ruf« als bürgerliche Frau. Sie will zwar in die Ferne reisen, aber sie fürchtet das Geschwätz der Leute.

Da hat sie eine Idee: Da sie selbst religiös ist und in einer katholischen Gesellschaft lebt, will sie als Pilgerin ins Heilige Land fahren. Das, so scheint ihr, ist für eine Frau die einzig sanktionierte Möglichkeit einer Reise, ohne Opfer von Geschwätz und Gerüchten zu werden.

Endlich, am 22. März 1842, ist es so weit: Ida Pfeiffer geht in Wien an Bord eines Dampfschiffes, der »Marianne«. Sie will donauabwärts bis zur Mündung fahren, dann entlang der Schwarzmeerküste nach Konstantinopel, von dort weiter an der Küste Kleinasiens über Zypern nach Beirut, in den Libanon und nach Palästina. Tatsächlich erregt Ida Pfeiffer bald Aufsehen, gilt es zu jener Zeit doch schon als abenteuerlich, weiter als bis ins ungarische Pest zu reisen. Sie erhält auch immer wieder Hilfe und Rat von reiseerfahrenen Gentlemen, die sich der Dame aus Wien gerne anbieten.

Einen Gefährten freilich wird Ida Pfeiffer in all den Jahren nie los: den Geldmangel. Sie lebt, seit sie von ihrem Mann getrennt ist, einzig von Zuwendungen ihrer Brüder und wird kurzgehalten. Später, als sie als Reiseschriftstellerin reüssiert, erhält sie Tantiemen aus dem Verkauf ihrer Bücher, aber auch die sind nicht groß genug, um ihr ein sorgenfreies und vor allem bequemes Reisen zu ermöglichen. Also macht Ida Pfeiffer aus der Not eine Tugend: Sie hat gelernt, bescheiden zu sein, und reist auf einfachsten Schiffen, in der Eisenbahn dritter Klasse, auf Eselsfuhrwerken, bisweilen auch zu Fuß. Sie lebt und isst wie die Einheimischen, verschmäht ungewohnte Speisen nicht, schläft in einfachsten Gasthäusern, in Zelten, oder auch unter dem Sternenhimmel. Dadurch hat sie einen unverstellten, ungeschönten Blick auf Land und Leute, und gerade deshalb wirken ihre Reisebücher authentisch, realistisch und lebendig – bis heute.

Keinesfalls hat Ida Pfeiffer von Anfang an die Absicht, für ein Publikum zu schreiben. Vielmehr steht hinter ihrem Tagebuch, das sie abends, selbst nach den anstrengendsten Etappen, diszipliniert führt, der bildungsbürgerliche Anspruch, aus dem Erlebten Wissens- und Bemerkenswertes zu ziehen – zunächst einmal nur für sich selbst. Ohne literarische Ambition, eher unter dem ökonomischen Druck der Verhältnisse erwächst aus den intimen Notizen die Reiseschriftstellerei.

Ida Pfeiffer landet zunächst in Beirut, dann geht es entlang der Küste nach Süden, nach Jaffa. Das Schiff kann unterwegs nur in Caesarea anlanden, denn in einigen Hafenorten wütet die Pest. Von Jaffa aus reist sie zu den Stätten des Alten und Neuen Testaments, nach Emmaus, Bethlehem, Jerusalem, Jericho, an den Jordan und ans Tote Meer, schließlich von Jericho nordwärts nach Nazareth, Tabarieh und zum Berg Karmel. In Jerusalem besichtigt sie das Haus des Pilatus und die Palastruinen des Herodes, sie geht durch die Via Dolorosa und besucht die Grabeskirche und den Ölberg. Ergriffen schreibt sie: »So kniete ich nun an jenen Stellen, welche der Gegenstand aller meiner Wünsche schon in der Kindheit waren, an die ich stets meine Gedanken gerichtet hatte. Die Gefühle, welche man an solchen Stellen hat, sind wohl zu heilig und mannigfaltig, um auch nur den leisesten Versuch zu machen, sie mit Worten beschreiben zu wollen.«

Glücklicherweise versagt ihr nur selten die Sprache, um all das Gesehene anschaulich zu schildern. Sie besitzt einen Blick für die Hintergründe und gibt sich nicht mit dem schönen und geschönten touristischen Bild zufrieden. Schon damals ist Jerusalem Zankapfel der Religionen, und nicht selten herrscht sogar unter den Christen Streit: »Man erzählte mir, daß es in dieser Kirche [der Grabeskirche in Jerusalem] selten ohne Zank und große Unordnung abgehe, wenn die Griechen ihre Ostern hier feiern. Und noch viel größer soll diese Unordnung sein, wenn unglückseligerweise die griechischen Ostern mit jenen der Lateiner zusammenfallen. Da gibt es nicht nur blutende Köpfe, sogar als Leichen werden einige fortgetragen. Da müssen dann gewöhnlich die Türken einschreiten, um unter den Christen Ordnung und Ruhe herzustellen.« Und kritisch resümiert sie: »Was können dann jene Völker, die wir Ungläubige nennen, für einen Begriff von uns Christen haben, wenn sie sehen, mit welchem Haß und Neid eine christliche Sekte die andere verfolgt?«

In Haifa, am Berg Karmel, hat sie die Idee, dass sie – wenn sie schon einmal im Orient ist – ihre Reise ausdehnen könnte, solange die Spargroschen reichen. Zwar sind die heiligen Stätten besucht, aber sie hat viel Aufregendes über den Libanon und Syrien gelesen. Also geht es auf Maultieren und Pferden – Ida Pfeiffer hat Wochen zuvor auf einer Exkursion von Konstantinopel nach Bursa notgedrungen das Reiten gelernt – über Sidon nach Beirut, von dort über das Gebirge und durch die Wüste nach Damaskus. Der Ritt ist strapaziös, zumal für eine Dame mittleren Alters: »Wir hatten an dem heutigen Tag einen Weg von elf Stunden bei einer Hitze von 35 bis 36 Grad Réaumur [43,75 bis 45 Grad Celsius] zurückgelegt und durch den glühendheißen Wind, der noch dazu feinen Sand mit sich führte, unendlich viel gelitten. Unsere Gesichter waren so verbrannt, daß wir uns füglich für Abkömmlinge von Beduinen hätten ausgeben können.«

Sie ist überwältigt von der Fülle arabischer Waren: »Wir besuchten heute den Sitz allen Reichtums, den großen Bazar. Er ist größtenteils gedeckt, aber nur mit Strohmatten oder Balken. Zu beiden Seiten sind hölzerne Buden aneinandergereiht, die alle möglichen Artikel enthalten, vorzüglich aber Eßwaren, deren Wohlfeilheit wirklich beispiellos genannt werden kann.«

Wohlstand, Stilempfinden und Anmut sieht sie auch, wenn sie von Einheimischen nach Hause eingeladen wird: »Überall fanden wir dieselbe innere Pracht und Einteilung [...]. Überall wurde mit Kaffee, Scherbett [Sorbet] und Nargileh [Wasserpfeife] aufgewartet [...]. Die Tracht der Bewohner von Damaskus ist die gewöhnliche orientalische, doch in keiner Stadt sah ich die Leute durchgehend so gut gekleidet wie hier. Die Frauen gehen teils verschleiert, teils auch mit unbedecktem Gesicht.

Ich sah recht hübsche Physiognomien unter ihnen, aber ganz besonders viele schöne Kindergesichtchen lächeln einem von allen Seiten neugierig entgegen.«

Zu den Pyramiden

Über Baalbek und den »Hain der Zedern« im Libanon kehrt sie an die Küste zurück, besichtigt Byblos und gelangt erneut nach Beirut. Jetzt könnte sie getrost ein Schiff besteigen und zurück nach Europa fahren, aber die Reiselust lässt sie nicht los. Von Beirut aus gehen Schiffe nach Ägypten! Seit Napoleons Feldzug an die Nil ist Europa im Ägypten-Rausch, man kleidete sich eine Zeit lang »ägyptisch«, Kunst und Kunsthandwerk wurden von ägyptischen Motiven beeinflusst, auch die noch junge Geschichtswissenschaft sowie die Literatur sind von der alten Kultur am Nil und ihren steinernen Zeugen, den Pyramiden und Tempelanlagen, fasziniert.

Auch Ida Pfeiffer sehnt sich danach, diese Wunder einer untergegangenen Welt mit eigenen Augen zu sehen. Also schifft sie sich nach Alexandria ein, das ihr nur als eine von einer »große[n] Sandfläche« umgebene Stadt anmutet, ein »trauriges Bild«, wie sie meint. Verärgert ist sie, weil Besatzung und Passagiere des Schiffes zehn Tage in Quarantäne gehalten werden. Endlich an Land, drängt es Ida Pfeiffer nach Kairo, von dessen engen, belebten und schmutzigen Gassen sie aber enttäuscht ist, und zu den Pyramiden von Gizeh samt dem geheimnisvollen, damals noch bis zum Hals im Wüstensand begrabenen Sphinx. Die Wienerin wagt sogar die Besteigung der Cheopspyramide und ist von der grandiosen Aussicht überwältigt. Zudem besichtigt sie das Innere des monumentalen Grabmals, ist aber von den leeren und weitgehend schmucklosen Grabkammern eher enttäuscht.

Nachdem sie noch einen kräftezehrenden, durch die Wüste führenden Ritt nach Suez unternommen hat, macht sie sich schließlich auf den Rückweg nach Alexandria, besteigt dort ein französisches Paketdampfboot, »ein wunderschönes Schiff von hundertsechzig Pferdekraft«, und reist über Malta, Sizilien und Neapel nach Rom. Anfang Dezember 1842, nach fast neunmonatiger Abwesenheit, kehrt sie in ihre Heimatstadt Wien zurück. Allen Unkenrufen zum Trotz hat sie die Reise ins Heilige Land erfolgreich zu Ende geführt und sogar Abstecher nach Syrien und Ägypten unternommen. Und: Sie hat umfangreiche Notizen im Gepäck. Über deren Wert jedoch ist sie sich zunächst selbst nicht im Klaren.

Authentizität und Unvoreingenommenheit

Der Wiener Verleger Jakob Dirnböck wird auf die Orientreisende aufmerksam und versucht, sie zu überreden, ihre Notizen zu einem Buch auszuarbeiten. Zunächst weist Ida Pfeiffer das Ansinnen zurück, aus Bescheidenheit, aber auch aus anerzogener weiblicher Scham. Noch in ihrem 1844 erschienenen Buch *Reise einer Wienerin in das heilige Land* entschuldigt sie sich beim Publikum: »Ich bin keine Schriftstellerin, ich habe nie etwas anderes als Briefe geschrieben, mein Tagebuch kann daher nicht als literarisches Werk betrachtet werden. [...] ferne ist mir der Dünkel, mich in die Reihen jener geistreichen Frauen drängen zu wollen, denen schon in der Wiege der Weihekuß der Musen ward.«

Eine ausgefeilte literarische Darbietung erwartet das interessierte Publikum auch nicht. Hingegen überzeugt die einfache, aber prägnante Darstellung der Reiseerlebnisse gerade wegen ihrer Ungekünsteltheit, ihrer Authentizität, ihrer Unvoreingenommenheit. Das Buch wird ein Erfolg und erfährt innerhalb kurzer Zeit vier Auflagen. Und obwohl es aus Gründen des bürgerlichen Anstands anonym erscheint, ist die Autorschaft zumindest in Wien allgemein bekannt.

Natürlich sind nicht alle vom Erfolg der Reiseschriftstellerin angetan: Ehemann und Geschwister Ida Pfeiffers bestanden vor der Drucklegung auf einer Durchsicht, und obwohl in dem

Buch nichts »Anstößiges« zu beanstanden war, ist ihnen die plötzliche Popularität des Namens Pfeiffer nicht geheuer.

Die Autorin hingegen lässt sich von derlei Bedenken nicht mehr einschüchtern. Sie hat »Blut geleckt«. Das Reisen bedeutet für sie zunehmend eine Flucht aus der engen Welt des Wiener Bürgertums. Im April 1845 besteigt sie ein Schiff, das sie nach Kopenhagen bringt. Von dort geht es weiter nach Norden, bis zum Rand der damaligen Zivilisation, nach Island. Sie besucht Reykjavik und die im Süden gelegenen einsamen Bauerngehöfte, aber auch das Inselinnere. Sie besteigt Vulkane, bewundert Lavafelder und Geysire und ist von der ungestalten, menschenleeren Natur überwältigt:

»Hier, von der Spitze des [Vulkans] Hekla, konnte ich weit hinein in das unbewohnte Land sehen – das Bild einer erstarrten Schöpfung, tot und regungslos, und doch dabei so einzig großartig – ein Bild, das, nur einmal gesehen, nie mehr dem Gedächtnis entschwindet und dessen Erinnerung allein schon für alle ausgestandenen Beschwerden und Gefahren reichlich entschädigt! Eine ganze Welt von Gletschern, Lavamassen, Schnee- und Eisfeldern, Flüssen und kleinen Seen liegt da aufgeschlossen, nie hat es ein menschlicher Fuß gewagt, ihr Inneres zu betreten. – Wie muß es da gewütet und gearbeitet haben, bis solche Gestaltungen geschaffen wurden?«

Auf der Rückreise besucht Ida Pfeiffer Christiania (das heutige Oslo) und durchquert auf einem Dampfschiff Mittelschweden. Die Fahrt führt durch Kanäle und über den Vänar- und Vättersee. Sie besichtigt Stockholm und Uppsala, bevor sie per Schiff nach Travemünde zurückkehrt und Anfang Oktober 1845 in Wien eintrifft.

Nach ihrer zweiten Reise gilt Ida Pfeiffer endgültig als Berühmtheit. Ihr Bericht über die Nordlandfahrt erscheint bereits 1846 in zwei Bänden. Zu ihrer Publizität trägt auch eine gute Presse in Zeitungen und Journalen bei. Freilich heißen nicht alle Zeitgenossen ihre »Eskapaden« gut. Etlichen gilt sie als überspanntes Frauenzimmer – Neid und eigene Verstrickung in Konventionen spielen da sicher mit. Ida Pfeiffer versucht, dem entgegenzuwirken. Bereits in ihrem ersten Reisebuch zitiert sie ihre Kritiker, um sie Lügen zu strafen und ihnen das Heft aus der Hand zu nehmen: »Höchst lebhaft stellte man mir die Gefahren und Beschwerden vor, die den Reisenden dort erwarten. Männer hätten Ursache zu bedenken, ob ihr Körper die Mühen aushalten könne und ob ihr Geist den Mut habe, dem Klima, der Pest, den Plagen der Insekten, der schlechten Nahrung usw. kühn die Stirne zu bieten. Und dann erst eine Frau! So ganz allein, ohne alle Stütze hinauszuwandern in die weite Welt, über Berg und Tal und Meer, ach, das wäre unmöglich.«

Selbst solche Ironie lässt die Widersacher und Kritiker nicht verstummen. Im *Wiener Telegraf* erscheint 1855, nachdem Ida Pfeiffer sogar bei den Indianern Amerikas war, eine Karikatur, die die Globetrotterin auf Expedition zeigt, mit Fernrohr und Körbchen, darin Kanne und Kaffeemühle, als wäre sie unterwegs zu einem Picknick im Prater. Vor ihr ein Indianer, der entsetzt die Flucht ergreift. Darunter die Textzeile: »Ida: ›Lauf nicht vor mir davon, ich fürchte mich nicht vor Wilden.‹ Der Indianer: ›Aber ich!‹« Und obwohl selbst Wissenschaftskoryphäen wie Alexander von Humboldt, August Petermann oder Carl Ritter sich lobend hinter Ida Pfeiffer und deren Leistungen – sie sammelt Pflanzen, Tiere und ethnologische Gegenstände – stellen, wird sie in Teilen der akademischen Welt geschnitten. Nicht nur, weil ihr eine wissenschaftliche Ausbildung fehlt, sondern vor allem, weil man Frauen die Fähigkeit zum Forschen grundsätzlich abspricht.

Trotz aller Sparsamkeit sind Ida Pfeiffers Reisen kostenaufwendig, und die Tantiemen aus dem Verkauf ihrer Bücher allein können die Unkosten nicht decken. Als sie 1851 einen Förderantrag bei der österreichischen Regierung stellt, erhält sie gerade einmal einhundertfünfzig Taler bewilligt. Es ist die einzige öffentliche Unterstützung, die ihr je gewährt wird. Der österreichische Finanzminister urteilt im Jahre 1852 sogar recht eindeutig, es sei »kaum zu glauben, daß eine Frau ohne wissenschaftliche Vorbildung wahrhaft Wertvolles in wissenschaftlicher Hinsicht zu sammeln verstehe«.

Doch Ida Pfeiffer zeigt sich erneut erfinderisch: Mit den aus fernen Ländern mitgebrachten Objekten eröffnet sie ein privates »Naturalien- und Kunstcabinet« und spart die Eintrittsgelder für kommende Expeditionen.

Brasilien – Land der Gegensätze

Die Reisen in den Orient und nach Island nehmen sich gerade einmal wie harmlose Ausflüge gegenüber dem aus, was Ida Pfeiffer als Nächstes vorschwebt: Sie will die Welt umrunden! Nur wenige Monate nach ihrer Rückkehr aus dem Norden – der Winter ist eben erst vorbei – bricht sie im Mai 1846 ein weiteres Mal auf. Zunächst geht es mit der Eisenbahn nach Hamburg, dort besteigt sie ein Segelschiff – ein Dampfschiff kann sie sich nicht leisten – und fährt in Begleitung eines Bekannten, des Grafen Berchtold, nach Rio de Janeiro. Zehn Wochen dauert die Überfahrt, bis der berühmte Zuckerhut in Sicht kommt.

Brasilien, damals Kaiserreich, ist ein Land der Gegensätze. Es gibt nur eine dünne Schicht europäischer Siedler – meist Portugiesen –, im Haushalt, auf den Feldern und Plantagen arbeiten schwarze Sklaven, und in den vielfach noch unerforschten Urwäldern leben Indianer. Auch jetzt besichtigt die Reisende aus Wien ohne Vorbehalte alles, was auf ihrem Weg liegt. Sie interessiert sich für die Villen der weißen Oberschicht genauso wie für die Häuser der einfachen Bevölkerung und die Hütten der Schwarzen. Sie informiert sich über Sitten und Gebräuche, über Klima, Flora und Fauna, über die sozialen Spannungen zwischen Arm und Reich, zwischen Weißen und Schwarzen, über die Lebensgewohnheiten zweier Indianerstämme, die sie im Urwald besucht, über die Plantagenwirtschaft und die bereits damals erfolgende Zerstörung der Urwälder durch Brandrodung. Auf dem Weg in den Dschungel wird sie von einem Schwarzen überfallen und – glaubt man der Darstellung in ihrem Reisebuch – um ein Haar ermordet:

»Als wir uns aber auf einer etwas einsamen Stelle allein befanden, sprang er [der Schwarze] plötzlich vor, in einer Hand ein langes Messer, in der anderen einen Lasso haltend, drang auf uns ein und gab uns mehr durch Gebärden als Worte zu verstehen, daß er uns morden und in den Wald schleppen wolle. Wir führten keine Waffen bei uns, weil man uns diese Partie als ganz gefahrlos schilderte, und hatten zur Verteidigung nichts als unsere Sonnenschirme. Ich besaß außerdem noch ein Taschenmesser, welches ich augenblicklich aus der Tasche zog und öffnete, fest entschlossen, mein Leben teuer zu verkaufen. So gut es gehen wollte, wehrten wir mit den Schirmen die Stiche ab. Die Schirme hielten aber nicht lange aus; überdies bekam der Neger den meinigen zu fassen – wir rangen darum – er brach ab, und mir blieb nur ein Stückchen des Griffes in der Hand; doch war ihm bei diesem Ringen das Messer entfallen und einige Schritte weggerollt – rasch stürzte ich darnach und dachte schon, es zu erfassen, als er, schneller denn ich, mit Hand und Fuß mich davon wegstieß und sich desselben wieder bemächtigte. Er schwang es wütend über meinem Haupte und brachte mir zwei Wunden bei, einen Stich und einen tiefen Schnitt, beide in den linken Oberarm, nun hielt ich mich für verloren, und nur die Verzweiflung gab mir den Mut, auch von meinem Messer Gebrauch zu machen. Ich führte einen Stoß nach der Brust des Negers, er wehrte ihn ab, und ich verwundete ihn nur tüchtig an der Hand. Der Graf sprang hinzu und packte den Kerl von rückwärts, wodurch ich Gelegenheit bekam, mich wieder vom Boden zu erheben. Dies alles war in dem Zeitraum einiger Augenblicke geschehen; [...] unfehlbar wären wir verloren gewesen, hätte Gott nicht Hilfe gesandt. Wir vernahmen Pferdetritte auf dem Steinpflaster, und augenblicklich ließ der Neger von uns ab und entsprang in den Wald.«

Es sind auch solch abenteuerliche Szenen, die das Publikum in Ida Pfeiffers Reiseberichten liebt: die Fremde nicht nur als Welt der Kuriosa, sondern auch als Stätte des Nervenkitzels und der Gefahr, die man sich gerne in der gut geheizten Stube zu Gemüte führt.

Die Abenteuer auf Ida Pfeiffers Weltreise sind damit noch lange nicht zu Ende. Sie fährt auf einem Segler nach Süden, umrundet Kap Hoorn, wobei sich das Schiff zwei Wochen lang gegen Sturm und Wellengang anstemmen muss. Schwer beschädigt läuft es schließlich im Hafen von Valparaiso ein. Der Aufenthalt dauert nur kurz, bis die Schäden behoben und frische Vorräte geladen sind, dann geht es westwärts, durch den Pazifik nach Tahiti, bereits damals Klischeebild des Paradieses in der Südsee, wo von der Zivilisation unberührte und unverdorbene »edle Wilde« ihrem Schlaraffendasein frönen.

Die Realität sieht bereits zu Ida Pfeiffers Zeiten anders aus. Tahiti ist im Visier der Großmächte England und Frankreich, die seit Jahrzehnten Machtansprüche auf das Eiland erheben. Obgleich Ida Pfeiffer zu einem Fest der Inselkönigin Pomaré eingeladen und dort auch zuvorkommend hofiert wird, missfällt ihr der in ihren Augen zu freizügige Umgang zwischen den Geschlechtern, aber auch die verderbliche Rolle, die die französischen Besatzer hierbei spielen: »Im Gegenteil lernen die Eingebornen jetzt eine Menge unnötiger Bedürfnisse kennen, infolge deren die Begierde nach Geld in ihnen schrecklich erwacht ist. Da sie nun von Natur aus sehr träge sind und durchaus nicht arbeiten wollen, so haben sie das weibliche Geschlecht zum Mittel des Erwerbes ausersehen. Eltern, Geschwister, ja Ehemänner führen ihre Angehörigen den Fremdlingen zu. Die Weiber sind es auch zufrieden, indem sie so auf leichte Art Putz für sich und Geld für die Ihrigen erlangen.«

Die Reise führt Ida Pfeiffer weiter nach China, das sich zu dieser Zeit in einer Krise befindet: Die europäischen Mächte haben im Opiumkrieg vier Jahre zuvor die Öffnung einiger Häfen für Handel und Mission erzwungen. Die Haltung gegenüber den Fremden im Land hat sich dadurch erst recht ins Feindliche verkehrt. Der Wiener Globetrotterin wird das bald bewusst, als sie in Hongkong und Kanton an Land geht – vorsichtshalber mit geladenen Pistolen im Gepäck. Als sie gegen den Rat eines Bekannten die Faktoreien besichtigen will, schreien die Menschen ihr nach. Ihr Bekannter meint, sie könne von Glück reden, »von dem Volke nicht gröblichst beleidigt, ja wohl gar gesteinigt worden zu sein«. Entsetzt vernimmt Ida Pfeiffer von dem weit verbreiteten Brauch, neugeborene Mädchen zu töten oder auszusetzen, da Knaben als wertvoller gelten. Auch erfährt sie von besonders grausamen Hinrichtungsarten – etwa dem Zersägen oder Verhungernlassen – und prangert allgemein die hohe Zahl der Exekutionen an. Allein in Kanton sollen im Jahre 1846 viertausend Menschen geköpft worden sein. Die Weltreisende erfährt dies nicht allein durch Hörensagen. »Ich kam einmal«, schreibt sie, »zufällig in die Nähe des Richtplatzes und sah zu meinem Entsetzen eine große Reihe noch blutender Köpfe auf hohen Stangen zur Schau gestellt.«

Die bürgerliche Dame ist von einer anderen Sitte im Reich der Mitte ebenso angewidert, dem Abbinden weiblicher Füße mit dem Ziel, sie klein und zierlich zu halten: »Durch Vermittlung einer Missionärsfrau [...] gelang es mir, solch ein Füßchen in natura zu sehen. Die vier Zehen waren unter die Fußsohle gebogen, an dieselbe fest gepreßt und schienen mit ihr wie verwachsen, nur die große Zehe ließ man ungestört auswachsen. [...] Zu meiner Verwunderung trippelten diese verstümmelten Geschöpfe trotz uns breitfüßigen Wesen ziemlich schnell einher, nur mit dem Unterschied, daß sie dabei gleich Gänsen wackelten.«

Fünf Wochen verbringt Ida Pfeiffer in Kanton, sie besichtigt Mandarinspaläste ebenso wie die Behausungen einfacher Leute und das Gedränge in den Gassen und auf dem Markt, sie sieht Armut, Unbildung, soziale Not, Korruption und Kriminalität. Entsprechend ungünstig, aber nicht arrogant fallen ihre Beschreibungen und Urteile in ihrem Reisebericht aus. Schließlich besteigt sie wieder ein Schiff und fährt über Hongkong südwärts nach Singapur, in dessen Hinterland sie sogar an einer Schlangenjagd teilnimmt.

Ihre Route führt weiter über Ceylon auf den indischen Subkontinent. Die Wienerin besichtigt Madras und Kalkutta, fährt auf dem Ganges, kommt nach Benares und Delhi, von dort durchquert sie das Land bis zur Westküste nach Bombay. Auf ihrer Reise durch den Subkontinent hat Ida Pfeiffer keinerlei Berührungsängste gegenüber fremden Sitten und Gebräuchen, auch wenn manches verstörend auf sie wirkt: Sie sieht Elefanten und heilige Affen, nimmt an einer Tigerjagd teil, bestaunt Märtyrer und Fakire, beobachtet, wie sich gläubige Hindus im Ganges rituell waschen, besucht eine traditionelle Hochzeit und eine indische Totenfeier. Sie beschreibt die Lebensgewohnheiten und -umstände der indischen Bevölkerung, ihre Tänze, Trachten, Feste und Zusammenkünfte. Auch jetzt versteht sie nicht alles und heißt nicht alles gut, ist aber von der Freundlichkeit und Offenheit der Inder angenehm überrascht und vermeidet Vorverurteilungen aus ihrer europäisch-christlichen Sicht. Immerhin lernt sie, manches europäische Klischee zu hinterfragen. Über die Lage indischer Frauen etwa berichtet sie differenzierend:»Ich hatte auf meinen vielen Reisen Gelegenheit zu beobachten, daß das Los der ärmeren weiblichen Volksklasse weder in Indien noch im Orient oder sonst unter rohen Völkern so hart ist, als man allgemein glaubt. Alle schweren Arbeiten verrichten die Männer, selbst in die den Weibern zugehörigen Arbeiten greifen sie ein. [...] Auf den Feldern sieht man zwar zur Erntezeit Weiber; doch besorgen sie auch da nur die leichteren Arbeiten. [...] Auch sah ich nie einen Mann sein Weib oder Kind mißhandeln. Ich wollte von Herzen wünschen, daß die Weiber der armen Volksklasse in unsern Ländern von ihren Männern nur halb so schonungsvoll behandelt würden, wie ich es in allen übrigen Weltteilen sah.«

Schließlich verlässt sie Indien auf einem Dampfschiff Richtung Arabien. An Bord brechen die Pocken aus, glücklicherweise kommt es nicht zu einer Epidemie. Von Maskat geht es durch den Persischen Golf zur Mündung des Schatt el-Arab und stromaufwärts nach Bagdad. Als sie auf das Dach einer Herberge steigt, ist sie überwältigt: »Hier oben aber überblickte ich die ganze Stadt mit ihren unzähligen Häusern, von welchen viele in niedlichen Gärten liegen, ich sah tausend und tausend Terrassen zu meinen Füßen aufgedeckt und vor allem den schönen Strom, der sich an der fünf englische Meilen langen Stadt teilweise durch dunkle Frucht- und Palmenwäldchen fortwälzt.«

Ida Pfeiffers Plan zur Weiterreise ist gewagt: Sie will nordwärts, durch Kurdistan, von dort ins persische Täbris. Freunde in Bagdad – Europäer wie Einheimische – warnen sie vor der Durchquerung der Region, in der Räuber die Wege unsicher machten und Rebellen auch harmlose Reisende nur als willkommene Opfer für Entführung und Erpressung sähen. Ida Pfeiffer wagt die gefährliche und strapaziöse Etappe dennoch. Zuvor allerdings bringt sie ihre Tagebücher in Sicherheit und schickt sie per Post nach Wien. Denn sollte sie tatsächlich überfallen und umgebracht werden, sollen die Freunde in Österreich wenigstens ihr schriftliches Vermächtnis dieser Reise in Händen halten. Das zeigt, welch hohes Selbstverständnis als Autorin Ida Pfeiffer zu jener Zeit bereits ausgeprägt hat.

Kurdistan, Persien und der Kaukasus

Mit einer kleinen Karawane geht es nordwärts durch Mesopotamien, vorbei an den Ruinen von Ninive. Die Reise ist anstrengend und gefährlich. Mehrmals begegnen sie bewaffneten Trupps, die sich allerdings als reguläre Soldaten erweisen. In den Bergen Kurdistans übernachten sie in schmutzigen Dorfhütten. Ida Pfeiffer wird als Ausländerin begafft und belästigt. Manchmal kommt sie eine Woche lang nicht aus ihren Kleidern, kann sich nicht waschen und leidet unter Ungeziefer. Dennoch ist die Reisende auch in dieser armen Gegend nicht undankbar oder vorurteilsbehaftet und bezeichnet die Menschen als »sehr gutmütig«.

Als sie endlich heil in Täbris ankommt, kann ein dort lebender europäischer Arzt es nicht fassen. »Wie«, fragt er die Wienerin, »kamen Sie allein hierher? Hat man Sie ausgeraubt? Sind Sie von Ihrer Gesellschaft getrennt worden und nur allein davongekommen?« Er kann kaum glauben, dass »es einer Frau habe gelingen können, allein, ohne Sprachkenntnis durch solche Länder und solche Völker zu dringen«.

Ida Pfeiffer hat noch immer nicht genug: Sie will durch den schneebedeckten Kaukasus und weiter nach Russland – da erhält sie Nachricht von Unruhen in Europa. Auch Österreich, heißt es, werde von einer Revolution erschüttert. Die Regierung sei zurückgetreten. Ida Pfeiffer, die vermeintlich konservative Dame aus bürgerlichem Haus, begeistert sich fern der Heimat für die freiheitlichen Ideen der Revolutionäre: »Die Ereignisse der Märztage hatten mich so entzückt und begeistert, daß ich mich mit Stolz eine Österreicherin nannte.«

Früher, als sie selbst es sich wünscht, wird sie ihre Heimatstadt wiedersehen, denn die russischen Behörden haben aus Furcht vor einem Überspringen des revolutionären Funkens die Grenzen geschlossen. Also reist Ida Pfeiffer durch Armenien und Georgien und geht an der Schwarzmeerküste an Bord eines Schiffes, das sie mit Zwischenlandungen in Kertzsch, Jalta, Sewastopol und Odessa nach Konstantinopel bringt. Weiter geht es über Athen und den Isthmus von Korinth nordwärts in die Adria. Am 30. Oktober 1848 verlässt sie in Triest ihr Schiff, reist mit dem Eilwagen, einer schnellen Kutschenverbindung, weiter nach Wien, muss aber schließlich vor den Toren ausharren, denn just an jenem Tag greifen kaisertreue Truppen die Stadt an, in der sich die Revolutionäre verschanzt halten. Die Reisende muss mit ansehen, wie ihr Traum von einer Republik in Grund und Boden geschossen wird. Erst am 4. November kann Ida Pfeiffer die Heimatstadt betreten.

Zweieinhalb Jahre hat die bis dahin längste Reise ihres Lebens gedauert, ein fortwährendes Abenteuer voller Strapazen, aber auch voller Wunder. Ida Pfeiffer brennt darauf, ihre Erlebnisse als Reisebuch zu Papier zu bringen – und sie benötigt dringend das Geld aus dem Verkauf. Zu ihrem Entsetzen erfährt sie jedoch, dass das Paket mit den Tagebüchern, das sie im Zweistromland der Post anvertraut hat, nie in der Heimat angekommen ist. Sie lässt in Zeitungen per Annonce danach forschen – vergebens. Endlich – sie hat schon resigniert – tauchen die Tagebücher nach einem Jahr doch noch auf. Sofort macht sie sich an die Ausarbeitung. Das Reisebuch *Eine Frauenfahrt um die Welt* erscheint 1850 in drei Bänden und wird erneut ein Erfolg.

Die zweite Weltumrundung

Ida Pfeiffer könnte sich mit nunmehr dreiundfünfzig Jahren – nach damaligem Verständnis auf der Schwelle zum Alter – endlich zurückziehen und ihren Ruhm genießen. Zudem kränkelt sie in jenen Jahren bereits. Eine Malariainfektion, aber auch eine in Mesopotamien zugezogene Infektion mit beulenartigen Geschwulsten machen ihr zu schaffen. Doch schon bald erscheint ihr die bürgerliche Welt Wiens wieder zu eng und kleingeistig, die politischen Verhältnisse im nachrevolutionären Kaiserreich Österreich empfindet sie als verkarstet und tot. Also bricht sie wieder auf und aus – in die Welt, in die Freiheit.

Am 18. März 1851 verlässt Ida Pfeiffer Wien und reist über Berlin – wo ihr Alexander von Humboldt, Bettine von Arnim, Hermann Fürst Pückler-Muskau und der Komponist Giacomo Meyerbeer begeistert die Aufwartung machen – nach London. Ihre zweite Weltumrundung führt sie per Schiff über Kapstadt und den Indischen Ozean erneut nach Singapur. Von dort wendet sie sich nach Süden, auf den Malaiischen Archipel, nach Borneo, Java, Sumatra, Celebes und zu den Molukken. Wieder hat sie gegen die Unbilden von Wetter und Klima zu kämpfen. Sie durchstreift den Dschungel und ersteigt Vulkane, manchmal watet sie bis zu den Hüften durch Morast, »daß ich kaum mit Hülfe von zwei Menschen wieder an das Tageslicht kam«. Sie verbringt Nächte im Freien, unter Bäumen oder in einem Einbaum, »eingequetscht u[nd] eingepreßt, als ich an's Land kam konnte ich nicht gleich stehen, ich dachte schon die Füße eines anderen erwischt zu haben«. Sie leidet unter Parasiten und Malaria, ist auf der Hut vor wilden Tieren, Wegelagerern und Kannibalen. Bei der Urbevölkerung Borneos, den als Kopfjägern berüchtigten Dajak, ist die zierliche Dame aus Wien zu Gast, ihr zuliebe führen sie ihre traditionellen Tänze auf. Weniger verängstigt denn mit dem neugierigen Blick der Forschungsreisenden berichtet sie: »Diese Hütte dient zugleich zum Trommel- und Festplatz und zur Aufbewahrung der Kriegstrophäen, die in den abgeschnittenen Köpfen der Feinde bestehen. Mit wahrem Grausen sah ich hier 36 Schädel aneinandergereiht und gleich einer Girlande aufgehängt. Die Augenhöhlen waren mit weißen, länglichen Muscheln ausgefüllt [...], Denkmale einer blutigen Vergangenheit, die ihren Augen wahrscheinlich ruhmvoll erscheint.«

Kaum diesen Strapazen entronnen, bricht sie wieder auf, fährt durch den Pazifik nach Nordamerika, den Kontinent, der ihr bislang noch unbekannt ist. Sie landet in San Francisco, das sich damals im Goldrausch befindet, besucht auch die Goldminen Kaliforniens, ist aber von der Raffgier der Bevölkerung abgestoßen. Traurig ist sie auch über die Art und Weise, wie die Indianer Nordamerikas von den Weißen behandelt werden: »Man schildert die Indianer als falsch, hinterlistig, rachsüchtig und feig und sagt, daß sie die Weißen nur dann zu töten suchen, wenn sie selbe einzeln finden. [...] Was würde wohl der Weiße tun, wenn man so mit ihm verführe wie er mit dem armen Wilden?«

Sie wendet sich südwärts, um auch den lateinamerikanischen Kulturkreis kennenzulernen, bereist Panama und Ecuador, kommt nach Peru und fährt mit der bereits damals existierenden Andeneisenbahn nach Lima. Den waghalsigen Plan, zum Oberlauf des Amazonas vorzustoßen und den Strom abwärts nach Belém zu fahren, also den südamerikanischen Kontinent von West nach Ost zu durchqueren, muss sie allerdings aufgeben, da die politischen Verhältnisse im Kaiserreich Brasilien damals unsicher sind. »Ich hätte weder Führer noch Maultiere bekommen, denn bei Revolutionen oder Kriegen nimmt hier Freund wie Feind Leute und Tiere in Beschlag«, schreibt die Globetrotterin beinahe entschuldigend in ihrem Reisebuch. Also geht es wieder nordwärts, nach Quito. Sie reist zum Chimborazo, den Alexander von Humboldt fünfzig Jahre zuvor zu besteigen versuchte. Und sie hat das seltene Glück, einen Ausbruch des 5897 Meter hohen Vulkans Cotopaxi beobachten zu können. Ida Pfeiffer kommt bei ihrer Expedition auf über viertausend Meter Höhe, wo die gesundheitlich angeschlagene Frau unter der dünnen Höhenluft leidet: »Ich fühlte große Beängstigungen, Atemlosigkeit und Zittern am Körper – ich fürchtete jeden Augenblick, hinzusinken; allein es hieß: vorwärts, und nur mit der größten Mühe schleppte ich mich fort durch Kot und Schlamm, durch Gießbäche, Löcher, Sümpfe und über Gestein.«

Als sie später wieder in Wien ist, erhält sie im Februar 1856 einen begeisterten Brief des inzwischen sechsundachtzigjährigen Alexander von Humboldt, der der Globetrotterin seine Verehrung ausdrückt: »Sie waren in meinem majestätischen Hochlande von Quito; Sie haben, was so selten ist, den Cotopaxi speien sehen! Dieser neue Ausbruch soll mir Gelegenheit geben, meinen vierten Band des *Kosmos* mit dem Namen Ida Pfeiffer zu schmücken.«

Weiter geht es mit dem Schiff nach Panama und durch die Karibik nach New Orleans, von dort mit dem Raddampfer den Mississippi aufwärts nach St. Louis. Ida Pfeiffer erreicht Chicago, befährt die Großen Seen und gelangt zu den Niagarafällen, eine, wie sie schreibt, »der wunderbarsten erhabensten Naturszenen in Gottes schöner Welt«. Sie bereist noch die kanadische Provinz Québec, dann kehrt sie um und fährt nach New York. Von der Betriebsamkeit der Handelsstadt ist sie überwältigt, aber von den Menschenmengen auch etwas erdrückt. Schließlich schifft sie sich ein – man hat die berühmte Weltreisende mit einem Freiticket versehen – und kehrt nach London zurück.

Kaum in Europa, packt das Reisefieber sie schon wieder. Sie besteigt erneut ein Schiff, fährt zu den Azoren und verbringt dort fünf Monate, bevor sie im Juni 1855 über Lissabon nach London und schließlich nach Wien zurückkehrt.

Knapp zwei Jahre war Ida Pfeiffer auf ihrer zweiten Weltumrundung unterwegs. Gewohnt schnell erarbeitet sie aus ihren Notizen ein Reisebuch, das 1856 in vier Teilen erscheint und ihr erneut Erfolg und Anerkennung bringt.

Eine Expedition wider alle Vernunft

Inzwischen merkt Ida Pfeiffer deutlich ihr Alter. Krankheiten machen ihr zu schaffen, doch ihre Willensstärke ist ungebrochen. Ohne sie hätte sie die Strapazen der Reisen niemals durchgehalten. »Oft [...] kann ich es selbst kaum glauben«, räsoniert sie bereits in ihrem ersten Reisebuch, »daß mich Mut und Ausdauer in keiner Lage verließen und daß ich meinem vorgesteckten Ziele Schritt vor Schritt entgegenging. Dies dient mir zur Überzeugung, daß der Mensch mit festem Willen beinahe Unmögliches leisten kann.«

Noch einmal will sie sich das Äußerste abverlangen. Obschon ziemlich krank, hält sie in Wien nichts. Sie gilt zu jener Zeit außerhalb Österreichs weit mehr als in der Heimat: Sie ist Ehrenmitglied verschiedener Akademien und wissenschaftlicher Vereinigungen in Paris und Berlin – nur in Wien meidet der akademische Dünkel ihre Person.

Ida Pfeiffer hat einen letzten Reisewunsch: Australien, den noch am wenigsten erforschten Kontinent. Die Fahrt soll über Madagaskar gehen, die geheimnisvolle große Insel im Indischen Ozean, die ebenfalls noch der wissenschaftlichen Erkundung harrt.

Kein Jahr ist seit ihrer Rückkehr von der zweiten Weltumrundung vergangen, da bricht sie erneut auf. Über Salzburg, München, Berlin, Hamburg und Rotterdam geht es nach London. Die Stationen lassen erahnen, dass dies auch eine Reise zu Freunden und Bewunderern ist. Und eine Reise auf der Suche nach Sponsoren, denn die Kosten für die geplante Australien-Expedition übersteigen bei Weitem Ida Pfeiffers bescheidene Verhältnisse. Doch sie stößt nicht nur auf Verständnis. Selbst wohlmeinende Freunde wie Alexander von Humboldt warnen sie vor den Strapazen und davor, in Madagaskar in politische Scharmützel zu geraten, vielleicht gar wider Willen an einem unwirtlichen Ort ausharren zu müssen und nicht weiterzukommen. Ida Pfeiffer schlägt diese Warnungen in den Wind. Vielleicht ahnt sie, dass ihr nicht mehr viel Zeit bleibt, und vielleicht ist sie gerade deshalb so unnachgiebig und uneinsichtig. Aber Humboldt sollte recht behalten …

Am 22. August 1856 verlässt die Globetrotterin an Bord eines Auswandererschiffes den Hafen von Rotterdam. Die Fahrt führt an der westafrikanischen Küste entlang und um das Kap der Guten Hoffnung. In Kapstadt lernt Ida Pfeiffer einen Franzosen namens Lambert kennen, der von der berühmten Weltreisenden und ihren Büchern vernommen hat. Er lebt seit Jahren auf der Insel Mauritius im Indischen Ozean und lädt die Wienerin in sein Haus ein. Er besitze gute Kontakte zum madagassischen Königshaus und könne ihr eine Einreiseerlaubnis für Madagaskar beschaffen. Ida Pfeiffer sagt freudig zu. Mit Lambert reist sie nach Mauritius und lässt sich fünf Monate auf den Besitzungen des Franzosen verwöhnen und hofieren. Sie unternimmt mit Schmetterlingsnetz und Botanisiertrommel Expeditionen ins Inselinnere, ansonsten genießt sie das Dolcefarniente. »Mit Sonnen-Aufgang«, schreibt sie in ihrem posthum erschienenen Buch *Reise nach Madagaskar,* »erquickt man sich an einer Tasse Milchkaffee, welche in das Schlafzimmer gebracht wird, zwischen 9 und 10 Uhr ruft die Glocke zum Frühstücke, das aus Reis und Curey und einigen warmen Gerichten besteht, und um 1 oder 2 Uhr genießt man Früchte oder Brod und Käse. Das Hauptmahl findet Abends statt, und zwar gewöhnlich erst nach 7 Uhr.«

Ihr aufmerksamer Gastgeber Lambert hält Wort: Er besorgt ihr ein Visum für Madagaskar. Ida Pfeiffer vertraut dem leutseligen und spendablen Franzosen – vielleicht zu sehr. Denn er ist auch in den Sklavenhandel in Mozambique verstrickt und zudem bei den in der Region kolonial tätigen Engländern schlecht beleumundet. Der englische Konsul in Mozambique warnt die berühmte Weltreisende ausdrücklich davor, nach Madagaskar einzureisen, denn die dortige Königin Ranavalona habe erst vor Kurzem alle europäischen Kaufleute und Missionare des Landes verwiesen. Ida Pfeiffer, die ahnt, dass ihr nur noch eine kurze Lebenszeit beschieden ist, will aber die geheimnisumwobene große Insel, die eine Fläche etwa von der Größe Frankreichs hat und bei Geologen, Zoologen und Botanikern wegen ihrer erdgeschichtlich langen Trennung vom Mutterkontinent Afrika als etwas ganz Besonderes gilt, unbedingt sehen und erforschen.

An Bord eines alten Kahns, der, wie ihr sogar der Kapitän selbst versichert, keinem Sturm widerstehen könne, wagt die Wienerin Ende April 1857 in Begleitung Lamberts die rund eintausend Kilometer lange Überfahrt. Sie landen glücklich im Küstenort Tamatave an und machen sich auf den Weg ins Landesinnere, zur Residenz der Königin. Allen Unkenrufen zum Trotz werden Lambert und Ida Pfeiffer gastfreundlich, ja sogar mit Ehren empfangen. Die Königin nennt ein klappriges, völlig verstimmtes Klavier ihr Eigen, nur noch ein Teil der Tasten lässt sich überhaupt anschlagen. Auf diesem Kasten spielt Ida Pfeiffer zur Freude des Hofes ein paar Stücke. Belustigt schreibt sie: »Wer hätte je gedacht, daß ich noch an einen Hof berufen werden würde, um ein Konzert zu geben, und gar jetzt in meinem sechzigsten Jahre, wo ich schlechter klimperte als bei uns Kinder, die kaum einige Monate Unterricht genommen haben! Allein wenn man so abenteuerlich in die weite Welt hinauszieht, kommt man gar häufig in die sonderbarsten Lagen und muß auf alles gefaßt sein.«

Tatsächlich wird die Lage doch noch gefährlich: Am 20. Juni verüben Rebellen unter Prinz Radama, einem Sohn der Königin, einen Staatsstreich, der misslingt. Fatal ist, dass Lambert in die Vorgänge involviert ist. Ida Pfeiffer wird unter Hausarrest gestellt. Währenddessen werden etliche Europäer, die sich noch auf Madagaskar befinden, verfolgt und ermordet. »Unser Gefängnis«, schreibt Ida Pfeiffer bang in ihr Tagebuch, »schließt sich immer enger und enger, und unsere Lage fängt an wirklich sehr kritisch zu werden. Wir haben soeben erfahren, daß seit gestern Abend ein königlicher Befehl jedermann ohne Ausnahme bei Todesstrafe untersagt, unser Haus zu betreten.«

In dem ungesunden Tropenklima bekommt Ida Pfeiffer heftiges Fieber, doch der Hausarrest wird nicht aufgehoben, auch darf kein Arzt die Fremden visitieren. »Während der ganzen 53 Tage«, schreibt die Globetrotterin später in einem Brief, »kam ich nicht aus meinem Kleide, nie erhielt ich ein abgesondertes Zimmer, sondern mußte immer mit Allen zusammen in den elenden Bambushütten übernachten. Auf jedem Tritt und Schritt begleiteten uns die Soldaten, und als wir einem europäischen Arzte unterwegs begegneten, der alle Paar Jahre von der Königin und den Reicheren nach Madagaskar berufen wird, litt unsere Bedeckung nicht, daß wir nur ein Wort mit ihm sprachen, so nöthig wir auch seinen ärztlichen Rath gehabt hätten.«

Nach fast zwei Monaten des Wartens und Bangens dürfen sie endlich ausreisen, zurück nach Mauritius. Noch einmal träumt Ida Pfeiffer von einer Expedition nach Australien. Im Januar 1858 schreibt sie an ihren Sohn Oscar: »Die Seereise und die stärkende Luft in Australien, wo ich gerade in der besten Jahreszeit, im Spätherbst, ankommen werde, sollen, wie ich hoffe, den Schlußstein meiner Kur machen und meine gänzliche Erholung zu Stande bringen.«

Es ist allerdings ein Wunschtraum. Ida Pfeiffer ist von der Malaria bereits zu geschwächt. Sie erleidet einen Rückfall und wird auf einem Schiff nach Hamburg gebracht, wo sie in einem Krankenhaus behandelt wird. Briefe aus ganz Deutschland erreichen sie. Selbst der greise Alexander von Humboldt erkundigt sich nach ihrem Befinden.

Kaum hat sich ihr Zustand etwas gebessert, macht sie sich auf den Heimweg. In Krakau muss sie jedoch bei einer Freundin Station machen und sich in Pflege begeben. Erst am 15. September 1858 trifft die Schwerkranke in ihrer Heimatstadt Wien ein. In den folgenden Wochen erholt sie sich ein wenig und spricht prompt davon, eine Reise nach Triest unternehmen zu wollen. Dann erfolgt neuerlich ein Rückfall. In der Nacht vom 27. auf den 28. Oktober 1858 stirbt Ida Pfeiffer kurz nach ihrem einundsechzigsten Geburtstag an Leberkrebs, einer Folge der Malariainfektion. Sie wird auf dem St. Marxer Friedhof bestattet. Ihr Bericht über die Reise nach Madagaskar erscheint posthum im Jahre 1861.

Über dreißig Jahre vergehen, bis man sich in der Öffentlichkeit wieder der Weltreisenden erinnert: Im November 1892 bettet man die sterblichen Überreste Ida Pfeiffers in ein Ehrengrab auf dem Wiener Zentralfriedhof um. Auf der Stirnseite eines Obelisken ist ein Medaillon mit dem Porträt der Globetrotterin zu sehen, darunter ein Schiff in Sturm und hohem Wellengang. Gekrönt wird die Grabstätte von einer auf zwei Delfinen ruhenden Weltkugel. Ein schöneres Grabmal kann es für eine Weltreisende wohl nicht geben.

5 Jane Ellenborough (1807–1881)
Ungekrönte Königin des Orients

Zu Beginn der 1850er-Jahre besucht der französische Journalist Edmond About die Residenzstadt des damals noch jungen Königreichs Griechenland, auf dessen Thron Otto aus dem bayerischen Haus der Wittelsbacher sitzt. About kommt nicht wegen der antiken Ruinen, auch nicht wegen der neuen Repräsentationsbauten von Leo von Klenze und Friedrich von Gärtner. Nein, er will über das aufblühende öffentliche Leben schreiben, über die Empfänge und Bälle im neuen königlichen Schloss, über die Salons der alteingesessenen griechischen Patrizierfamilien, der zugezogenen Höflinge aus Bayern und der Botschafter und Konsuln aus den europäischen Staaten. Und er hat es vor allem auf *eine* Dame abgesehen, eine englische Lady, die seit Jahrzehnten von Skandalen umwittert ist, der man alle möglichen Geschichten anhängt, die man mal als leuchtende Schönheit glorifiziert, mal als Femme fatale verteufelt. Die Rede ist von »Janthe«. Unter diesem Namen ist sie damals vielen ein Begriff. Es ist ein Name, den sie sich selbst gewählt hat, in Anlehnung an eine romantische Frauengestalt aus Lord Byrons Werken. Denn schon damals kommen die Zeitgenossen kaum damit nach, sich die wechselnden Namen einzuprägen, die Janthe in Wirklichkeit führt. Sie tauscht die Männer und die Nachnamen wie ihre Kleider – so zumindest wollen es die Klatsch- und Schandmäuler wissen. Hinter all diesen Mären stehen allerdings enge Moralvorstellungen und spießbürgerlicher Neid. Denn Jane Gräfin Theotoki, geborene Lady Digby, einst verheiratete Lady Ellenborough und Freifrau von Venningen, ist zu der Zeit, als About nach Athen kommt, trotz ihrer bereits vierundvierzig Jahre immer noch eine berückend schöne Dame – und eine Frau mit Charme, Witz und Esprit, die Künstler und Dichter ebenso inspiriert wie Könige und Räuberbarone und die selbst eine geistreiche Briefeschreiberin und talentierte Aquarellmalerin ist. Edmond About – sonst ein arges Spottmaul – ist hingerissen:

»Janthe ist die bewunderungswürdige Inkarnation von Leben und Gesundheit. Sie ist groß und schlank, ohne dünn zu sein. Wenn sie eine längere Taille hätte, könnte man sich schwerlich eine besser proportionierte Frau vorstellen. Ihre Füße und ihre Hände verraten ihre adlige Abstammung; die Linien ihres Gesichts sind von unvorstellbarer Klarheit. Sie hat große blaue Augen, so tief wie das Meer; wunderschöne kastanienbraune Haare, in denen ein Goldton glänzt. Und was ihre Zähne anbelangt, zählt sie zu jener Elite der englischen Nation, die Perlen im Mund tragen anstelle von Klaviertasten. Ihr Gesicht ist noch immer milchweiß, wie es nur im englischen Nebel entstehen kann, aber bei der leisesten Erregung errötet sie. Man kann sagen, dass diese feine, transparente Haut nur die Hülle ist für das Temperament, das sie umschließt; man kann es unter der Oberfläche beben sehen.«

Jane alias Janthe, die man heute meist unter dem Namen ihres ersten Ehemannes Ellenborough kennt, wird damals von vielen Leuten zwar als schöne, aber moralisch durchaus anfechtbare Berühmtheit eingestuft, ein Star der Salons und der Klatschpresse, der bereits den Zenit überschritten hat. Was damals jedoch keiner ahnt, selbst Jane Ellenborough nicht: Ihre große Zeit wird erst noch kommen, und zwar fern der europäischen Welt mit ihrem verkommenen adligen Klüngel, ihren verquasten bürgerlichen Moralvorstellungen, ihren maliziösen Klatschkolumnen. Ihre große Zeit im Orient als ungekrönte Königin von Damaskus, als von den Syrern verehrte »Sitt Mesrab«.

Keiner hätte Jane dies prophezeit. Als sie am 3. April 1807 auf Schloss Holkham Hall in der englischen Grafschaft Norfolk zur Welt kommt, scheint ihr eine ruhige und sorgenfreie Zukunft vorgezeichnet, ein Leben als verwöhntes Püppchen aus steinreichem Haus, ein Dasein als exotischer Vogel im goldenen Käfig – mit der Fähigkeit zu singen, aber auch mit gestutzten Flügeln, unfähig zu fliegen.

Jane Digby entstammt einer der angesehensten Familien des Landes. Ihr Vater, Henry Digby, hat als Admiral 1805 in der ruhmreichen Seeschlacht von Trafalgar gekämpft. Die Mutter, Jane Elizabeth, geborene Coke, ist eine Tochter des berühmten Sir Thomas William Coke, Earl of Leicester. Jane ist das erste Kind der Eheleute. Es folgen noch die Söhne Edward und Kenelm.

Vielleicht trägt der Erstgeborenenstatus mit Schuld daran, dass Jane wie ein Junge erzogen wird. Zunächst jedenfalls. Sie zeigt sich als eigensinnig, springt gern in dem weitläufigen Schloss und dem Park umher, lernt früh das Reiten. Später wird sie in Syrien bei den Beduinen dadurch auffallen, dass sie selbst die schwierigsten Pferde zu bändigen weiß.

Ihr Eigensinn zeigt sich auch, als die Heranwachsende sich für das andere Geschlecht zu interessieren beginnt. Einer Legende zufolge soll die Sechzehnjährige mit einem Stallburschen das Weite gesucht haben, doch wurde das Paar rechtzeitig aufgegriffen, bevor es zu unerwünschten Verwicklungen und Folgen kam.

Die Eltern beschließen, aus der jungen Frau eine Dame von Welt zu machen – und damit auch ein begehrtes Heiratsobjekt, denn die Digbys sind nicht nur von Adel, sondern auch immens reich. Und Reichtum strebt zu immer größerem Reichtum, sei es durch beruflichen Erfolg oder familiäre Kuppelei. Jane wird also von ihren Eltern nach London gebracht, wo sie in die höhere Gesellschaft des aufstrebenden Empires eingeführt werden soll.

1823 ziehen die Digbys in eine der damals wie heute vornehmsten Zeilen Londons, die Harley Street, nahe dem Regent's Park. Im Frühjahr darauf wird die knapp siebzehnjährige Jane bei Hof eingeführt. Fesch herausgeputzt, im Seidenkleid, mit weißen Straußenfedern im Haar, macht sie gehörig Eindruck. Rasch gilt sie als eine der schönsten Heiratskandidatinnen – und als eine der reichsten dazu. Bei den Digbys ist man nicht auf einen mittellosen Bewerber erpicht, sondern auf einen mit Rang, Namen und Ländereien. Bald beißt ein aussichtsreicher Kandidat an: der dreiunddreißigjährige Edward Law, Lord Ellenborough, ein schöner, gut gewachsener Mann, und wohlhabend dazu. Er ist Witwer, seine Frau ist fünf Jahre zuvor kinderlos verstorben. Die Digbys ignorieren freilich, was man sich über den Lord erzählt: Er sei ein Salonlöwe und Frauenheld. Ein anderer Dandy jener Zeit, Thomas Creevey, äußert einmal über Lord Ellenborough: »Lady Anson meint, er wäre seiner ersten Frau ein guter Ehemann gewesen; nach meinem Eindruck jedoch ist er ein verdammter Kerl.«

Solche Warnungen tun die Digbys als Geschwätz ab. Name und Besitz sind ihnen Sicherheit genug. Freilich ist Jane Digby zunächst nicht so begeistert, denn sie ist unglücklich in ihren zehn Jahre älteren Cousin George Anson verliebt. Als der eine Militärkarriere einschlägt und aus London abberufen wird, gibt Jane klein bei und willigt in die Ehe mit Ellenborough ein. Rasch sind die Heiratskonditionen ausgehandelt. Am 15. September 1824 wird im Haus der Digbys in der Harley Street die Hochzeit gefeiert. Kein Geringerer als der Bischof von Wells, ein Onkel des Bräutigams, vollzieht die Zeremonie.

Den Honeymoon verbringt das Paar im damals beliebten und mondänen Seebad Brighton. Das glamouröse, schöne und reiche Paar wird in der Upper Class herumgereicht. Auch in London, wohin Edward und Jane nach den Flitterwochen wieder ziehen. Sie bewohnen den Landsitz Roehampton etwas außerhalb der Stadt. Bald schon merkt die junge Ehefrau allerdings, dass sie in der Ehe nicht glücklich wird. Sie giert nach Leben, nach Abenteuer, nach Romantik – doch Lord Ellenborough ist das Gegenteil von all dem. Er lebt ganz für seine Besitztümer und seine politische Karriere. Der Journalist Edmond About, der freilich nicht frei von Klatschsucht ist, weiß ein paar Jahre später: »Lord Ellenborough war in Sachen Liebe wie ein blasierter Gourmet. Er war von dieser rosa-weißen Schönheit gefesselt und ging deshalb diese ungleiche Ehe ein. Er scheint zu seinem eigenen Vergnügen geheiratet zu haben und behandelte seine Frau wie etwas, wofür er einen hohen Preis bezahlt hat.«

Flucht in ein romantisches Gefühl

Häufig ist Ellenborough in London, während seine junge Frau in ihrem goldenen Käfig Roehampton sitzt und sich langweilt. Sie kompensiert das damit, dass sie allerlei Kleider und Schmuck, Kunst und Nippes kauft. Auf Außenstehende macht die herausgeputzte Lady damals einen oberflächlichen Eindruck. Ein Besucher jener Tage ist der ungarische Diplomat Graf Rudolf Apponyi, er urteilt in seinen Memoiren: »Von ihrem Intellekt war ich nicht beeindruckt; es scheint, dass man nicht alles haben kann.«

Kein Wunder, dass Jane Ellenborough sich bald auf ein amouröses Abenteuer einlässt. Als sie ihrem Cousin George Anson wiederbegegnet, flirtet sie mit ihm. Und auch mit anderen Männern soll Lady Ellenborough in jenen Jahren angebandelt haben, so mit einem Bibliothekar des British Museum.

Am 15. Februar 1828 bringt Jane Ellenborough den Sohn Arthur zur Welt. Angeblich ist George Anson der Vater. Auffallend ist, dass sich die Eheleute Ellenborough nach der Geburt des Knaben aus dem Weg gehen. Dabei ist Edward Ellenborough keineswegs unzufrieden: Wenigstens formal besteht seine Ehe, ein Stammhalter ist geboren, und er wird in jener Zeit zum Lord Siegelbewahrer ernannt.

Lady Jane sitzt derweil keineswegs nur in Roehampton herum. Da das Kind von einer Amme erzogen wird, kann sich die Dame des Hauses immer öfter in die feine Gesellschaft Londons begeben. Dabei lernt sie den neuen Attaché der österreichischen Botschaft kennen, den achtundzwanzigjährigen, gut aussehenden Prinzen Felix zu Schwarzenberg. Er ist der Spross eines der angesehensten Häuser Österreichs, dem große Besitztümer in Böhmen und der Steiermark gehören. Bald finden der fesche Prinz und die schöne Lady zusammen – in der Londoner Society ein offenes Geheimnis. Das kommt auch Lord Ellenborough zu Ohren, und er ist darüber keineswegs »amused«. Auch wenn er seiner Frau durchaus manche Freiheit – auch erotischer Art – gönnen will, so ist Diskretion doch oberstes Gebot. Das Geschwätz der Leute, gar einen Skandal, kann er keinesfalls gebrauchen, fürchtet er doch um sein Wertvollstes, seine politische Karriere.

Der Skandal bleibt nicht aus. Die Klatschpresse hat von der Angelegenheit Wind bekommen und gießt genüsslich ihre Häme über das Liebespaar. In der Zeitschrift *Bell's Life in London* ist am 7. Juni 1829 unter der Überschrift »Scandal in High Life« zu lesen:

»Die wunderschöne Frau eines gewissen Edelmanns, dessen Name mit einem E. beginnt und dessen beiden letzten Silben ›borough‹ lauten, hat in den letzten Tagen ihrem Lord Lebewohl gesagt und ist – einem Ondit der feinen Gesellschaft zufolge – in die Arme eines gut aussehenden und galanten Prinzen S. geflohen. Seit einiger Zeit schon kursierten Gerüchte, dass Ihre Ladyschaft der Begleitung des Prinzen zu viel Aufmerksamkeit schenke, obwohl ihr Ehemann der Letzte war, der diesen Verdacht bestätigte. […] Wie dem auch sei: Am nächsten Morgen verließ Ihre Ladyschaft das Haus ihres Ehemanns, um – wie manche sagen – die Obhut ihres Vaters zu suchen oder eine anregendere Gesellschaft.«

Lady Jane Ellenborough denkt gar nicht daran, sich in die Obhut ihres Vaters zu begeben. Indes hat der Skandal Folgen für Edward Ellenborough: Er wird vom Amt als Lord Siegelbewahrer abberufen. Außerdem erfährt er, dass seine Frau bereits im vierten Monat schwanger ist – nicht von ihm, wie er weiß. Der Vater des Kindes, Felix zu Schwarzenberg, hat unterdessen London verlassen. Er war so dumm, sich seinem Vorgesetzten, dem Fürsten Esterházy, anzuvertrauen. Die Sache ging bis nach Wien, vor den Kanzler Fürst Metternich, der den Attaché kurzerhand aus London abberief. Lady Jane sitzt nach ein paar Monaten, in denen sie Schmetterlinge im Bauch fühlte, ziemlich verlassen da und trägt nur noch eines unter dem Herzen: Schwarzenbergs Kind.

Schwarzenbergs Gefühle für Lady Jane sind abgekühlt. Er hat begriffen, dass ein Verhältnis mit einer verheirateten englischen Dame seine Karriere ernsthaft gefährdet. Seine Abberufung durch Fürst Metternich ist ihm Warnung genug. Und selbst eine Scheidung Lady Janes von ihrem Mann wäre für Felix zu Schwarzenberg keine Lösung, denn eine Heirat mit einer geschiedenen und noch dazu anglikanischen Frau ist für die erzkatholischen Schwarzenbergs schlicht untragbar.

Während der abberufene österreichische Attaché in der Kutsche nach Wien sitzt, hat in Roehampton Lord Ellenborough eine ernste Aussprache mit seiner Frau. Das Ergebnis: Ellenborough will sich von Jane scheiden lassen. Zudem soll sie Roehampton räumen. Nach der Unterredung verlässt Edward Ellenborough den Landsitz und fährt nach London. Er wird seine Frau nie wiedersehen.

In einem aufsehenerregenden Verfahren wird die Ehe schließlich geschieden. Dabei wird Etliches aus dem Privatleben klatschsüchtig nach außen getragen, im Buchhandel kursieren sogar Broschüren mit dem Wortlaut der kompromittierenden Schlussverhandlung. Für Edward Ellenborough ist es eine Genugtuung, dass seiner Frau eine Mitschuld am Scheitern der Ehe zugesprochen wird. Lady Jane ist gesellschaftlich am Ende. Zu allem Unglück stirbt kurz darauf auch der von ihr ferngehaltene Sohn Arthur mit nicht einmal zwei Jahren.

Die Digbys erbarmen sich ihrer Tochter und bringen sie in einem abseits gelegenen Landhaus bei Ilfracombe in Devon unter, weitab von Klatsch und Tratsch, und zu weit entfernt, als dass Journalisten oder Gerüchteköche sie finden könnten.

Jane kann indes Felix zu Schwarzenberg in Wien nicht vergessen. Beinahe täglich schreibt sie ihm, erhält aber keine Antwort. Erst als er erfährt, dass das Kind, das sie erwartet, von ihm ist, ringt er sich durch und lädt sie aufs Festland ein, sie solle in Frankreich oder der Schweiz das Kind inkognito zur Welt bringen. Jane willigt ein, denn an eine gesellschaftliche Zukunft im moralinsauren England ist nicht mehr zu denken. Zusammen mit einer Gouvernante verlässt sie England und fährt über den Ärmelkanal nach Calais. Unter dem Pseudonym »Madame Einberg« reist Lady Jane nach Brüssel, wo sie eine deutsch sprechende Zofe namens Emma engagiert. Mit ihr zieht sie weiter nach Basel, wo sie Mitte September 1829 eintrifft.

Endlich kommt auch Felix zu Schwarzenberg nach Basel. Doch das Treffen verläuft nicht so romantisch, wie Jane es sich ausgemalt hat. Schwarzenberg ist reserviert, widersetzt sich den vereinnahmenden Projektionen seiner einstigen Geliebten und will sich nur anstandshalber um Jane und das Kind kümmern. Das kommt am 12. November zur Welt, ein Mädchen, das nach katholischem Ritus – darauf besteht Schwarzenberg – auf den Namen Mathilde getauft wird.

Jane Ellenborough lässt nicht locker. Sie reist Schwarzenberg, der inzwischen in Paris tätig ist, hinterher. Wieder funkt es zwischen den beiden, und wieder verstößt Schwarzenberg um Ruf und Karriere willen die Frau, die er allenfalls als Mätresse betrachtet. Jane ist erneut schwanger. Wieder hofft sie, ein gemeinsames Kind könne Schwarzenberg umstimmen. Die wenigen Freunde, die noch Umgang mit ihr haben, reden ihr zu, den Prinzen aufzugeben und sich nicht weiter demütigen zu lassen. Sie ist aber eine durch und durch romantische Frau, glaubt an große Gefühle und projiziert manche Romanvorstellung auf ihr eigenes, inzwischen ziemlich verpfuschtes Leben.

In Paris gerät sie in die Wirren der Julirevolution. Von ihrem Fenster aus kann Jane Ellenborough in jenen Sommertagen des Jahres 1830 die Straßenbarrikaden sehen, sie hört Schreie und Schüsse. Ende Dezember 1830 gebiert sie einen Knaben, der auf den Namen Felix getauft wird, jedoch nach wenigen Wochen stirbt. Jane ist untröstlich, Schwarzenberg hingegen erleichtert.

Im Mai 1831 kommt es zum Zerwürfnis. Schwarzenberg reist daraufhin nach Böhmen, ins heimatliche Krumau. Jane Ellenborough hingegen fährt mit Mathilde nach England, um ihre Mutter zu sehen. An ein Bleiben auf der Insel ist jedoch nicht zu denken. Die High Society verzeiht der gefallenen Frau nicht.

München leuchtet

Ein Freund der Familie, der englische Gesandte am bayerischen Königshof, hilft schließlich weiter. Auf seine Vermittlung hin reist Jane Ellenborough zusammen mit ihrer kleinen Tochter Ende Juli 1831 nach München.

Die Münchner Jahre werden für die schöne Engländerin eine Zeit des Triumphs. Bayern steht unter der Herrschaft des kunstsinnigen Ludwig I. Er beauftragt die bedeutendsten Architekten Bayerns, Leo von Klenze und Friedrich von Gärtner, die Stadt mit klassizistischen Repräsentationsbauten, Museen, Kirchen und großzügigen Prachtboulevards zu versehen. Und Ludwig hat noch andere Passionen: Er schätzt Malerei und Literatur sehr, dichtet auch selbst – und wird deswegen von dem spottsüchtigen Heinrich Heine verhöhnt. Und er liebt das Verliebtsein. Obwohl glücklich mit Königin Therese verheiratet, umgibt sich Ludwig gern mit Schönheiten aus seiner bayerischen Heimat und dem Ausland und lässt diese Damen – adlige und bürgerliche – vom Hofmaler Joseph Stieler für seine berühmte »Schönheitengalerie« porträtieren, die sich heute im Schloss Nymphenburg befindet und ein touristischer Dauermagnet ist. »Lieben muss ich, immer lieben«, dichtet Ludwig, »unverliebt kann ich nicht sein.« Und wenngleich sein Verliebtsein sich eher auf dem Papier und der Leinwand austobt als in der Realität, wird der König 1848 über solch eine Affäre – die mit der Irin Lola Montez – stürzen. Doch jetzt, im Jahre 1831, ist er beim Volk noch zu beliebt, als dass er kritische Stimmen fürchten müsste.

Lady Jane, von den Digbys mit wertvollem Schmuck und einem dicken Bankkonto ausgestattet (sie gilt zeitlebens als eine der reichsten Frauen Europas), nimmt Quartier im ersten Hotel der Stadt, dem Gasthaus »Zum goldenen Hirsch« in der Theatinerstraße. Wenig später bezieht sie eine eigene Wohnung in der Perusastraße. Die damals noch keine hunderttausend Einwohner zählende Residenzstadt an der Isar gefällt der Engländerin von Anfang an. Sie liebt die schöne Umgebung, die Nähe zu den Bergen, sie schätzt die leichte Wesensart ihrer Bewohner, die Kunstsinnigkeit des Königs, die Aufbruchsstimmung in der ständig sich verschönernden Stadt.

König Ludwig besucht eine seiner Schönheiten, Gräfin Mariannina Florenzi – auch ihr Porträt kann man in Schloss Nymphenburg betrachten –, die damals aus Italien zu Besuch in München weilt und ebenfalls im »Goldenen Hirsch« abgestiegen ist. Dort begegnet er der schönen Engländerin Jane Ellenborough – und ist sofort hingerissen. Was über sie geredet wird, interessiert ihn nicht. Wohl aber ihr goldblondes Haar, ihre strahlend blauen Augen, ihr weißer Teint, ihr zartes Gesicht, ihre Art, zu parlieren, zu lachen, sich zu bewegen … Bald stattet er der Engländerin einen gesonderten Besuch ab. Sein erster Eindruck hat ihn nicht getäuscht. Er findet Gefallen an Lady Jane und besucht sie von da an so oft wie möglich, schreibt ihr Briefe und lädt sie an den Hof ein.

Zwischen den beiden entwickelt sich keine Liebe, aber eine enge Freundschaft. Der einundzwanzig Jahre ältere Ludwig ist für Jane bald etwas wie ein Vater, dem sie alles anvertraut, auch ihre Vergangenheit, ihren Schmerz, ihre Ängste, ihre romantischen Gefühle. Ludwig empfindet tief und ehrlich für sie, er will ihr helfen, erteilt ihr wohlmeinende Ratschläge, tröstet sie, verfasst sogar Gedichte, worin er ihr Mut zuspricht: »Niemals gebe der Mensch sich auf, lass' sich nicht versinken./[…] Du aber bist in dem Frühling des Lebens, dir lächelt die Sonne,/ (wenngleich jetzo umwölkt) einstens bescligend noch.«

Jane lässt sich die königlichen Schmeicheleien und Geschenke gern gefallen. Sie bieten einander sogar das Du an. Nach den Jahren der traurigen Ehe und des Geschnittenwerdens als »gefallene« Frau tut ihr die Anerkennung durch den

König und die Münchner Gesellschaft mehr als gut. Ludwig will sie sogar zum Katholizismus bekehren und schenkt ihr ein Gebetbuch. Sie liebäugelt zwar mit der sinnlichen Konfession, tut den Schritt aber nicht. Selbst später, als Königin des Orients, wird sie an ihrem anglikanischen Glauben festhalten und – entgegen manchen Gerüchten – nicht zum Islam konvertieren.

Gern tut Jane dem König einen besonderen Gefallen: Sie sitzt Modell für die Schönheitengalerie. Joseph Stieler wird beauftragt, und in etlichen Sitzungen – insgesamt malt der Künstler drei Monate an dem Porträt – entsteht das Bildnis der Lady Jane Ellenborough, das sie als Renaissance-Schönheit vor weiter Landschaft zeigt, mit goldenen, gedrehten Locken, im blauen Damastkleid, mit goldener Schmuckkordel, auf der Stirn ein Diadem – eine sogenannte Ferronière –, den Blick am Betrachter vorbei weit in eine imaginäre Ferne gerichtet. Es ist bis heute eines der bekanntesten Porträts Jane Ellenboroughs und eines der berühmtesten Bilder der königlichen Schönheitensammlung. Jane Ellenborough selbst liebt das Bild und ruft, als es fertig ist, erfreut aus: »Stieler traf es!«

Lady Ellenborough steht nun wieder im Mittelpunkt des gesellschaftlichen Lebens. Sie fehlt auf keinem Ball, auf keinem Fest, sie reitet gern im Englischen Garten aus und genießt die bewundernden Blicke der Münchner und die neidischen der Münchnerinnen.

Ein hartnäckiger Verehrer

Da tritt im Herbst 1831 ein neuer Mann in ihr Leben: Karl Freiherr von Venningen. Er verliebt sich Hals über Kopf in die englische Lady und macht ihr bald einen Heiratsantrag. Venningen ist ein schöner Mann, von bestem Charakter, von Rang und Namen, wenngleich als Freiherr im Ständestaat bei Weitem nicht so hochstehend wie Fürst Schwarzenberg. Aber er besitzt Ländereien in Baden und Bayern und ist Königlich Bayerischer Kammerherr. Lady Jane fühlt sich geschmeichelt, aber in ihrer

Koketterie übersieht sie die Ernsthaftigkeit seines Ansinnens. Sie spielt mit ihm, hält ihn an der langen Leine, doch das Jawort will sie ihm nicht geben. Immer noch macht sie sich vage Hoffnungen auf eine Ehe mit Schwarzenberg, und zu sehr hat sie sich an die Ehrbezeugungen am bayerischen Königshof und in der Münchner Gesellschaft gewöhnt, als dass sie dies durch die Pflichten einer Ehe mit Venningen aufgeben wollte. Selbst auf den königlichen Freund Ludwig, der ihr zuredet, will sie nicht hören. Ludwig schreibt sogar nach Wien, um Schwarzenberg endlich zu einer eindeutigen Aussage zu bewegen. Die Antwort kommt wenige Wochen später, anders, als von Lady Jane erhofft: Sie solle, so Schwarzenberg, ruhig Venningens Antrag annehmen, er, Schwarzenberg, könne sie mit Rücksicht auf seine Karriere nicht heiraten. Jane ist ob dieser Offenheit, die sie als Grobheit empfindet, am Boden zerstört. Aber noch immer widersetzt sie sich Venningens Antrag.

Stattdessen tritt sie die Flucht nach vorne an: Im Juli 1832 bricht sie in Begleitung einer Zofe und ihrer Tochter Mathilde auf, um über die Alpen nach Italien zu reisen, dem Sehnsuchtsland seit jeher. Auch König Ludwig hält sich zu jener Zeit für ein paar Monate im Süden auf. Lady Jane zieht über Salzburg, Innsbruck und den Alpenhauptkamm nach Oberitalien, dann nach Genua, von dort geht es per Schiff nach Neapel, Ischia und Sizilien. In Neapel gesellt sich ein Begleiter zu ihr: Karl von Venningen, der ihr aus Sehnsucht gefolgt ist und sich ihr in hartnäckiger Treue aufdrängt.

Lady Jane findet in diesen Monaten großen Gefallen an der südlichen Landschaft und Lebensweise. Von ihrem königlichen Freund Ludwig hört sie, dass dessen zweitältester Sohn Otto von den Schutzmächten Griechenlands soeben zum Monarchen des neu errichteten Königreichs bestimmt worden ist. Es ist damals die Zeit, als noch neue Throne geschaffen werden und man sich bei deren Besetzung vornehmlich in den hochadeligen Familien Deutschlands umsieht. Noch ahnt Lady Jane nicht, welche Rolle sie in wenigen Jahren in Hellas spielen wird.

Karl von Venningen lässt unterdessen nicht locker. Er hat auch allen Anlass, sich Hoffnungen zu machen, denn Jane Ellenborough ist von ihm schwanger. Im Januar 1833 bringt sie einen Knaben, Heribert, zur Welt. Venningen erkennt das Kind sofort als seines an. Und er wirbt weiter um die kühle Engländerin, trotz der Bedenken seiner Familie, vor allem seiner sittenstrengen Mutter.

In jenem Sommer 1833 wird Jane Ellenborough von der kinderlosen, verwachsenen Prinzessin Mathilde, einer Schwester von Felix zu Schwarzenberg, überredet, ihr die vierjährige Tochter Mathilde für ein paar Monate zu überlassen. Das Mädchen werde gut erzogen und erfreue zudem das Gemüt der unglücklichen Frau. Doch so uneigennützig ist die neue Pflegemutter nicht: Unter quellenkundlich heute nicht mehr nachvollziehbaren juristischen Umständen wächst die kleine Mathilde von nun an bei ihrer Tante auf. Bald vergisst sie die leibliche Mutter und wird erst als junge Frau über ihre Herkunft aufgeklärt. Versuche Jane Ellenboroughs, Kontakt zu ihrem Kind zu halten, werden systematisch unterbunden. Nur einmal, 1847 in Neapel, kann sie Mathilde kurz sehen, ohne aber ihre eigene Identität offenlegen zu dürfen. Die Briefe, die sie ihrer Tochter schreibt, werden von den Schwarzenbergs unterschlagen. Das Bild von der »Rabenmutter«, das spätere Biografen von Jane Ellenborough zum Teil gezeichnet haben, ist schief. Hinter all den Ereignissen standen vielmehr unglückliche Umstände, auch eine Portion Unreife und Blauäugigkeit seitens der Engländerin.

Aus Italien zurück, zieht Jane mit Karl von Venningen in das Schloss der Familie nach Weinheim an der Bergstraße. Schließlich willigt sie – von Schwarzenbergs wiederholter Zurückweisung zermürbt – in Venningens Heiratsantrag ein. Die Trauung wird am 16. November 1833 in Darmstadt vollzogen, wenig später kehrt das Paar nach München zurück und bezieht dort Zimmer im Hotel »Goldener Hahn«. Der Zauber Münchens nimmt Jane sofort wieder gefangen: Als Freifrau von Venningen hat sie erneut engen Umgang mit ihrem königlichen Freund Ludwig, sie genießt das Gesellschaftsleben der Residenzstadt und lässt sich – neu zu Titel und Ehenamen gekommen – gerne von den Münchner Adelskreisen bestaunen und hofieren.

Bei aller Verehrung gibt es auch böse Stimmen, die Jane von Venningen ein Verhältnis mit König Ludwig andichten. In diesem Fall ist an den Gerüchten – so viel lässt sich aus erhaltenen Briefen und Tagebüchern schließen – nichts wahr. Doch Karl von Venningen – ansonsten ein langmütiger Mann – will kein Risiko eingehen und verbannt seine Frau aus München und dem Dunstkreis des Königshofs und schickt sie auf die Güter der Familie, nach Weinheim, Grombach und Sinsheim.

Man kann erahnen, wie sehr sich Jane im folgenden Jahr im provinziellen Exil, fern der Annehmlichkeiten und Vergnügungen der Großstadt, gelangweilt haben muss. Zudem ist Mutter Venningen der Lady aus England mit ihrer bunten Vergangenheit feindlich gesinnt. Jane schreibt: »Meine süß gestimmte Schwiegermutter ließ uns vor ein paar Tagen nach Mannheim kommen, unter dem Vorwand einer Aussöhnung; nichts hätte steifer sein können als die Gespräche auf beiden Seiten, und während der kurzen Zeit, die ich dort verbrachte, ließen sie und die andere Madame de Venningen nichts unversucht, um Karl und mich zu entzweien.«

Jane ist mittlerweile wieder schwanger und bringt am 4. September 1834 ein Mädchen zur Welt, das auf den Namen Bertha getauft wird. Die Ehe der Venningens scheint nach außen gefestigt, doch fühlt sich Jane in Weinheim wie in der Verbannung. Der Zufall kommt ihr zu Hilfe: Karls jüngerer Bruder Philipp, mit dem Jane sich prächtig versteht, erkrankt. Da man Rat bei den ärztlichen Koryphäen in München suchen will, wird Jane dazu ausersehen, den jungen Baron an die Isar zu begleiten. Im Juli 1835 reisen sie nach München. Jane ist wieder von der geistig-sinnlichen Atmosphäre der Stadt gefangen. Als sie die Nähe König Ludwigs sucht, verhält sich dieser jedoch – zu ihrer Überraschung – gegen sie recht kühl. Wenige Monate später, im November, verlässt Ludwig München und reist zu seinem Sohn nach Griechenland. Es wird – das weiß Jane nicht – ein Abschied für immer. Aber das Schicksal meint es eigenartig: Nicht

Ludwig, sondern Otto wird Janes künftiger Landesvater werden, und nicht München, sondern Athen ihr Lebensumfeld.

Die »griechische Krankheit«

Griechenland ist damals eine Leinwand romantischer Projektionen. Der Philhellenismus der Europäer trug entscheidend dazu bei, den aufständischen Griechen finanzielle, militärische und ideelle Hilfe im Kampf gegen die Türken zu gewähren. Lord Byrons Teilnahme am Befreiungskampf der Hellenen und sein »Heldentod« wirkten auf zahlreiche Intellektuelle Europas fort.

Speziell in Bayern – das gar sein »y« dem Philhellenismus König Ludwigs verdankt – pflegt man damals die Begeisterung für Land und Volk der Griechen. Bayerische Architekten und Künstler kommen in Ottos Gefolge und beginnen – mit bayerischen Krediten – die neue Residenzstadt in klassizistischer Manier aufzubauen. Innerhalb weniger Jahre entsteht aus einer ärmlichen Siedlung mit antiken Trümmerfeldern eine halbwegs repräsentative Residenzstadt. Zu Hause in Bayern verfolgt man mit Anteilnahme das Wirken bedeutender Architekten wie Leo von Klenze und Friedrich von Gärtner und Maler wie Joseph Scherer und Peter von Hess im fernen Griechenland.

Auch Jane von Venningen richtet ihren Blick auf Berichte aus Athen, zumal sie ihren Freund Ludwig dort weiß. Dann aber kommt Griechenland zu ihr: Im Winter 1835/36 hält sie sich wegen eines Nervenleidens – es ist die Langeweile, der »ennui« – in Schwetzingen auf, als sie dort dem griechischen Grafen Spiridon Theotoki begegnet. Er ist ein ausnehmend schöner Mann, erst vierundzwanzig Jahre alt, feurig, ausgelassen, ganz das Gegenteil des etwas bedächtigen Karl von Venningen. Was immer dort »passiert« ist, Karl hat etwas mitbekommen und stellt noch in Schwetzingen seine Frau zur Rede. Jane versucht daraufhin, mit Theotoki zu fliehen. Was folgt, könnte einem Groschenroman entstammen: Karl von Venningen verfolgt die Kutsche, hält sie auf und zerrt Theotoki aus dem Wagen. Es kommt zu Handgreiflichkeiten oder zum Duell, jedenfalls löst sich ein Schuss aus Venningens Pistole. Theotoki bricht zusammen, sein Hemd färbt sich rot. Venningen ist entsetzt, er wollte seinen Nebenbuhler zwar strafen, ihn aber nicht töten. Man bringt den Griechen ins nahegelegene Schloss Weinheim und bettet ihn dort zum Sterben. Doch Theotoki ist zäher als erwartet. Er überlebt und wird im Venningen'schen Schloss gesund gepflegt. Damit hat es mit Venningens Samariterdienst auch ein Ende. Er verbietet seiner Frau jeden weiteren Umgang mit dem Hellenen und reist mit ihr nach Paris, um Abstand zu dem Geschehen zu gewinnen.

Jane von Venningen erinnert sich nun wieder des königlichen Ohrs in München und klagt in einem Brief an den nach Bayern zurückgekehrten Ludwig: »Der Baron und ich gehen – wie es die Welt nennt – gut miteinander um, aber die Unterschiede der Charaktere sind nicht zu ändern. Seine *wirklich* noblen Qualitäten werden von mir verdientermaßen geschätzt und geachtet, ich bin ihm *zugetan* wegen seiner Liebe und seines Benehmens, aber, unter uns, sein Wunsch nach *Bekundung* und *Wärme* von Gefühlen erstickt die Leidenschaft, die ich fühlen müsste und die ich einst gefühlt, und wenn sie zurückkäme, würde sie mich davon abhalten, in Gedanken zu anderen zu wandern. Das Unglück meiner Natur ist, dass ich ›Liebe‹ als ein Ganzes sehe; ohne dieses Gefühl ist Leben eine trostlose Leere. Keine Schätze dieser Erde können den Verlust der Liebe ersetzen. [...] Lieben und geliebt zu werden ist für mich so notwendig wie die Luft, die ich atme, und der wirklich einzige Zustand, mit dem ich mich auseinandersetzen muss.«

Der entscheidende Unterschied zu dem königlichen Freund: Während Ludwig das Verliebtsein genügt, die geistige Erregung des Möglichen, sucht Jane immer nach der gelebten Erfüllung der großen, romantischen Liebe. Die kann sie mit Karl von Venningen nicht finden. Sie fährt für ein paar Monate nach England, besucht die Mutter, auch den greisen Großvater, dann kehrt sie nach Mannheim zur Familie Venningen zurück. Die Atmosphäre im freiherrlichen Haus ist gedrückt, nicht nur Janes wegen. Die Finanzen sind in Schieflage geraten, man musste kurz zuvor Schloss Weinheim unter Preis veräußern. Und nun auch noch der Eklat um Jane und diesen griechischen Grafen!

Der taucht Anfang des Jahres 1839 urplötzlich wieder in Mannheim auf. Jane und Spiridon Theotoki türmen ein zweites Mal, und diesmal gelingt die Flucht. Ende März 1839 erreichen sie Paris. Karl von Venningen fügt sich daraufhin resigniert in sein Schicksal. Als Jane im März 1840 einen Knaben zur Welt bringt, der auf den Namen Leonidas getauft wird, gibt der Freiherr sie endgültig auf und verfasst einen rührseligen Abschiedsbrief: »Magst Du in jenen fernen Ländern, in denen Du leben wirst, das Glück finden, das ich Dir ohne Erfolg zu geben versuchte und welches – was ich zutiefst bedauere – für mich auf immer verloren ist. [...] Denke dann, unter dem herrlichen Himmel des Orients, daß im kalten und traurigen Deutschland ein warmes und gefühlvolles Herz für Dich schlägt, welches *nie* das Glück vergessen wird und den göttlichen Segen, die Du ihm während einiger Jahre beschert hast.«

Auch ich in Arkadien!

Rasch und diskret wird das Scheidungsverfahren durchgezogen. Für Jane ist nun der Weg frei, und es beginnt nach den Jahren des Suchens, der Irrungen und Wirrungen ein neuer Lebensabschnitt. Ihr Weg führt sie fortan immer weiter nach Osten, in den Orient. Es ist ein Weg, der keinesfalls geradlinig verläuft, vielmehr mit Umwegen und Sackgassen, der sie aber immer mehr dem entgegenbringt, was sie sich zeitlebens gewünscht hat: der großen romantischen Liebe.

Jane und Spiridon heiraten, und die Engländerin nennt sich nun Gräfin Theotoki. Gemeinsam fahren sie – mit großem Gepäck und sogar Sätteln für Pferde – im April 1841 nach Griechenland auf die kleine Kykladeninsel Tinos, wo der Vater des Bräutigams das Amt des Gouverneurs innehat. Der französische

Historiker Alexandre Buchon hält sich zum damaligen Zeitpunkt auf der Insel auf, beobachtet die Ankunft des jungen Paares und stellt recht seltsame moralische Überlegungen an:

»Ich weiß nicht, welche Geschichte sich Theotoki ausgedacht hat, um Lady Ellenborough zu überzeugen, in ein Land zu gehen, das allen Komforts entbehrt und nicht die geringste Attraktion, Schönheit der Landschaft oder gesellschaftliches Leben aufzuweisen hat. Sättel für Pferde zu schicken, in ein Land, wo diese unmöglich gehen können, wo sogar Maultiere Schwierigkeiten haben, zeigt ihre totale Unkenntnis des Landes, in dem sie wird leben müssen, und sie wird bitter enttäuscht sein, wenn sie erkennt, was Tinos wirklich ist: das Haus des Gouverneurs, eine Festung, ein Hafen, eine Stadt, eine felsige, zerklüftete Landschaft und ein Ziegenpfad ins Innere der Insel! Es wird eine harte Buße sein für all die Dummheiten ihrer Jugend, die nun in der größten aller Dummheiten gipfeln.«

Buchon wird unrecht behalten, denn Jane Theotoki verliebt sich in die Heimat ihres Mannes. Freilich sind ihre Vorstellungen auch von Klischees überlagert, vor allem von den romantischen Bildern, die mit Werk und Person Lord Byrons verbunden sind. Lady Jane sieht nur das, was sie sehen will, alles andere – das ist immer wieder zu beobachten – blendet sie schlicht aus.

Im Übrigen bleiben sie nicht lange auf der kleinen Insel Tinos. Bereits im Jahr darauf siedeln Jane und Spiridon nach Korfu über, auf die dortigen Besitzungen der Familie. Die Insel ist weitaus lieblicher, grün und von Wäldern und Gärten überzogen. Der Familiensitz der Theotokis gleicht einer italienischen Villa, umgeben von üppigen Gärten mit Blumen, Obstbäumen, Olivenhainen, Zypressen. Lady Jane richtet sich die Villa nach ihrem Geschmack ein und verwendet dafür englische Möbel, Bilder und Bücher aus dem Tross, den sie aus München mitgebracht hat. Bald gilt das Anwesen auf Korfu als gastfreundliches Haus, als Treffpunkt der großen englischen Gemeinde, steht die Insel doch unter britischer Verwaltung.

Rund zwei Jahre dauert der Aufenthalt auf Korfu, dann wird Spiridon Theotoki zum Adjutanten König Ottos in Athen ernannt. Sie siedeln in die griechische Hauptstadt über. In der Neustadt kaufen die Theotokis ein großes Grundstück und lassen sich von einem bekannten griechischen Architekten ein Stadtpalais errichten, das von einem üppigen Garten umgeben ist. Wieder führt Lady Jane einen Salon, das aufblühende gesellschaftliche und diplomatische Leben in der Hauptstadt bietet sich dafür an. Sie genießt es, in der Öffentlichkeit zu brillieren. Vor allem ihre Ausritte sind legendär. Edmond About, damals Lehrer an der École Française in Athen, ist von ihr hingerissen: »Oft traf ich Janthe, die gewöhnlich die Gräben mit einem blendend weißen Pferd übersprang. Sie war der beste Reiter der Stadt. Wenn sie ausging, gefolgt von einer großen Gesellschaft von Freunden, machte sie einen solch großen Eindruck, dass die Buben liefen, um zu salutieren, wenn sie vorbeikam. Sie dachten: Das muss die Königin sein. Die Königin aber wird einen solchen Fehler nie vergessen!«

Abouts Gespür trügt nicht: Tatsächlich beobachtet Ottos Gemahlin Amalie den aufsteigenden Stern der Gräfin Theotoki am gesellschaftlichen Himmel Athens mit Argwohn und Eifersucht. Vor allem, da böswillige Zungen behaupten, die englische Lady unterhalte ein Verhältnis mit König Otto. Beweise hierfür fehlen jedoch.

Tatsache ist, dass Spiridon Seitensprünge begeht und die Beziehung der Theotokis bald abkühlt. Den Sommer 1846 verbringt Lady Jane gemeinsam mit ihrer Mutter in einer angemieteten Villa im damals beliebten Badeort Bagni di Lucca in der Toskana – ohne Spiridon. Während dieses Aufenthalts ereignet sich ein tragischer Unfall: Beim Spielen klettert der sechsjährige Leonidas auf die Balustrade im dritten Stock des Innenhofs und stürzt vor den Augen seiner Mutter hinab. Er ist augenblicklich tot.

Lange erholt sich Jane nicht von diesem Schicksalsschlag. Die Ehe der Theotokis ist damit am Ende. In den folgenden drei Jahren gehen sich die Eheleute möglichst aus dem Weg. Jane reist unruhig in Europa umher, kehrt 1849, inzwischen zweiundvierzigjährig und immer noch bildschön, nach Griechenland zurück und bewohnt die Villa in Athen, während Spiridon auf Korfu weilt. Bald hat Jane das Salonführen satt und zieht sich auf die Ionischen Inseln zurück. Doch auch dort kommt sie nicht zur Ruhe. Erneut bricht sie auf, reist unruhig umher, in die Türkei, nach Triest, Venedig, Mailand, Lugano, schließlich nach England, von dort aus wieder gen Süden, nach Rom und Neapel. Es ist, als flöhe sie vor sich selbst. Das Reisen bietet ihr Zerstreuung und erspart ihr, zur Besinnung zu kommen, sich mit sich selbst und ihrem bisherigen Leben auseinanderzusetzen.

In den Armen eines Räuberbarons

Jane, von Spiridon getrennt lebend, aber noch nicht geschieden, sucht wieder Rettung in der Liebe: Ihr Weg führt sie dabei immer weiter weg von der höfischen Gesellschaft und immer tiefer hinein in das Abenteuer, das Außergewöhnliche und Exzentrische. Sie lernt einen ehemaligen Freiheitskämpfer kennen, der eine Zeit lang zudem als Räuberbaron à la Robin Hood gelebt hat. Jane mag an den englischen Helden von Nottingham gedacht haben, als sie sich in den fünfzigjährigen, gut aussehenden Christo Petros verliebt, der, weil er einst eine Pilgerfahrt nach Jerusalem unternommen hat, den muslimischen Ehrentitel »Hadji« führt. Christo Hadji-Petros ist kein kleiner Ganove, er gilt als Ehrenmann, ist ein Charmeur, wird von Untergebenen und Feinden gleichermaßen als »König der Berge« tituliert. Um diesen ungekrönten Fürsten entlegener Bergprovinzen zu bändigen, ernennt König Otto ihn im Jahre 1851 zu seinem Adjutanten – pikanterweise erhält er die Stelle des demissionierten Grafen Spiridon Theotoki. Und an der Seite des neuen Adjutanten: Gräfin Theotoki. Nicht nur sie ist von Petros fasziniert. Selbst der Historiker Alexandre Buchon kann sich in seiner Reisebeschreibung dem Charisma des ehemaligen Räuberhauptmanns nicht entziehen: »Ich fand einen großen, gutaussehenden Mann vor, sehr elegant nach griechischer Mode gekleidet, aber ohne Goldborten auf seinen Seidengewändern: Er saß im Türkensitz auf einem Kissen, das auf einem Teppich lag, unter schönen blühenden Bäumen in seinem Garten [...]. Er ist ein guter Reiter, schmal von Gestalt, wiegt sich beim Gehen in den Hüften.«

Hadji-Petros zieht direkt neben das Anwesen Lady Janes. Das Paar reitet gemeinsam in Athen und Umgebung aus. Die Spatzen pfeifen es von den Dächern, und König Otto berichtet seinem als König inzwischen abgedankten Vater Ludwig von Janthes neuester Eroberung. Jane ist die ungekrönte Königin Athens, und die eigentliche Königin Amalie sieht dies mit Neid und Eifersucht. Sie ist mitverantwortlich dafür, dass König Otto den einstigen Räuberhauptmann zum Kommandanten der Garnison Lamia im Norden, bei den Thermopylen, unweit der damaligen Grenze zum Osmanischen Reich, ernennt. Das kommt indes Hadji-Petros und Jane Theotoki nur entgegen. Denn fern des höfischen Klüngels sind sie die Prominenten unter den Palikaren, den »ehrenhaften« Räubern. Davon weiß auch Edmond About zu berichten: »Als sie Hadji-Petros in seiner ganzen Herrlichkeit erlebte, glaubte Janthe sich zur Palikarin geboren. Bereits ab dem ersten Tag herrschte sie über Lamia. Die ganze Stadt lag ihr zu Füßen, und wenn sie ausging, wurde sie von Trommelwirbel begleitet. Die zierliche Frau lebte mit Haudegen, galoppierte durch die Berge, aß buchstäblich mit den Fingern, trank Retsina, schlief unter freiem Himmel nahe an einem Feuer aus Mastixholz und fühlte sich wohl dabei.«

Jane findet Gefallen an dieser Liebe und an dieser Freiheit fern der beengenden ständischen und zivilisatorischen Zwängen. Sie lässt ihre prächtigen Kleider, die Korsettagen, den Schmuck im Schrank und vertauscht sie mit Reithosen und bunten griechischen Trachten.

Königin Amalie sieht dem von Athen aus noch immer mit Missgunst und Eifersucht zu und drängt ihren Gatten, Hadji-Petros aus dem Dienst zu entlassen. Sie fingiert sogar einen Brief des Palikaren, den sie bei Hofe vorliest, um den Ruf des einstigen Räuberbarons – und den seiner Geliebten – zu zerstören. In dem gefälschten Schreiben steht: »Eure Majestät hat mich entlassen. Dies ist ohne Zweifel der Fall, weil ich mit der Gräfin T. zusammenlebe, aber was immer meine Feinde auch gesagt haben mögen, ich erkläre hiermit bei meiner Soldatenehre, dass ich – auch wenn ich der Geliebte dieser Frau bin – dies nicht aus Liebe tat, sondern nur des Profits wegen. Sie ist reich, und ich bin arm. Ich will meinem Stand gemäß leben, und ich habe Kinder zu erziehen.«

Der Hof ist empört. Auch Freunde Janes wenden sich von ihr ab. Wieder einmal steht sie gesellschaftlich diskreditiert da, hat sie sich doch allen Warnungen zum Trotz mit dem »Räuberhauptmann« eingelassen. Dennoch lässt sie nicht von ihrem Vorhaben ab, den König der Berge zu heiraten, sobald sie von Theotoki geschieden ist. Sie hilft der Annullierung ihrer Ehe durch die griechisch-orthodoxe Kirche mit Schmiergeld nach und ist nach kurzer Zeit wieder frei. Das Geschwätz am Athener Hof interessiert sie nicht. Stattdessen genießt sie die Freiheit des Outcasts und die Vorzüge immensen Reichtums.

Während die Klatschmäuler in Athen eine Hochzeit mit allem Pomp erwarten, sickert allmählich die verstörende Nachricht durch, Lady Jane habe sich auf den Weg in den muslimischen Orient aufgemacht, nach Syrien, um edle Araberpferde zu kaufen. Dies ist zugleich die Trennung von Hadji-Petros. Die Gründe hierfür liegen im Dunkeln.

Durch die syrische Wüste

Im Frühjahr 1853 reist Lady Jane per Schiff von Piräus nach Beirut und quartiert sich dort im besten Hotel ein. Wenig später erkundet sie den Libanon, Palästina und Syrien. Sie ist von Land und Leuten begeistert und schreibt an ihre betagte Mutter: »Mein Herz erwärmt sich für diese wilden Araber. Sie haben viele Qualitäten, die wir uns in unserer zivilisierten Welt wünschen würden: unbegrenzte Gastfreundschaft, Respekt vor Fremden und Gästen, Gottvertrauen und eine Ungezwungenheit untereinander, eine vornehme angeborene Höflichkeit.«

Der Brief drückt neben ihrer Begeisterung auch aus, was sich Lady Jane vom Orient erwartet. In ihr reift der Gedanke, hier ihren Lebensabend zu verbringen. Immerhin geht sie bereits auf die fünfzig zu. Aber noch immer gilt sie als berückende Schönheit, und noch immer verfallen ihr die Männer. Eine Zeit lang hat sie ein Verhältnis mit einem jungen Beduinenscheich, Saleh, der gerade einmal halb so alt ist wie sie. Für ihn bändigt sie ein Araberpferd, das als unberechenbar gilt. Saleh ist so beeindruckt, dass er Jane zur Frau nehmen will und sogar bereit ist, seinen Harem zu verstoßen. So jedenfalls berichtet es Edmond About, dem freilich nicht immer unbedingt zu glauben ist.

Lady Jane hat ein Ziel: Sie will das antike Palmyra, die Residenz der legendären Königin Zenobia, besuchen, die im dritten Jahrhundert nach Christus sogar den Römern Widerstand geleistet hat. Möglich, dass sie sich in der sagenumwobenen Monarchin aus dem Orient ein wenig selbst sieht. Doch der Weg dorthin ist lang und gefährlich. Es ist ein Weg durch die Wüste, und Räuber machen die Gegend unsicher. Der englische Konsul Richard Wood will Lady Jane daher diese fixe Idee ausreden – vergebens. Immerhin kann er sie davon überzeugen, eine Eskorte anzumieten, Männer des Mesrabstammes, die die Gegend kennen und als furchtlos und zuverlässig gelten.

Oberhaupt des Stammes ist damals ein gewisser Mohammed, der älteste von neun Brüdern einer angesehenen, ehrenwerten Familie. Als Anführer einer Eskorte wird der Zweitälteste, Medjuel, ausersehen, ein gebildeter, polyglotter, gut aussehender Mann Mitte zwanzig. Rasch sind Preis, Konditionen und Reiseroute verhandelt. Anfang Juni 1853 bricht die Karawane unter großer Aufmerksamkeit der Bevölkerung von Damaskus auf. Schwer sind die Kamele und Pferde beladen, und die Männer des Mesrabstammes sind bis zu den Zähnen bewaffnet. Es ist der Zug einer neuen Zenobia, der Zug Lady Janes, der ungekrönten Königin des Orients. Als die Karawane unterwegs von einer Horde feindlicher Araber überfallen wird, verteidigen Medjuel und seine Männer ihre Königin erfolgreich. Wenig später macht Medjuel Lady Jane einen Heiratsantrag. Auch er verspricht, seine derzeitige Frau, mit der er zwei Söhne hat, zu verlassen. Doch Jane lehnt den Antrag ab, fühlt sie sich doch an Saleh gebunden. Noch immer hat sie offenbar sehr romantische Vorstellungen von der Liebe und ebenso romantische Forderungen an sich selbst.

Wohlbehalten erreichen sie schließlich Palmyra und bestaunen die großartigen Reste einer untergegangenen Residenz. Die Araber wissen einige Geschichten über Zenobia, und verzaubert lauscht Jane den Erzählungen Medjuels. Dann kehren sie nach Damaskus zurück. Jane hat sich inzwischen entschlossen, für immer im Orient zu bleiben. Sie will in Damaskus ihren Wohnsitz aufschlagen und hier endlich – nach einem unsteten Leben, das einer Flucht glich – Wurzeln schlagen. Noch einmal kehrt sie nach Griechenland zurück, bleibt allerdings nur, um ihre finanziellen Angelegenheiten zu regeln und sich von Freunden zu verabschieden. Sie findet indes nur wenig Verständnis für ihren neuen Lebensplan. König Otto schreibt konsterniert und schlecht informiert an seinen Vater: »Die frühere Lady Ellenborough ist vor einiger Zeit von einer Reise in Asien, wo sie von Beduinen gefangen wurde und sich als die Frau eines sie begleitenden Cheiks ausgab, hierher zurückgekehrt. [...] Sie soll von den Orientalen entzückt seyn; sie gefallen ihr sehr.«

Der König irrt sich zum Teil, denn keineswegs kann von Gefangenschaft die Rede sein, wohl aber von Entzücken. So schnell sie kann, kehrt Lady Jane nach Damaskus zurück und kauft dort ein Haus am Stadtrand. Enttäuscht muss sie zur Kenntnis nehmen, dass Saleh, in den sie noch immer verliebt ist, sich ein hübsches Mädchen zur Frau genommen hat. Das ist einer der Augenblicke, in denen ihr bewusst wird, dass sie bereits auf die fünfzig zugeht. Dabei fühlt sie selbst sich jünger, vielleicht jünger denn je. Als sie sich im Winter 1854 einer Karawane anschließt, um ins Zweistromland zu ziehen, nach Bagdad, fühlt sie nach und nach alle Fesseln der europäischen Konvention und Zivilisation von sich abfallen: »Wenn ich weder einen Spiegel noch meine Erinnerung hätte, würde ich glauben, ich wäre fünfzehn.«

Noch immer sehnt sie sich nach der erfüllten Liebe, nach einer starken Schulter, an der sie endlich ausruhen kann. Die Sache mit Saleh geht ihr längere Zeit nach. Ein anderer Scheik, Fawez el Barrak, macht ihr den Hof, doch mit ihm gerät sie immer wieder in Streit. Da taucht Medjuel erneut auf. Als Lady Jane von Bagdad nach Damaskus zurückkehrt, wartet er am Stadtrand auf sie und schenkt ihr zum Wiedersehen eine wertvolle Araberstute. Ein weiteres Mal macht er ihr einen Antrag. Er schickt seine bisherigen beiden Frauen zu deren Familien zurück, um Jane zu zeigen, dass er sie allein liebt und dass er alles zu tun gewillt ist, um ihren christlichen Moralvorstellungen zu entsprechen. Anscheinend erkennt Jane endlich, dass sie nicht immer einer Schimäre nachjagen darf, und willigt in Medjuels Antrag ein. Die Trauung wird in Homs von einem türkischen Offizier – Syrien steht damals unter der Oberhoheit der Osmanen – nach muslimischem Ritus vollzogen, da aus England, wohin Konsul Richard Wood sich gewandt hat, von den Behörden ein abschlägiger Bescheid bezüglich einer Eheschließung einer Christin mit einem Moslem gekommen ist.

Zunächst lassen sich Jane und Medjuel in Homs nieder. Jane erlernt rasch die arabische Sprache und die Sitten und Gebräuche der Beduinen. Obwohl sie eine Christin ist und in der vornehmen Familie Medjuels nicht einmal als adlig gilt, wird sie doch recht bald von der Sippe akzeptiert. Man nennt sie wegen ihrer weißen Haut sogar »Umm-el-Laban« (»Mutter der Milch«) und verleiht ihr den offiziellen Titel »Sitt Mesrab« (»Dame Mesrab«). Medjuels Kinder, zwei Söhne und eine Tochter, werden von Sitt Mesrab großgezogen.

Lady Jane passt sich bald dem Lebensrhythmus der Beduinen an: Teilweise begleitet sie ihren Mann und dessen Stamm auf den Zügen in die Wüste. Andererseits richtet sie – mit ihrem Geld – ein Haus in Homs und später ein größeres in Damaskus luxuriös ein.

Mit Medjuel, ihrer neuen Großfamilie und dem Leben in

Syrien ist Jane glücklich. Allerorten zollt man ihr unvoreinge-
nommenen Respekt. Sie ist die Sitt Mesrab eines angesehenen
Beduinenstammes und nicht mehr die »gefallene«, geschiedene
Frau mit anrüchiger Vergangenheit. In ihrem Tagebuch notiert
sie: »Ich bin glücklich mit Medjuel, für den ich nie einen ebenbürtigen traf, außer einmal: Basily«. Sie meint damit König Ludwig von Bayern, nach dem griechischen Wort »Basileos« für
König.

Dieser, nach der Affäre mit Lola Montez schon nicht mehr
König, erkundigt sich bei seinem Sohn Otto nach den Gerüchten um die Beduinenkönigin Jane. Otto berichtet im Mai 1856
nach Bayern, obwohl auch er nur Ungefähres und gehässigen
Klatsch weiß: »Daß die vormalige Lady Ellenborough moham-
medanisch geworden, einen Scheik geheyrathet und daß sie sich
ausbedungen hat, seine einzige Frau zu sein, ist als zuverlässig
zu betrachten. Ihre Kammerfrau [...] hat es hier erzählt und
den Wunsch ausgesprochen, ihre Herrin möge in des Scheiks
Arme verscheiden, d.h. er möge ihr letzter Mann seyn. Ein ehemaliger hiesiger Geliebter derselben, General Hadji-Petros
schickte ihr bey dieser Gelegenheit eine Tinktur, um die grauen
(oder theilweise grauen) Haare zu färben.«

Man zerreißt sich in Athen und andernorts das Maul über
Jane el Mesrab. Oder schlimmer: Man tut so, als wüsste man von
nichts. Das wird ihr schmerzhaft bewusst, als sie im Winter
1856/57 nach England reist, um eine Erbschaftsangelegenheit
zu klären. Mutter, Bruder, Schwägerin und andere Verwandte
sind ängstlich darauf bedacht, das Thema »Medjuel« nicht zu
berühren. Sitt Mesrab spürt deutlich, dass es für die Familie
moralisch verwerflicher ist, mit einem Beduinen verheiratet zu
sein, als dreifach geschieden.

Jane el Mesrab kauft in London allerhand ein – Möbel, Bücher, Gemälde, Nippes, Norfolk-Truthühner für Medjuel – und
lässt alles per Schiff nach Syrien bringen. Anfang April verlässt
sie England, reist über Calais nach Paris, macht dort noch einmal eine große Shopping-Tour und fährt anschließend nach
Marseille, wo sie ein Schiff nach Beirut besteigt. Im Libanon

angekommen, mietet sie eine Kutsche und fährt so schnell sie kann nach Hause, nach Damaskus, denn dorthin, das spürt sie nach dem Aufenthalt in England bei ihren unterkühlten einstigen Landsleuten, gehört sie tatsächlich. Ihr Mann schließt sie in die Arme, und sie schreibt beschwingt in ihr Tagebuch: »Medjuel, der Geliebte, der Angebetete, und in diesem Moment des Glücks vergaß ich alles andere.«

In den nachfolgenden Jahren und Jahrzehnten führt Sitt Mesrab in Damaskus ein großes und gastfreundliches Haus. Das Anwesen umfasst neben dem Palais, das in einer Mischung aus Tausendundeiner Nacht und englischer Wohnkultur eingerichtet ist, einen Innenhof mit Springbrunnen, einen weitläufigen Garten mit seltenen Pflanzen, Blumen und zahlreichen Obstbäumen, in dem Pfauen umherschreiten, einen kleinen Zoo mit Rebhühnern, Truthühnern, einem Pelikan, Gazellen, Falken, Hunden und Katzen, Stallungen für die Araberpferde, die Medjuel züchtet, und ein Gästehaus.

Gäste hat Lady Jane immer wieder zu Besuch, und einige haben ihre Eindrücke in ihren Briefen, Tagebüchern und Memoiren festgehalten. So schreibt Emily Beaufort, die 1859 in Damaskus weilt und den Aufbruch der Karawane der Mesrabs nach Palmyra miterlebt: »Elf Dromedare waren auf ihren Knien, alle brüllten, knurrten und stöhnten [...]. All die Kameltreiber und die bewaffnete Eskorte eilten hin und her, schrien und riefen – ganze Herden von schnatterndem und gackerndem Federvieh verscheuchend –, die Gazellen verzogen sich in eine Ecke, und eine stattliche Anzahl von herrlichen Araberstuten standen wie festgewurzelt und bestaunten die ungewöhnliche Menge und den Lärm.«

Ein anderer Besucher ist der bekannte Maler Carl Haag, der eine Zeit lang bei den Mesrabs wohnt und syrische Stadtansichten und Landschaften zeichnet (insbesondere Palmyra), aber auch das Ehepaar Jane und Medjuel el Mesrab mehrfach porträtiert.

Jane el Mesrab führt in jenen Jahren ganz das Leben einer arabischen Ehefrau: Sie kleidet sich wie eine Orientalin, schminkt sich die Augen mit Kohol, die Hände und Arme mit Henna, sie geht barfuß, bereitet ihrem Mann das Essen zu, bedient ihn bei Tisch, wäscht als Zeichen ihrer Ehrerbietung seine Hände und Füße. Das mag auf uns heute befremdlich wirken und die Frage nach der weiblichen Würde aufkommen lassen, doch ist die Unterwürfigkeit, die Jane mit solchen Ritualen demonstriert, eine Form liebender Demut. Umgekehrt beweist auch Medjuel seine besondere Liebe und Achtung, indem er keine andere Frau neben ihr hat, sie auf seinen Zügen durch die Wüste mitnimmt und ihr die schönsten Araberpferde zum Geschenk macht.

Die Blutwoche von Damaskus

Dass Jane keine gewöhnliche Ehefrau ist und auch keineswegs die nur verwöhnte, ungekrönte Königin Syriens, erlebt Medjuel im Sommer 1860. Nach schlechter Ernte und einem harten Winter bricht eine Hungersnot aus. Wie so oft in der Menschheitsgeschichte entlädt sich die unbestimmte Wut des Pöbels an einem Sündenbock, den schwächsten Gliedern der Gesellschaft. In diesem Falle sind es die Christen im Libanon und in Syrien. Es kommt zu Pogromen. Christliche Dörfer werden überfallen und angezündet, die Bewohner geschändet, ermordet, vertrieben. Auch in Damaskus kommt es zu fürchterlichen Übergriffen. Eine ganze Woche lang werden die rund viertausend christlichen Familien verfolgt. Der Mob plündert deren Häuser und zündet sie an, Kirchen und Klöster werden ausgeraubt und niedergefackelt, Frauen werden vergewaltigt, Männer, Frauen, Kinder und Greise gefoltert und niedergemetzelt. Am Ende dieser Blutwoche werden rund achttausend Tote allein in Damaskus gezählt. Der algerische Freiheitskämpfer Abd el Kadir, der damals im Exil in Damaskus lebt und ein glühender Verehrer Lady Janes ist, versucht, den Pöbel in Schach zu halten und möglichst viele Christen zu retten. Freilich sind er und seine Männer zahlenmäßig unterlegen, dennoch kann er in seinem Anwesen rund zwölftausend Christen Unterschlupf gewähren. Die Menschen drängen sich auf engstem Raum, viele sind verletzt und traumatisiert, die hygienischen Zustände sind katastrophal, es mangelt an Essen und Trinkwasser. Aber sie sind froh, hier Zuflucht gefunden zu haben, denn vor dem Tor des Anwesens hat sich der entfesselte Pöbel zusammengefunden und kann nur durch vorgehaltene Gewehre an der Erstürmung gehindert werden.

Auch Lady Jane ist bedroht. Zwar genießt sie als Medjuels Frau einen guten Ruf, auch hat sie sich stets bemüht, als Araberin zu leben, aber ihrem anglikanischen Glauben hat sie nie abgeschworen. Statt sich jedoch in den innersten Gemächern ihres Hauses zu verbergen, reitet sie in den frühen Morgenstunden, als Beduinin verkleidet, durch die Stadt und versucht, Überlebende zu retten und zum Haus von Abd el Kadir zu bringen. Sie sieht Grauenvolles: Verstümmelte und verkohlte Leichen liegen auf den Straßen, zahlreiche Häuser brennen, Schwerverletzte wimmern, geschändete, nackte Frauen irren verzweifelt durch die Gassen. Lady Jane besucht auch die Menschen, die in Abd el Kadirs Haus Zuflucht gefunden haben, und verteilt Lebensmittel, Kleidung und Medikamente. Nach einer Woche ebben die Pogrome endlich ab, doch die überlebenden Christen wagen nicht, die Stadt wieder zu betreten. Sie harren mehrere Wochen lang in ihrem Unterschlupf aus und sind auf die spärlichen Hilfsleistungen, die ihnen Abd el Kadir, Jane und Medjuel el Mesrab gewähren können, angewiesen. Erst als auf Geheiß Kaiser Napoleons III. ein Kriegsschiff in Beirut landet und französische Truppen und Hilfslieferungen Damaskus erreichen, lässt der Volkszorn nach, und die Lage entspannt sich.

König Otto ist über Mittelsleute über die Vorgänge informiert und schreibt an seinen Vater: »Lady Ellenborough mit ihrem Mann rettete in Damaskus so viele Christen als möglich; [...] nachher sahen sie sich genötigt, in die Wüste überzusiedeln [...].« Ludwig antwortet voller Genugtuung: »Mich sprach recht an, was Du mir die vormalige Lady Ellenborough betreffend schreibst; ihr und ihres Gatten, des Scheichs ausgezeichnet braves Benehmen bey der Christenschlächterey in Syrien. Auch Ab al Kadar, wie Du bestätigst, benahm sich trefflich.«

Es ist nicht die einzige Gelegenheit, bei der Jane el Mesrab ihren christlich fundierten Humanismus unter Beweis stellt. Sie unterstützt arme Menschen, Aussätzige, Witwen, Waisen, nimmt sogar ein verwaistes Mädchen an Kindes statt an und finanziert eine Schule in Homs. Ihr Ausgabenbuch, das sie trotz ihres immensen Reichtums als gute Wirtschafterin führt, verzeichnet die Almosen und Spenden genau, offenbart aber auch, dass sie nicht geizig war.

Die Weltensammlerin

Jane weiß aber auch, was sie ihrem Stand und Namen schuldig ist. Bis zum Lebensende gönnt sie sich den Luxus einer Dame von englischem und arabischem Adel. Zu Hause trägt sie gerne schönste Kleider aus Samt und Seide, wertvollen Schmuck und schwelgt auch kulinarisch, wenn sie Hummer, Kaviar, Schinken und Pasteten aus Frankreich, Senf aus England, Käse aus Holland, Sherry, Champagner und Portwein auftragen lässt.

Ihre späten Jahre sind von zunehmender Einsamkeit und Trauer durchzogen: 1863 stirbt in England ihre Mutter im Alter von sechsundachtzig Jahren, 1868 in Nizza ihr königlicher Freund Ludwig von Bayern. Sie selbst muss ihrem eigenen Altern hilflos zusehen, denn trotz Schminke und raffiniertester Kleider verliert sie langsam an körperlicher Anziehungskraft. Als ihr Schwiegersohn Schehibb stirbt, hinterlässt er eine schöne junge Witwe namens Ouadjid. Als Medjuel ein Verhältnis mit der Schwiegertochter beginnt, weiß Jane davon und macht Medjuel wiederholt Vorhaltungen. Dennoch finden die Eheleute wieder zueinander, können offenbar nicht voneinander lassen. Jane ist bereits über siebzig, als sie im Tagebuch noch immer von den erfüllten Liebesnächten mit Medjuel schwärmt.

Aus den späten Lebensjahren Sitt Mesrabs stammt die Schilderung eines Reisenden, der sich 1870 und 1872 in Damaskus aufhält: Adolf Friedrich Graf von Schack, pensionierter preußischer Legationssekretär in München und begeisterter Kunstsammler, auf den die Schack-Galerie in der Isarmetropole zurückgeht. Er schreibt in seinen Memoiren von einer Begegnung mit der damals fünfundsechzigjährigen Jane el Mesrab: »Mehrmals wurde mir auf meinen Wanderungen durch die Stadt als eine der größten Merkwürdigkeiten von Damaskus eine orientalisch gekleidete, halb verschleierte Frau gezeigt, die, begleitet von einigen Dienern, auf stattlichem arabischen Rosse daherritt. Es war dies die einem vornehmen Geschlechte Großbritanniens entstammte, nun bejahrte, ehemals durch ihre Schönheit berühmte Lady Ellenborough. Wenn einer unserer vielen Novellisten ihre Lebensschicksale zu einem Roman benützen wollte, so würde letzterer dem Vorwurfe allzu ausschweifender Phantasie schwerlich entgehen.«

Jane el Mesrab besitzt noch immer Ausstrahlung, wie Schack bei einem Besuch in ihrem Anwesen vermerkt: »Nicht lange darauf trat Lady Ellenborough in den Salon. Sie war auf halb orientalische Weise gekleidet, die Brauen und die Augenränder hatte sie sich nach arabischer Sitte mit Kohol schwarz, die Finger mit Henna rot gefärbt. Ihre Statur war klein, ihr Antlitz trug, obgleich sie sicher sich dem siebzigsten Jahre näherte, noch deutliche Spuren ehemaliger Schönheit.«

Jane el Mesrab kann auf ein bewegtes Leben zurückblicken. Sie war eine Weltensammlerin, und im Alter kommt sie in Kontakt mit einem Mann, der ihr in diesem Punkt ebenbürtig ist: Richard Burton, englischer Offizier, Diplomat und Abenteurer, der 2006 durch Ilija Trojanows Roman *Der Weltensammler* für die Leserschaft wiederentdeckt wurde. Burton tritt 1869 den Posten des englischen Konsuls in Damaskus an und begegnet der geheimnisvollen Sitt Mesrab. Er, seine Frau Isabel und die englisch-syrische Lady freunden sich bald an. Isabel Burton hat später ein Buch über Jane Ellenborough geschrieben, das freilich von vielen Klischees, Vorurteilen und Missgunst durchzogen ist und deswegen keinesfalls als objektiv gelten kann. Einige Äußerungen sind dennoch bemerkenswert. So schreibt Isabel

Burton über die zwanzig Jahre ältere Jane: »Mein Mann sagte, sie sei bei Weitem die cleverste Frau, der er je begegnet ist […]. Sie sprach neun Sprachen perfekt und konnte in ihnen lesen und schreiben. Sie malte, fertigte Skulpturen an und war musikalisch. Ihre Briefe waren brillant; und in Geschäftsfragen gab es nie ein Wort zu viel noch eines zu wenig. […] Sie sah blendend aus in ihrem orientalischen Gewand, und wenn man sie wie eine Moslem-Frau durch den Bazar gehen sah, glaubte man, dass sie wohl kaum älter als vierunddreißig Jahre alt ist.«

Der Kontakt zum Ehepaar Burton reißt ab, als Richard Burton im Jahre 1871 überraschend abberufen wird und voller Wut Damaskus überstürzt verlässt.

Ein anderer berühmter Besucher in Damaskus ist der brasilianische Kaiser Dom Pedro II. Er kommt 1876 auf Staatsvisite und macht Lady Jane, von der er viel Wundersames gehört hat, die Aufwartung. Der Kaiser bewundert das reiche Anwesen, das Pferdegestüt und Janes selbst gemalte Bilder. In seinem Tagebuch vermerkt er: »Ihre eigenen Bilder zeigen ein großes künstlerisches Talent, und Mrs. Medjuel ist eine Person von großer Intelligenz. Ich bat sie um ein Bild von ihrem Mann und von sich selbst als Souvenir, und sie sagte mir, sie hätte nur eine alte Daguerreotypie von sich (genau das, was ich gehofft hatte), und sie ging los, um das Bild, das in Rom gemacht wurde, zu bringen (ein außergewöhnlich schönes Gesicht!).«

1881 fühlt sich Jane zunehmend schwach und krank. Bereits seit ein paar Jahren verzichtet sie auf Ausritte mit den Beduinen in die Wüste. In ihrem Testament, das sie schon zehn Jahre zuvor gemacht hat, bedenkt sie ihren Mann Medjuel mit Ländereien, Möbeln, Teppichen, Pferden, Dromedaren, Schmuck und Geld. Einzelne Erinnerungs- und Schmuckstücke gehen außerdem an ihren Sohn Heribert von Venningen und ihre Brüder Edward und Kenelm. Lady Jane Digby, geschiedene Lady Ellenborough, Freifrau von Venningen und Gräfin Theotoki, verheiratete Sitt Mesrab, ungekrönte Königin Syriens, stirbt am 11. August 1881 im Alter von vierundsiebzig Jahren in ihrem Haus in Damaskus im Beisein ihres Mannes Medjuel.

Da sie sich bis zuletzt zum anglikanischen Glauben bekannt hat und auch die protestantische Kirche von Damaskus mit Dotationen versah, wird sie auf dem protestantischen Friedhof beigesetzt. Medjuel ist – ungewöhnlich für eine christliche Beerdigung – auf dem schwarzen Lieblingsaraberpferd Lady Janes herbeigeritten. Auf dem Grab von Sitt Mesrab, das bis heute existiert, stehen die Worte: »Jane Elizabeth, Tochter von Admiral Sir Henry Digby G.C.B. Geboren am 3. April 1807, gestorben am 11. August 1881. Ich glaube an die sanfte Güte Gottes für immer und ewig.«

6 Therese von Bayern (1850–1925)
Wittelsbacherprinzessin und »weiblicher Humboldt«

Am Nachmittag des 14. Juni 1888 verlässt der unter englischer Flagge fahrende Dampfer »Manauense« den Hafen von Lissabon. Beim Tuten der Schiffssirene sehen die Passagiere die Silhouette der auf Hügeln erbauten Stadt an sich vorüberziehen. Nach einer Weile kommen sie am Hieronymitenkloster und dem Torre de Belém vorbei. Von hier aus starteten vierhundert Jahre zuvor die Handels- und Entdeckerexpeditionen unter Vasco da Gama und anderen Kapitänen, auf dem Weg nach Indien und – wenige Jahrzehnte später – nach Brasilien, in die Neue Welt. Die Reisebedingungen des späten 19. Jahrhunderts mögen angenehmer sein. Die Dampfkraft hat die Segelschifffahrt verdrängt, die Routen sind sicherer geworden, die Schiffe schneller, die logistische Versorgung bequemer – aber noch immer ist das Reisen vom Flair des Abenteuers umgeben.

An Bord des Dampfers, der eben am Küstendorf Cascais vorbeizieht, die Trichtermündung des Tejo hinter sich lässt und hinaus in den offenen Atlantik fährt, befinden sich Handelsreisende und Auswanderer, Menschen, die im Kaiserreich Brasilien, das bis 1822 zu Portugal gehörte, Geschäfte tätigen, Verwandte besuchen wollen oder einen Neubeginn für sich und ihre Familien erhoffen. Aber auch Touristen sind darunter, die sich zur damaligen Zeit Globetrotter nennen, sowie einige Abenteurer auf der Suche nach dem Glück. Sie werden vom legendären Reichtum der Zuckerrohr- und Kaffeeplantagen angelockt, von den Gold- und Edelstein-Minen des weiten und im Inneren noch unerforschten Riesenreichs.

Glückssucher sind in gewissem Sinne auch vier Reisende aus Bayern. Seltsame Dinge haben die beiden Damen und beiden Herren in den Kisten und Koffern, die mit an Bord gegangen sind:

»Zelte, Feldbetten, Moskitonetze, Koch- und Beleuchtungsapparate, Schlafsäcke, einige Wasserfiltriermaschinen, Material zum Abbalgen von Säugetieren und Vögeln und Präparieren von Fischen, außerdem eine Zange zum Schlangenfangen, ein Fischernetz und ein paar Fischangeln, mehrere große Blechkisten mit aufschraubbarem Deckel zum Transportieren von Fischen und größeren Reptilien, einige Dutzend Gläser zum Aufbewahren von Eidechsen, Amphibien und sonstigen in Spiritus oder Formalin zu konservierenden Tiere[n], außerdem Schmetterlingsnetze mit langen, zusammenschraubbaren Stöcken, Fläschchen mit Zyankali zum Töten und Papiertüten und Zylinder aus Pappe zum Verwahren von Insekten [...].«

Und, und, und. Die Liste der Ausrüstungsgegenstände ist noch lang und belegt, dass die Reise der vier Damen und Herren ein höheres Ziel hat: das Sammeln möglichst vieler botanischer, zoologischer und ethnologischer Objekte mit dem Zweck, die musealen Sammlungen in München zu bereichern und die wissenschaftlichen Erkenntnisse zu mehren.

»Befreiung von den Fesseln der Konvention«

Haupt der Expedition ist eine Frau: »Gräfin Elpen« nennt sie sich, ein Pseudonym, das sie gewählt hat, um inkognito und ungestört reisen und forschen zu können. Das Pseudonym dient auch dem persönlichen Schutz in Gegenden, die nicht frei von Räubern und Betrügern sind. Denn der wirkliche Name der Forschungsreisenden ist Therese Prinzessin von Bayern, Tochter des Prinzregenten Luitpold, aus dem Hause Wittelsbach.

Dies ist nicht die erste Expedition der Siebenunddreißigjährigen. Zuvor hat sie bereits Reisen nach Skandinavien, Russland und Griechenland unternommen. Aber die Tour nach Brasilien und ins Herz des von Geheimnissen umwitterten Dschungels ist ihre bislang längste und gefährlichste. Und die am besten vorbereitete Reise. Jahrelang hat Therese von Bayern wissenschaftliche Bücher und Aufsätze über die Flora und Fauna Brasiliens studiert, sie hat Fachbücher zur Geografie, Geologie und Ethnografie gelesen, Reiseführer ausgewertet und die Fahrpläne von Schiffs- und Zuggesellschaften zur Kenntnis genommen. Aber die Einbindung der Prinzessin in das höfische Leben, in die Pflichten von Stand und Repräsentation, lässt ihr nur einen recht begrenzten Zeitrahmen. Oft muss sie bei offiziellen Anlässen ihren Vater, den Prinzregenten, vertreten. Zudem schätzt er ihre Meinung und ihren Rat in Belangen des Alltags und der Politik. Also muss sie den Sommer nutzen, die »Vakanz«, wenn Hof und Regierung sich in der Sommerfrische aufhalten und die Geschäfte ruhiger laufen. Nur gut drei Monate wurden ihr zugestanden, von Juni bis September, und Therese von Bayern will diese Zeit nach Kräften nutzen, zum Wohle der Wissenschaft, aber auch, um ihren innersten Drang zu stillen: den Wunsch nach Freiheit. »Es war mir«, gesteht sie im Alter, »eine unbeschreibliche Wohlthat, wenn ich mich dieser Pflicht [der prinzlichen Stellung] mitunter entledigen konnte, u. dieses war es, was vornehmlich beitrug, für mich das Reisen zu einem Hochgenuß zu gestalten: ›Nicht immer auf dem Piedesthal zu stehen, sondern Mensch unter Menschen sein zu können.‹ [...] ›Freiheit, Freiheit‹ war es, wonach ich leidenschaftlich lechzte, Befreiung von den Fesseln der Konvention.«

Das Reisen ist für Therese von Bayern die einzige Möglichkeit zur Flucht. Es ist ein Weg, den sie so oft wie möglich beschreitet, freilich immer unter dem Vorwand der »Nützlichkeit«, der Verwertharkeit ihrer Reiseerfahrungen und Sammelergebnisse für die Wissenschaft. Für sie selbst aber ist die Idee der Freiheit bedeutsam, der Ungebundenheit von äußeren Umständen, der Selbstverwirklichung. Dieses Ziel verfolgt sie, ohne je die ihr von Geburt und Schicksal auferlegten Aufgaben und Pflichten zu vernachlässigen.

Prinzessin Therese ist die Tochter des Prinzen Luitpold, eines Bruders König Maximilians II., und seiner habsburgischen Frau Auguste von Toskana. Sie kommt am 12. November 1850 in München zur Welt. Ihre älteren Brüder sind der 1845 geborene Ludwig – der 1913 König werden wird – und der 1846 geborene Leopold. Zwei Jahre nach Therese kommt noch Arnulf zur Welt.

Therese wächst in behüteten Verhältnissen auf. Die Eltern führen eine vorbildliche Ehe. Es war eine Liebesheirat. Der Mutter ist es äußerst wichtig, ihre Kinder weitgehend selbst zu erziehen und sie nicht nur Gouvernanten und Hauslehrern zu überlassen. Freilich steht die Familiensphäre stets unter dem wachsamen Auge der Öffentlichkeit. Davon zeugt auch das Domizil der prinzlichen Familie, das gewaltige Palais Leuchtenberg am Münchner Odeonsplatz, erbaut von Leo von Klenze nach dem Vorbild des römischen Palazzo Farnese. Hier wachsen Therese und ihre drei Brüder auf. In dem rund zweihundertfünfzig Räume fassenden Palais wird – damals eine Novität – sogar ein Turn- und Gymnastiksaal eingerichtet. Die Wittelsbacher geben sich modern und volksnah: Mitunter sieht man die Kinder des Prinzen Luitpold ohne Begleitung durch die Münchner Innenstadt zur Residenz oder in die Frauenkirche gehen. Doch so liberal die Erziehung auch erscheinen mag, in ihren Grundsätzen ist sie von penibler Pflichterfüllung geprägt, auch um der Öffentlichkeit zum Vorbild zu dienen. Thereses Bruder Leopold beschreibt später die erzieherischen Prinzipien: »Unbedingte und strengste Pflichterfüllung, militärische Pünktlichkeit und Ordnung in allen Dingen, Härte gegen sich selbst, Selbstüberwindung verbunden mit Stärke der Willenskraft, sowie Milde und Rücksicht gegenüber andren – besonders dem Dienstpersonal – Verehrung der Eltern und Liebe für das Vaterland.«

Im Sommer ist die Familie des Öfteren in der Villa Amsee in Lindau, deren Park direkt am Bodensee liegt. Auch später, als erwachsene Frau, wird sich Therese gerne dort aufhalten. Und im Alter, in der Zeit der Weimarer Republik, wird das Seedomizil zu ihrem Rückzugsort. Hier, vor der herrlichen Kulisse der Vorarlberger und Schweizer Alpen, lernt Therese bereits im Kindesalter Reiten, Schlittschuhlaufen, Schwimmen, Segeln und Rudern.

Obwohl Prinzessin Auguste die Erziehung ihrer Kinder möglichst in eigenen Händen hält, kann sie nicht auf Pädagogen verzichten. Daher werden Privatlehrer engagiert. Therese ist ein wissensdurstiges Kind. Allerdings sind ihr lange Zeit alle Bücher mit belletristischem oder fantastischem Inhalt verboten. Das entspricht einer alten bürgerlichen Auffassung von fiktionaler Literatur, die im Ruf stand, unnütze und müßige Gedanken zu fördern und von den Pflichten und Erfordernissen des Lebens abzulenken. Das »Reelle« hat Vorrang. Und nicht von ungefähr findet Therese daher Gefallen an naturkundlicher Literatur jeglicher Art. Vor allem die Reise- und Forschungsberichte Alexander von Humboldts haben es ihr angetan. Als sie achtzehn Jahre alt ist, darf sie Privatunterricht am Polytechnikum, der heutigen Technischen Universität, nehmen. Sie belegt Kurse in Mineralogie, Chemie und Physik, Jahre später hört sie auch Vorlesungen zur Geografie und Paläontologie im »Wilhelminum« in der Neuhauser Straße. Ein Privileg, das ihr freilich nur als Gasthörerin aus hohem Hause gegönnt ist. Allgemein wird Frauen der Zugang zu deutschen Universitäten nämlich erst 1908 genehmigt. Begeistert schreibt Therese von Bayern: »Ich folge auch dieses Jahr den Vorträgen mit größtem Interesse u. schreibe fleißig nach.«

Doch die junge Prinzessin interessiert sich nicht nur für die Naturwissenschaften. Sie hat auch ein überdurchschnittliches sprachliches Talent. Bereits früh lernt sie Französisch, damals die Lingua franca gebildeter Kreise, aber auch Italienisch, das Idiom der Mutter Auguste. Therese erkennt, dass eine Sprache das Eingangstor zu einer Kultur darstellt, dass der, der eine Sprache beherrscht, viel leichter Zugang zu den Menschen eines fremden Landes findet, oder, wie sie selbst schreibt, »in die Psyche der betreffenden Völker« vordringt. Später, als sie Forschungsreisen systematisch vorbereitet, gehört das Erlernen der jeweiligen Landessprache für sie immer dazu. Meist innerhalb weniger Monate intensiven Studiums – oft autodidaktisch – erlernt sie ein Idiom so gut, dass sie sich im Alltag mühelos verständigen und auch Fachbücher im Original lesen kann. Im Laufe ihres Lebens eignet sie sich noch Englisch, Spanisch, Dänisch, Neugriechisch, Russisch, Portugiesisch, Schwedisch, Niederländisch und Tschechisch an. Dass ihr ältester Bruder Ludwig sie als »Blaustrumpf« hänselt, eine damals übliche despektierliche Bezeichnung für gebildete, aber als unweiblich geltende Frauen, ficht sie kaum an. Sie steht über dem Spott, da in des Bruders Äußerung auch Neid mitschwingt. Als Therese sich mit der russischen Sprache befasst, schreibt sie triumphierend: »Die Ausdauer hat sich gelohnt, denn später konnte ich jedes russische Buch, auch wissenschaftliche, anstandslos mir zu eigen machen.«

Ein anderes Talent wird auf ihren Forschungsreisen ebenfalls nützlich sein: das Zeichnen und Malen. Als junge Frau studiert sie nicht nur Kunstgeschichte, sondern nimmt auch Zeichenunterricht bei den damals bekannten Malern Hyazinth Holland und Leopold Rottmann und muss auch gemäß der traditionellen Ausbildung klassische Kunstwerke kopieren. Auf ihren späteren Reisen wird sie nicht nur fremde Tiere und Pflanzen zeichnen – auch für die Illustrierung ihrer Forschungsberichte –, sondern auch Landschaften und geologische Formationen und schließlich sogar geografische Karten, was ihren Orientierungssinn schärft.

Pflichten, Ansprüche und eine unerfüllbare Liebe

Ein schmerzlicher Einschnitt in Thereses Jugend ist der frühe Tod der Mutter. Prinzessin Auguste, die seit Langem lungenkrank ist, stirbt 1864 mit nur neununddreißig Jahren. Der sonst so disziplinierte Luitpold verliert am Sterbebett seiner Frau die

Fassung. Im Tagebuch der dreizehnjährigen Therese werden der Tod der Mutter und die Reaktion der Umstehenden minutiös beschrieben.

»Wir vier Kinder schluchzten laut, u. als man uns mahnen wollte, um die Sterbende nicht zu beunruhigen, sagte sie klar u. vernehmlich: ›Laßt sie nur weinen, es ist ja ganz natürlich.‹ [...] Ihre Züge verklärten sich immer mehr, sie sagte noch: ›Wie schön, so schön habe ich es mir nicht gedacht.‹ Sie meinte wohl das Sterben. [...] Als sie die Augen für immer geschlossen, brach mein Vater am Sterbelager buchstäblich zusammen. Man legte mich ihm in die Arme, meinend, ›er habe ja mich‹. Das war natürlich kein Ersatz ... Nicht nur mein Vater war gebrochen, wir waren es ja Alle. In meinem Herzen ging etwas entzwei, das nie mehr ganz wurde.«

Es ist das Ende einer Jugend, die eben erst begonnen hat. Tatsächlich erwartet man in der Familie und bei Hof, dass das halbwüchsige Mädchen die Stelle der Mutter übernehmen soll – als Beraterin des Vaters, als Erzieherin des jüngeren Bruders Arnulf, aber auch als Repräsentantin bei offiziellen Anlässen. Sie selbst gesteht später: »Ich stand mit dreizehn Jahren einer Lebensaufgabe gegenüber, die mich zu erdrücken drohte.«

Bei Empfängen, Audienzen, auf Bällen, aber auch bei Zusammenkünften des Vaters mit Repräsentanten des öffentlichen Lebens muss Therese ihm nun zur Seite stehen und sich an der Konversation beteiligen. Der Vater, versteinert in seiner Trauer, wird in jenen Jahren immer wortkarger und strenger. Auch später, unter der Bürde der Prinzregentschaft (seit 1886), wird er zwar nach außen den leutseligen Landesvater geben, aber im Inneren stets von Trauer und Einsamkeit umwittert sein.

Therese ist in den ersten Jahren nach dem Tod der Mutter von diesen Ansprüchen überfordert. Wie bei vielen jungen Mädchen wird auch für sie das Tagebuch zum Ort des Rückzugs und der Aussprache: »So lang die Mama lebte, war ich glücklich, seit der Zeit bin ich es nicht mehr, d.h. zeitweise schon, aber nicht im Allgemeinen. Ich muß Jemand haben, den ich sehr liebe.« Sie sehnt sich nach Liebe, nach dem Verstandenwerden und kann in den recht engen Zirkeln ihres Standes ihr Herz nicht frei entfalten.

Da tritt eine beinahe gleichaltrige junge Frau in ihr Leben, ihre »Herzensfreundin«, wie Therese selbst schreibt, die russische Großfürstentochter Olga Konstantinowna Romanowa, eine Nichte des Zaren Alexander II. Zweiundsechzig Jahre lang, bis zu Thereses Tod, wird die Verbindung über räumliche Trennungen und zeitliche Umwälzungen hinweg halten. Therese selbst beschreibt im Jahre 1890 ihre Empfindungen für Olga: »Eine solche Freundschaft gibt es nur einmal im Leben u. in manchen Existenzen gar nicht; Selig, wem sie Gott verliehen, es ist ein Glück über all Maßen u. reine Seligkeit hienieden, für die es keine Worte geben kann.«

Es gehört zur Tragik in Thereses Leben, dass die Menschen, die sie am meisten liebte, ihr genommen werden. Denn Olga heiratet 1867 Georg I., den König von Griechenland, und zieht nach Athen. Gleichzeitig verliert Therese auch den Mann, in den sie sich leidenschaftlich verliebt hat, an eine unheilbare Geisteskrankheit: Otto, den jüngeren Bruder des »Märchenkönigs« Ludwig II.

Therese kennt den zwei Jahre älteren Cousin seit Kindheitstagen. Als sie in die Pubertät kommt, wird ihr bewusst, dass ihre Zuneigung zu dem nahen Verwandten mehr ist als bloße Freundschaft. Sie ist in jenen Jahren immer wieder auf Schloss Hohenschwangau zu Besuch und atmet dort die poetisch-romantische Welt des jungen Königs und seines drei Jahre jüngeren, damals noch gesunden Bruders. Über diese Zeit am Fuße der Allgäuer Alpen schreibt Therese verzaubert: »Nun that ich einen Blick in ein Dasein voll Poesie, voll Romantik und Pflege altdeutscher Sagen, und es ging wie eine neue Welt für mich auf. Das durch bescheidenere Mittel eingeengtere Leben zu Hause war auf eine praktische Existenz, welche uns Kindern wohl die Zukunft bringen würde, zugeschnitten. Das Leben bei der geliebten Tante [der Königinwitwe Marie] richtete sich schon durch die größere sociale Stellung u. die in größerem Stil aufgebaute Lebensführung auf noblen Genuß.«

Vom Hof wird Therese unmissverständlich nahegelegt, dass sie recht bald standesgemäß zu heiraten habe, wenn sie nicht der Familie zur Last fallen wolle. Eine so enge Verbindung von Cousin und Cousine wäre allerdings von der Familie nicht gerne gesehen. Zudem verliebt sich Otto ausgerechnet in Thereses beste Freundin Olga. Zeitlebens muss Therese ihre Sehnsucht, selbst ihren Schmerz geheim halten. Als Otto, seit dem Tod des Märchenkönigs im Jahre 1886 offiziell König von Bayern (die Amtsgeschäfte führte allerdings Thereses Vater Luitpold als »Prinzregent«), wegen seiner Krankheit auf Schloss Fürstenried interniert wird, darf Therese ihn auf Anweisung der Ärzte nur einmal im Jahr besuchen. Sie hat über diese Begegnungen Protokoll geführt und der unerfüllten Liebe zum Cousin in den ein Jahr vor ihrem Tod entstandenen Aufzeichnungen *Geschichte meines Herzens* ein Denkmal gesetzt. Darunter finden sich auch Gedichte, etwa das folgende:

»Du wirst von keiner lieben Hand gepflegt,/Von keines Weibes Zärtlichkeit umhegt/Es wird Dir nie ein liebes Wort gesagt,/Nach Deinen Herzenswünschen nie gefragt./Du bist allein, vereinsamt das Gemüth/Dein junges Leben vor der Zeit verblüht;/Verstoßen von den Menschen und verlacht/Wirst um den Rest von Freiheit Du gebracht./Nur eine weiß ich, die Dir treu verblieb […].«

Therese bleibt ihrem Cousin Otto bis zum Ende treu. In den letzten Lebensjahren erkennt er sie nur noch selten. Geschieht es in einem seiner helleren Momente doch einmal, ist sie überglücklich: »Das zweite Mal sah er mich lang u. immer wieder an, dann lächelte er auch mir zu, u. plötzlich sagte er meinen Namen, so wie einst. Das Blut schoß mir zu Herzen in einer heißen Welle. ›Thereschen!‹ das hatte mir gegolten. Ich war selig zum Vergehen.«

1913 wird Thereses ältester Bruder Ludwig zum König proklamiert. Therese empfindet das als Verrat an Otto und der Unantastbarkeit der Königswürde. Als Otto im Oktober 1916 im Sterben liegt, kann Therese noch rechtzeitig nach Fürstenried eilen. Sie wacht bis zu seinem letzten Atemzug bei ihm,

»ohne daß die Sterbestunde die Schleier der Umnachtung gelüftet«.

Wider alle Heiratspolitik

Die unerfüllte, aber nie erkaltete Liebe zu Otto mag für Therese
der Hauptgrund gewesen sein, sich zeitlebens nicht an einen
anderen Menschen zu binden und sich allen Verheiratungsver-
suchen heftig zu widersetzen. Dabei machen ihr mehrere von
der Familie lancierte Kandidaten den Hof. Doch Therese weiß
die Freier abzuwimmeln. Keiner ist ihr gut genug. Über den
österreichischen Erzherzog Ludwig Viktor lästert sie: »Er hat
nur Interesse für Toilette und für elegante Damen, die auch ein
böses Zünglein haben; er ist immer geschniegelt, gestriegelt,
pomadiert, parfümiert, ein Geck durch und durch. Vermögen
hat er auch keins.«
  Vielleicht hat Therese instinktiv gespürt, dass der Erzherzog
homosexuell war. Jedenfalls wird aus der Verbindung nichts,
ebenso wenig wie aus einer mit dem russischen Fürsten Sergius
Leuchtenberg, einem Neffen des Zaren. Auch der verwitwete
Herzog Karl Theodor in Bayern und der spanische König Alfons XII. beißen bei Therese auf Granit. Ganz offensichtlich
liegt ihr nichts an Rang und Namen, weigert sie sich doch, in die
höchsten Adelshäuser Europas einzuheiraten. Ihre Ungebundenheit geht ihr über alles: »Ich habe meine Freiheit nicht an
einen Mann verkauft, den ich nicht lieben konnte.«
  Man mag sich heute über die Beharrlichkeit und den Erfolg
Thereses von Bayern wundern, lebte sie doch zu einer Zeit, in
der dynastische Verbindungen einzig vom Kalkül und nicht
vom Gefühl bestimmt wurden. Vermutlich konnte sie sich diese
Freiheit nur nehmen, weil sie seit 1880 finanziell unabhängig
war. Damals übernimmt sie das Amt der Äbtissin des Münchner
Damenstiftes zur heiligen Anna. Aus dem ihr zustehenden Salär
finanziert sie nicht nur ihren Lebensunterhalt, sondern später
auch einen Teil ihrer kostspieligen Reisen.

In jenen Jahren des Suchens und des frühzeitigen Verzichts auf ein glückliches Privatleben leidet Therese von Bayern bisweilen unter depressiven Verstimmungen. Sie kann den Mann, den sie – einseitig – liebt, nicht heiraten. Sie steht vor Familie und Öffentlichkeit als schwierige Person da, der kein Ehekandidat gut genug zu sein scheint. Sie kann und darf nicht offen aussprechen, wie es um ihr Innenleben bestellt ist. Und sie steht als Ersatz für ihre früh verstorbene Mutter an der Seite ihres Vaters. Therese gesteht: »Wenn die nämlich wüßten, wie zerrissen, wie elend, wie todesmatt es in mir aussieht! Ich spiele gut die Comödie des Lebens, ich spiele sie mit verzweifelter Ironie.«

Begegnung mit Lady Blennerhassett

Therese ahnt noch nicht, welchen Stellenwert das Reisen einmal in ihrem Leben einnehmen wird. Zwar besucht sie 1871 ihre Freundin Olga in Griechenland, aber das ist eher Flucht und Zerstreuung. Auch ist sich Therese noch nicht ihrer intellektuellen Fähigkeiten bewusst. Da tritt im Jahre 1880 eine andere Frau in ihr Leben, die ähnliche geistige Neigungen besitzt und die die Wittelsbacherprinzessin auf den Lebensweg aufmerksam macht, den zu gehen ihre Aufgabe sei: Lady Charlotte Blennerhassett. Die damals siebenunddreißigjährige, eine geborene Freifrau von Leyden, ist von Luitpold dazu ausersehen worden, seine Tochter als Gesellschafterin auf einer Bildungs- und Erholungsreise nach Italien zu begleiten. Sie steht im Ruf, eine umfassend gebildete, polyglotte Frau zu sein, die geistes- und kunstgeschichtliche Interessen besitzt und sich als Historikerin bereits einen Namen gemacht hat. Die beiden Frauen bereisen die Apenninenhalbinsel und besichtigen nicht nur die üblichen touristischen Höhepunkte. Therese berichtet dem Vater: »Lady B. war die denkbar bestgewählte Reisebegleiterin; sie hatte schon früher längere Zeit in Rom verbracht, kannte die dortigen gelehrten Kreise u. hatte persönlich die römische Geschichte, namentlich der christlichen Ära so vollständig inne, daß sie die ganze Reihe der Päpste aus dem Gedächtniß hersagen konnte. Zu diesen seltenen historischen Kenntnissen gesellte sich ein großes Kunstverständniß u. gründliche kunsthistorische Studien. An der Hand dieser Führung wurde das Durchwandern Roms ein belehrender Genuß.«

Was nach Erfüllung eines bildungsbürgerlichen Pflichtprogramms klingt, ist in Wahrheit der Beginn einer innigen, vonseiten Lady Blennerhassetts vielleicht sogar sehnsuchtsvollen Beziehung. Am 14. April 1880, während sich die beiden Frauen in Sorrent aufhalten, dem Traumziel vieler Deutscher, kommt es inspiriert durch die paradiesische Landschaft zu einem beidseitigen Geständnis. Ihrem Tagebuch vertraut Therese an: »Diese Wochen schlossen noch einen Segen in sich; ich habe in ein fremdes Herz blicken dürfen, in eine Seele, die viel frömmer u. demüthiger ist als ich es bin. Wir haben uns gefunden an einem herrlichen, unvergeßlichen Abend in einer sinnenbestrickenden Natur. [...] ich hielt nicht zurück mit meinen tiefsten Empfindungen u. sie nicht mit den ihren, u. so verbrachten wir Augenblicke des Verständnisses wie selten [...]. Sie war so lieb, so lieb, es ging mir beseligend zu Herzen;«

Zwar bleibt das Verhältnis nicht immer so vorbehaltlos, vor allem aufseiten Thereses, aber der Umgang mit der sieben Jahre älteren und bereits berühmten Lady Blennerhassett löst in der Prinzessin vieles aus. Die englische Lady ermuntert die bayerische Prinzessin zu wissenschaftlicher und publizistischer Tätigkeit und ermahnt sie wenige Tage nach der Rückkehr aus Italien: »Unaufhörlich bitte ich, Ihnen möge eine Lebensaufgabe vorgezeichnet werden, eine ganz bestimmte, Ihrer Fähigkeit der Liebe, Ihrer Hingebung entsprechend. Ich schließe dabei jeden menschlichen Wunsch aus, ich bitte nur, *daß Sie bereit* seien. Für uns Frauen liegt die Rettung nur darin, daß wir uns von uns selbst befreien. Ich bitte Sie auf den Knieen, setzen Sie der Vorsehung keinen Widerstand entgegen [...].«

Therese von Bayern dankt der Freundin noch Jahrzehnte später: »Sie hatte mich veranlaßt, meine durch so manche Jahre erworbenen Kenntnisse praktisch zu verwerten, mit einem Worte, zur Feder zu greifen, und dies werde ich ihr zeitlebens danken. Unsere Wege auf schriftstellerischem Gebiet gingen dann zwar weit auseinander, denn ihr historischer Sinn war mir fremd und ihr blieb mein der Geographie und den Naturwissenschaften zugewandtes Interesse sehr fern. Aber daß wir beide arbeiteten, war doch die Hauptsache und im Prinzip ein gegenseitiges Verstehen.«

Anfänge als Reiseschriftstellerin

Die Reise mit Lady Blennerhassett nach Italien und deren ermunternde Mahnung an die bayerische Prinzessin, sich der eigenen Fähigkeiten und Neigungen bewusst zu werden und aus der Gabe eine Lebensaufgabe zu machen, sind für Therese eine Art Initialzündung. Noch im selben Jahr, 1880, erscheint ihre erste Publikation, der Aufsatz *Ausflug nach Tunis*, in der Zeitschrift *Jugendblätter* der damals bekannten Schriftstellerin Isabella Braun, die die Autorin aus königlichem Hause ebenfalls zu literarischer Arbeit ermutigt. Die Reise in den Maghreb und auf die Iberische Halbinsel, fünf Jahre zuvor in Begleitung des Bruders Leopold unternommen, war ebenfalls als Bildungstour gedacht gewesen. Mit der Veröffentlichung ihrer Eindrücke ist ein erster entscheidender Schritt getan, das eigene Erleben als von allgemeinem Interesse zu begreifen und daher literarisch zu gestalten. Therese erkennt jedoch bald, dass der kulturgeschichtliche Essay oder die feuilletonistische Plauderei nicht ihre Stärke sind. Sie besitzt nicht den geschichtlichen Überblick ihrer Freundin Charlotte Blennerhassett und auch nicht deren kunsthistorischen Verstand. Therese sieht sich jedoch von fernen, überseeischen Kulturen geheimnisvoll angezogen, vor allem aber von Fauna und Flora.

So sind auch die beiden folgenden Reisen und deren literarische Verarbeitung eher als Vorstufen für die großen Expeditionen der Prinzessin zu werten: 1881 unternimmt sie eine rund zehnwöchige Reise nach Dänemark, Schweden und Norwegen bis hinauf zum Nordkap und veröffentlicht darüber acht Jahre später den Bericht *Über den Polarkreis* unter dem Pseudonym »Th. von Bayer« im Brockhaus Verlag Leipzig. 1882 bereist sie vier Wochen lang Russland und kommt nach Moskau, St. Petersburg, Jaroslawl, Nischni Nowgorod, Woronesch, Rostow, Sewastopol, Odessa und Kiew. Die dabei gewonnenen Eindrücke publiziert sie drei Jahre später bei Cotta unter dem Titel *Reiseeindrücke und Skizzen aus Rußland*, gleichfalls unter dem Pseudonym »Th. von Bayer«. Es sind beides so etwas wie Gesellenstücke der Reiseschriftstellerin, der Beginn dessen, was sie selbst als ein Gefühl bezeichnet, »als wäre ich mit meinem Tintenfaß verheirathet«.

Es folgen noch weitere, »kleinere« Reisen: erneut nach Griechenland, nach Kleinasien, Rumänien, in die Niederlande, nach Belgien und auf die Britischen Inseln. Doch es treibt sie nach Übersee, nach Südamerika, in das noch weithin unerforschte Amazonasgebiet, das in der Vorstellung vieler Menschen eine grüne Hölle ist, für Therese von Bayern hingegen ein Paradies, eine reiche Fundgrube für Botaniker, Zoologen, Ethnologen und Geologen.

Im grünen Reich des Amazonas

Nach jahrelanger, umfangreicher wissenschaftlicher und logistischer Vorbereitung ist es endlich so weit: Im Juni 1888 schiffen sich Therese von Bayern und ihr dreiköpfiges Reiseteam in Lissabon ein. Die Fahrt führt über den Atlantischen Ozean nach Pará in Nordostbrasilien, von dort auf einem Dampfer den Amazonas aufwärts, rund zwölfhundert Kilometer landeinwärts, bis nach Manaus, damals der letzte Vorposten der Zivilisation. In ihrem elf Jahre später erschienenen Buch *Meine Reise in den Brasilianischen Tropen*, diesmal unter vollem Namen veröffentlicht und mit rund achtzig Abbildungen und Tafeln versehen, schreibt die Autorin:

»Meine Reise nach Brasilien unternahm ich in Begleitung einer Dame, eines dienstthuenden Kavaliers und eines Dieners, welcher sich taxidermische Fertigkeiten angeeignet hatte. Zweck meiner Reise war, die Tropen kennen zu lernen, womöglich Indianerstämme aufzusuchen und Pflanzen, Thiere und ethnographische Gegenstände zu sammeln. Als Ergebnis der Reise ist unter Anderem das Entdecken einiger neuer Thier- und Pflanzenarten und -varietäten und die Feststellung einiger neuer Fund- und Standorte zu verzeichnen.

Zunächst die Absicht, zur Thier- und Pflanzengeographie ergänzend beizutragen, bewog mich, die diesbezüglichen Resultate meiner Reise auszuarbeiten und an ihre Veröffentlichung zu denken.«

Manaus ist allerdings nur Stützpunkt ihrer eigentlichen Reise in den Dschungel, den Rio Negro hinauf, zu vorzivilisiert lebenden Indianerstämmen und vor allem in eine Welt noch unentdeckter Tier- und Pflanzenarten.

»Den Morgen«, so die Prinzessin, »verbrachten wir zunächst mit Ordnen der gesammelten zoologischen, botanischen und ethnographischen Gegenstände. Dann sahen wir in einem Privathause einige junge, in einem Käfig gehaltene Jaguare an, welche sich trotz ihrer Jugend sehr wild geberdeten. Schließlich verschafften wir uns bei einem Händler, was an interessanten indianischen Objekten in Manáos [Manaus] aufzutreiben war. Zu diesen gehörte ein Gefäß aus Gürthelthierpanzer, ein flacher Korb mit Papageifedern verziert, zwei Pagaias, ein Bogen der Mauéindianer, ein kunstvoll mit Faden verzierter, eleganter Bogen aus dem Amazonasgebiet und last not least Verschiedenes, was die Crichaná als Tauschartikel an den Rio Negro gebracht hatten. Unter letzteren befanden sich einige sehr selten zu erhaltende Steinbeile, ein großer Bogen aus schwerem dunklen Holz, über ein halbes Dutzend 1,42–1,66 m lange Pfeile mit Knochenspitze.«

Kritisch bewertet sie den Einbruch der Zivilisation in die indianische Welt: »Nachmittags fuhren wir zu Kahn nach dem in der Nähe von Manáos befindlichen Estabelecimento de Educandos artifices, einer Erziehungsanstalt, in welcher für 122 Waisenknaben der Provinz Platz geschaffen ist. Wir wollten hier die jungen Vollblutindianer sehen, deren die Anstalt aus allerhand Stämmen aufgenommen hat. Doch auch hier zeigte sich wieder die betrübende Thatsache, daß die Indianer, viel mehr als alle anderen Rassen Brasiliens, Krankheiten unterworfen sind. Bis auf wenige, lagen sämmtliche indianische Knaben an den Masern darnieder, indessen die übrigen Schüler, Weiße, Neger und Mischlinge, den Krankenzimmern ein weit geringeres Contingent stellten. Wenigstens war hier nicht zu befürchten, daß die Masernkranken, wie es in den Indianerdörfern am Rio Negro aufwärts geschieht, sich, unbekümmert um ihren Hautausschlag, im Flusse baden würden. Letzterwähntes Verfahren ist es, welchem man die erschreckend hohe Ziffer an letalem Ausgang der Masernfälle zuschreibt. Übrigens nicht nur durch Hautkrankheiten, auch durch Lungenschwindsucht werden nach Aussage Einheimischer die Reihen der Indianer decimirt.«

Therese von Bayern wagt sich in den Dschungel hinein – und ist fasziniert: »Von der Hütte aus traten wir eine fast zweistündige Wanderung durch den Caa-Eté an, den ersten solchen Streifzug im Gebiet des Rio Negro. Die Picadas, welche zu Jagdzwecken den Urwald durchzogen, waren gerade breit genug, um eine Person durchzulassen. Wilde Cacaobäume und allerhand Palmen schmückten das Waldesdickicht. [...] Zwar stand der Boden dieses Urwaldes an Dichtigkeit des Pflanzenwuchses hinter dem des Caa-Eté bei Pará zurück, doch übte auch dieser Mato virgem (portugiesische Bezeichnung für Urwald) durch seine Unberührtheit, durch die ungehemmte Entwicklung seiner Pflanzenrepublik einen großen Zauber auf uns aus. Da lag ein riesiger, faulender Baumstamm über dem Waldpfad, im Tode noch hundertfältig überwuchert, dort drängte sich dorniges Gestrüpp an die Picada heran, und stachelige Palmstämme und Palmblätter klammerten sich zudringlich an unsere Kleider. Wir mußten uns durchwinden und durchkämpfen. Schmetterlinge gaukelten auf dem schattigen Wege vor uns her, ein Colibri schwirrte an uns vorbei, allerhand Vogellaute schallten aus den Zweigen herab [...], um einen Ast herum bewegte sich in Spirale eine Prozession blättertragender Saúbas [...], ziemlich großer rothbrauner Ameisen, welche auf die Bäume steigen, sich aus dem Laub pfenniggroße Stücke herausschneiden und diese in ihre unterirdischen Wohnungen schleppen. Da beim Tragen der Blattstückchen die Thiere unter ihrer grünen Last verschwanden, schien der ganze Zug einer sich rührenden Pflanze täuschend ähnlich.«

Immer tiefer dringt die kleine Gruppe in das schier undurchdringliche Dickicht ein: »Die Waldwände zu beiden Seiten unseres Pfades waren so dicht, daß wir nur mit Hülfe des Terçado hätten eindringen und den noch unentweihten Boden hätten betreten können. Einzelne umgestürzte Bäume, über welche wir klettern mußten, und ein paar sumpfige Stellen hemmten unsere Schritte. Es öffneten sich einzelne Blicke in das Dickicht hinein auf tiefer gelegene Gründe, welche zwischen den übrigen Pflanzen malerisch vertheilte Palmen zierten. Über einem winzigen Igarapé führte ein geländerloser Strohsteg, im Hintergrund erhob sich eine mauritienuntermischte Pflanzengruppe – es war ein künstlerisch vollendetes Bild. Noch mußten wir durch eine Capoeira, in welcher Miconien baumförmige, großblätterige Mealstomaceen wuchsen.«

Plötzlich hören sie inmitten dichten Grüns ein mächtiges Rauschen, noch bevor sie etwas erspähen können: »Dann endlich war das Ziel unserer heutigen Wanderung erreicht, die Cachoeira (Wasserfall) de Tarumá, an welche sich eine indianische Loreleysage knüpft. Schleiergleich wallte der Wasserfall von bedeutender Höhe über eine Sandsteinkante senkrecht in die Tiefe. Unten, da wo die zerstäubenden Wasser aufschlugen, war ein Chaos großer, dichtüberwachsener Felsblöcke entstanden, ringsum von der reichsten Vegetation, von schweigendem, dunkel ernstem Urwald umschlossen. Gerade gegenüber den stürzenden Fluthen ragte majestätisch ein prachtvoller Riesenbaum empor. Den Fuß des mächtigen, weit hinauf astfreien Stammes schmückte ein Kranz langblättriger Anthurien, die

Mitte ein Gürtel von Philodendren mit herzförmigen Blättern; erst hoch oben entwickelte sich die imposante Laubkrone. Links von diesem strebte ein anderer Baumriese in die Höhe mit schirmartig gebreitetem Laube; ihm fehlte zwar der reiche Araceenschmuck, doch war er über und über mit senkrechten Lianengewinden und Luftwurzeln, wie mit dem Tauwerk eines Schiffes, behangen. Wir lagen oben am Rande des Abgrundes neben dem Wasser, welches ruhig seinem jähen Falle zufloß, blickten hinunter auf dieses Stein- und Pflanzenchaos und konnten uns nicht satt sehen an dieser wunderbaren, einzig schönen Tropennatur.«

Therese von Bayern sammelt nicht nur emsig Insekten, Vögel, Säugetiere, Pflanzen, Steine, Gebrauchs- und Kultgegenstände der Indianer, sogar Mumien, sie zeichnet und aquarelliert auch und fotografiert mit einer damals hochmodernen Ausrüstung alles, was ihr bemerkenswert erscheint, darunter Landschaften, mumifizierte Schädel, Indianerhütten, Ochsenfuhrwerke, bäuerliches Gerät, Kaffeeplantagen, Flüsse, Mammutbäume und vieles mehr. Und sie erwirbt ein »Canoa«, ein langes Einbaumboot aus Amarelloholz, das später eine Zierde des Anlegers ihrer Villa in Lindau sein wird.

Am brasilianischen Kaiserhof

Nachdem Therese und ihre Reisegesellschaft den oberen Amazonas und die Gebiete entlang des Rio Negro erkundet und ausgiebig Objekte gesammelt haben, geht es auf einem Dampfer zurück nach Pará und von dort auf einem Schiff entlang der Atlantikküste nach Süden bis Rio de Janeiro. Was als gut organisierte und relativ entspannte Schiffsreise gedacht war, erweist sich allerdings als gefährliches Abenteuer. Denn an der Ostküste Brasiliens befindet sich eine heimtückische Sandbank, die das Passieren zu einem Vabanquespiel macht. Therese erinnert sich: »Unser armes, kleines Dampfschiff mußte mitten durch eine haushoch kochende und wirbelnde Brandung hindurch. Es rollte und stampfte, ächzte und krachte auf unbeschreibliche Weise. Bald bäumte sich sein Bug hoch empor, bald drehte sich eines der Räder über unseren Köpfen in der Luft. Bald meinte man, der Kiel müsse im Wellenthal aus Wassermangel auflaufen, im nächsten Augenblick erwartete man zu kentern, dermaßen legte sich das Schiff auf die Seite; endlich hatte es den Anschein, als ob das arme zerbrechliche Ding über diesem tollen Herumgeworfenwerden aus allen Fugen gehen müsse. Im wilden Toben und Tosen der aufgeregten Elemente verhallte die Donnerstimme des Kapitäns meist ungehört. [...] Wir saßen auf Deck und klammerten uns mit allen Kräften an, um nicht über Bord zu gehen.«

Auch die Erkundungen im Bergland von Brasilien, in den Provinzen Espirito Santo, Minas Gerais und São Paulo, erweisen sich als schwierig und anstrengend. Therese stößt bei den Einwohnern der Dörfer auf misstrauische Antipathie, will man doch nicht glauben, dass es sich um eine Dame handelt, die auf einem Pferd durch den Urwald reitet und Insekten sammelt. Vielmehr vermuten die Einheimischen einen verkleideten Ingenieur mit dunklen Absichten und behandeln die Prinzessin entsprechend abweisend. Einmal stürzt Therese vom Pferd und zieht sich Prellungen und einen Rippenbruch zu. Ein andermal entgeht die Reisegruppe im Urwald knapp einer Mure aus Bäumen, Strauchwerk und Erdreich. Mückenschwärme fallen über die Reisenden her, nachts können sie nur unter einem Moskitonetz Schlaf finden – immer in Angst vor Malaria und anderen Tropenkrankheiten. Die bayerischen Globetrotter nächtigen zum Teil in einfachsten Hütten, an deren Wänden Geckos, Fledermäuse und Spinnen sitzen, was die wissenschaftsbegeisterte Prinzessin jedoch weniger schaudert als freut: Denn selbst hier kann sie erstaunliche Entdeckungen machen, etwa die einer »sehr langbeinigen, ockergelben Krabbenspinne von 2,4 cm Körperlänge«. Nicht immer entspricht das, was Therese zum Essen vorgesetzt bekommt, den Gewohnheiten bayerischer Hausmannskost. So isst sie einmal gebratenen Affen, ein andermal Papagei, Schildkröte und einen langschwänzigen Tatu, ein brasilianisches Gürteltier, das, so Therese, »uns trotz seines etwas süßlichen Geschmackes ebenfalls mundete«.

Weit bessere Küche, aber auch kulturelle Abwechslung bietet ein Empfang am brasilianischen Kaiserhof in Rio de Janeiro. Dom Pedro II. und seine Frau Teresa, eine Jugendfreundin von Thereses Mutter Auguste, herrschen als aufgeklärte Monarchen über das Riesenreich. Vor allem Dom Pedro ist als umfassend gebildeter, polyglotter, humanistisch gesinnter Mann bekannt, der per Dekret die Sklaverei in Brasilien abgeschafft hat. Mit ihm verbringt die gelehrte Wittelsbacherprinzessin anregende Abende. »Er ist«, schreibt sie enthusiastisch, »ein lieber, reizender alter Herr, so gescheidt u. unterrichtet u. dabei so wohlwollend, daß einem das Herz aufgeht. Er gibt mir gelegentlich Unterricht in indianischen Sprachen u. hat mir heute deutsch vorgelesen, indessen ich seine arabische Lectüre in Augenschein nahm.«

Als im Jahr darauf, 1889, das brasilianische Militär putscht und Dom Pedro ins Exil nach Paris geht, ist Therese von Bayern zutiefst betrübt: »[Dieses] Attentat auf den Kaiser von Brasilien ist recht arg, fast unglaublich in einem Land, in welchem mehr Freiheit als irgendwo in Europa u. auch traurig, da es den äußerst gemüthlichen, patriarchalischen Verkehr zwischen Fürsten u. Volk, wie ich ihn dort beobachtet, vielleicht einschränken wird.«

Freilich verrät solch eine Äußerung auch einiges über Thereses idealistische Vorstellung des Verhältnisses von Fürsten und Volk. Die Wittelsbacher gelten im 19. Jahrhundert als eines der liberalsten Herrscherhäuser der Welt. Als in der Revolution von November 1918 auch der bayerische Königsthron stürzt, schmerzt das Therese sehr, weniger wegen ihres Bruders, König Ludwig III., als vielmehr wegen der gewaltsamen Beendigung der Idee des volksnahen Herrscherhauses Wittelsbach.

Kaum aus Brasilien zurück, macht sich Therese an die Aufbereitung der Forschungsreise: Die mitgebrachten Objekte werden bestimmt und katalogisiert, hierzu werden auch Expertisen von Fachleuten der Universität und der Akademie der Wissenschaften eingeholt. Sie ordnet ihre Notizen, Zeichnungen und Fotografien und macht sich mit dem Ziel einer Buchpublikation an die Ausarbeitung.

Zum Popocatépetl

Zugleich bereitet Therese bereits die nächste Forschungsreise vor: 1893 besucht sie die Weltausstellung in Chicago und unternimmt von dort eine Fahrt westwärts, durch die Great Plains zu den Rocky Mountains. Sie besichtigt den Yosemitepark mit seinen Mammutbäumen und den Grand Canyon, wo sie andächtig in die Tiefe blickt: »Wir saßen stundenlang am Rand des Abgrundes u. konnten uns nicht satt sehen. Wir bewunderten dieses Naturschauspiel bei Mondschein, bei Sonnenaufgang, Sonnenuntergang u. in Gewitterstimmung.«

Weiter geht es nach San Francisco und von dort südwärts nach Mexiko. Sie besucht Mexiko-Stadt, die präkolumbianischen Ruinen von Mitla und versucht sogar, den fast fünfeinhalbtausend Meter hohen Popocatépetl zu besteigen. Allerdings muss die durch Krankheit geschwächte Prinzessin vor Erreichen des Kraterrandes umkehren:

»Bald hatten wir die Baumgrenze hinter uns, dann folgte die alpine Region, welche durch ganz Nordamerika sehr schmal ist [...], dann kam eine Zone von Asche u. Lava u. endlich die Region des ewigen Schnees. Hier verließen wir die Pferde. [...] eine Wanderung auf dem hartgefrorenen Schnee, in welchen Stufen eingehauen werden mußten, konnte nicht lange durchgeführt werden. Herzschmerz verursachte es immerhin, die letzten drei Stunden bis zum Kraterrand nicht erklimmen zu sollen. Doch waren wir über 15000' [Fuß; ca. 4500 Meter] hoch u. hatten eine riesige Aussicht. Die Dünne der Luft empfanden wir mehr im Rancho als im Gebiet des ewigen Schnees; Herzklopfen, Athemnoth, Schwächegefühle sagten uns, daß wir eine in Europa kaum zu erreichende, am höchsten Punkt eine in Europa überhaupt nicht existierende Höhe erreicht hatten. In

6 Stunden waren wir wieder im Thal unten mit dem Bewußtsein, ein ungemein großartiges Naturschauspiel genossen zu haben, eine Erhabenheit der Bergnatur, welche sich wohl nicht so leicht wiederfinden dürfte.«

Auf Alexander von Humboldts Spuren

Vor allem die lateinamerikanischen Länder haben es Therese von Bayern angetan, und so reift schon damals in ihr der Gedanke, nach Brasilien und Mexiko auch die ihr noch unbekannten Länder der südamerikanischen Westküste zu bereisen. Wieder gehen der Expedition jahrelange Studien und Vorbereitungen voraus. 1898 ist es schließlich so weit: Die bereits im achtundvierzigsten Lebensjahr stehende Prinzessin macht sich erneut auf. In Bordeaux schifft sich die kleine Reisegesellschaft – neben Therese und einer Gesellschafterin der Freiherr Albert von Speidel, der sich bereits in Brasilien bewährt hat – ein und überquert den Atlantik. Die Tour geht über die Kleinen Antillen, Caracas und Cartagena – mit einem Abstecher ins Landesinnere, nach Bogotá – nach Panama. Dort überqueren sie den Isthmus (der Panamakanal wird erst 1914 eröffnet werden) und fahren von dort auf einem Schiff südwärts an der Küstenlinie von Ecuador, Peru und Chile entlang. Auch auf dieser Tour werden Expeditionen ins Innere des Kontinents unternommen, etwa zum 6267 Meter hohen Chimborazo in Ecuador. Nicht nur hier bewegt sich Therese von Bayern auf den realen und geistigen Spuren Alexander von Humboldts, der knapp neunzig Jahre zuvor versucht hat, den Berg als erster Mensch zu besteigen und kurz vor dem Gipfel aufgeben musste. Prinzessin Therese wagt nach dem gescheiterten Versuch, den Popocatépetl zu erzwingen, kein zweites Mal ein solches Unternehmen. Sie bewundert den Chimborazo von einer Passhöhe aus: »Um 8 Uhr ragte das weiße Firnhaupt des Chimborazo, vollständig wolkenlos, gigantisch in die nebelgedämpfte Mondnacht hinein.«
Auch das Landesinnere von Peru wird bereist. Besonders

skurril nimmt sich ein Objekt aus, das die Prinzessin den Indianern abkauft: die Mumie eines etwa zwanzigjährigen Mannes vom Totenfeld von Ancon. In einem Gasthaus in Lima muss Therese ihre Kammer mit diversen mitgeführten Grabfunden teilen: »Die folgenden fünf Tage bis zu unserer endgültigen Abreise von Lima wohnte und schlief ich wie in einem Beinhaus, mit 32 Totenschädeln im Zimmer. Die Mumien hingegen mußten des Geruches wegen im Hof und auf dem Gange Platz finden.«

Über die Pässe der Anden geht es zum dreitausendachthundert Meter hoch gelegenen Titicacasee an der Grenze zu Bolivien. Von hier aus reist die Gruppe mit der bereits damals existierenden Hochlandeisenbahn nach La Paz, von dort weiter in den Süden Boliviens und über knapp viertausend Meter hohe Andenpässe zurück an den Pazifik, nach Chile. An der Küste entlang geht es von Antofagasta über Caldera nach Valparaiso, von hier aus landeinwärts, erneut über die Anden nach Argentinien und quer durch die Pampa-Steppe nach Buenos Aires, wo sich die bayerische Reisegesellschaft einschifft, um nach Europa zurückzufahren.

Auch von dieser Expedition bringt Prinzessin Therese Hunderte von Objekten für die naturkundlichen Sammlungen Münchens mit: »Ich hatte das befriedigende Bewußtsein, nicht umsonst gereist zu sein.«

Doch sie hat sich nicht nur ihrer Sammelleidenschaft hingegeben. Vielleicht tiefergehend sind die Einsichten, die sie auf ihren langen Reisen durch vermeintlich rückständige und »unterlegene« Länder und Kulturen gewonnen hat: »Der Kulturmensch […] ahnt nicht, wie wenig man eigentlich zum Leben braucht und wie wohl es tut, wieder einmal all die entnervenden Verfeinerungen unserer modernen Überkultur abzustreifen und, auf eigene Kraft angewiesen, unterzutauchen in dem ewig frischen, stählenden Born eines freien Naturlebens.«

Die Prinzessin ist mit dieser Zivilisationsmüdigkeit nicht allein, schießen doch um 1900 verschiedenste Reformbewegungen aus dem Boden, die in Lebensgestaltung, Kunst und Architektur eine Wiederannäherung des Menschen an seine natürlichen Wurzeln suchen.

Akademische Ehrungen

Ihre Forschungsreisen und -berichte haben die prominente Prinzessin inzwischen auch in höchsten akademischen Kreisen bekannt gemacht. Einen Teil ihrer Objekte verkauft Therese den naturwissenschaftlichen Sammlungen Münchens. Hinzu kommen ihre wissenschaftlichen Publikationen, deren umfangreichste der zweibändige, 1908 erschienene Bericht *Reisestudien aus dem Westlichen Südamerika* ist. Mehrere Pflanzen- und Tierarten wurden sogar nach ihrer Entdeckerin benannt, so die Salbeiart »Salvia Theresae«, die »Macairea Theresiae«, das Nachtschattengewächs »Solanum theresiae« und die »Miconia theresiae«. Aber auch zahlreiche andere Pflanzen-, Insekten- und Fischarten verdanken der Wittelsbacherin ihre Entdeckung und Bestimmung. In einem großen Saal der Münchner Residenz stellt Therese ihre Sammlungen aus. 1892 wird sie als erste Frau zum Ehrenmitglied der Königlich Bayerischen Akademie der Wissenschaften ernannt. Hierbei nützt die Akademie eine Satzungslücke: Zwar verbieten die damaligen Statuten die Aufnahme von Frauen als ordentliche oder korrespondierende Mitglieder, nicht aber als Mitglieder honoris causa. Freilich dürfte die Zeitgenossen eher Thereses gesellschaftlicher Rang als ihre wissenschaftlichen Leistungen dazu bewogen haben, ihr die Ehrenmitgliedschaft anzutragen. Fünf Jahre später erhält die Prinzessin zudem die Ehrendoktorwürde der Ludwig-Maximilians-Universität München – als erste Frau überhaupt. Die Urkunde erwähnt in lateinischer Sprache Thereses »in vortrefflichen Büchern erwiesene Kenntnis auf dem Gebiet der Naturwissenschaften«. Zudem tragen in jenen Jahren wissenschaftliche Gesellschaften in München, Berlin, Wien, Nürnberg, Bamberg, Bern und Paris der bayerischen Prinzessin die Ehrenmitgliedschaft an und laden sie als Referentin zu Kongressen ein.

Als im Dezember 1912 Prinzregent Luitpold im hohen Alter von einundneunzig Jahren stirbt und 1913 Thereses Bruder Ludwig anstelle des umnachteten Otto zum König proklamiert wird, ist das für die Prinzessin mit großen inneren und äußeren Veränderungen verbunden. Sie ist schmerzlich berührt über die Art und Weise, wie der kranke, nach ihrer Meinung aber rechtmäßige König Otto seiner Würde beraubt wurde. Außerdem muss sie ihre Wohn- und Repräsentationsräume in der Münchner Residenz aufgeben und zieht wieder in das Palais Leuchtenberg. Ihre wissenschaftliche Sammlung nimmt sie mit.

Ihrer Position als Tochter und Vertrauten des Prinzregenten verlustig gegangen, beginnt Therese zu vereinsamen. Sie ist zunehmend enttäuscht und desillusioniert: wegen der Annahme der Königswürde durch ihren Bruder Ludwig, wegen des sinnlosen Ersten Weltkriegs und wegen des Todes ihres geliebten Herzensfreundes Otto. 1918/19 erlebt sie den Sturz des Hauses Wittelsbach, die Ausrufung der bayerischen Republik und die Wirren der Räterevolution zurückgezogen in ihrer Villa Amsee. Doch auch dort ist sie vor Nachstellungen durch Revolutionstruppen nicht sicher. Als sie von München kommend mit dem Zug in Lindau einfährt, wird ihr Waggon von Spartakisten mit Maschinengewehren beschossen. »Die Kugeln«, erinnert sie sich, »prasselten wie Hagelkörner auf das Dach unseres Waggons, u. als ich vom Abtheil hinaus auf den Gang treten wollte, um zu erfahren, was überhaupt los sei, sah ich alle Mitpassagiere in diesem platt auf dem Boden liegen. Der Anblick war derart komisch, daß ich lachen mußte u. erst die barschen Worte eines durchpatrouillierenden Unteroffiziers mich vermochten, wieder das sichere Coupé aufzusuchen.« Ein andermal »kam eine Kommission, meine Villa auf versteckte Handgranaten zu untersuchen«.

Ihre persönliche Einstellung zu den Umbrüchen jener Zeit umreißt sie so: »Ich habe mein ganzes Leben lang nicht an meiner prinzlichen Stellung gehangen; sie war für mich nicht

Freude gewesen wie für manche Andre, im Gegentheil, ich hatte sie immer als Last empfunden, u. nur das Pflichtgefühl veranlaßte mich, diese Bürde gewissenhaft zu tragen. [...] Für mein ureigenstes Wesen empfand ich den Verlust meiner bisherigen Stellung eher als Gewinn, als Erlösung. Aber für meine Familie kränkte mich die Umwälzung zutiefst; tausendjährige Bande, die Fürst u. Volk verbinden, können nicht zerrissen werden, ohne schmerzliche Wunden zu hinterlassen.«

Ihre Einstellung zur Republik ist gespalten: »In der Theorie schien mir die republikanische Staatsform immer die idealste [...]. Aber da die Menschen nicht vollkommen sind, stellt sich die Sache in der Praxis ganz anders. Nicht der Beste u. Fähigste kömmt meist an die Spitze, sondern oft Irgendeiner, den Parteiinteressen [...] aus der Menge herausheben. Und dann geht in einer Republik eine Unzahl erhebender Momente u. edler Gefühle verloren, Gefühle der Anhänglichkeit, Treue u. Liebe gegen das angestammte Fürstenhaus [...].«

Fremd und desillusioniert, aber keineswegs unverständig steht sie der neuen Zeit gegenüber. Die Sorge ihrer letzten Jahre gilt ihren Sammlungen. Sie vermacht sie der Bayerischen Akademie der Wissenschaften und dem Völkerkundemuseum, denn in einer Zeit, in der, wie Therese schreibt, die Devise gilt »nur fort, fort mit dem alten Gerümpel!«, sind »nur in Staatshänden [...] die Dinge von geschichtlichem oder wissenschaftlichem Werth sicher u. erhaltend gewahrt, u. mehr denn je bemühte ich mich, aus dem allgemeinen Schiffbruch noch zu retten, was zu retten war«.

Leider werden im Zweiten Weltkrieg Teile der Sammlung durch Bomben zerstört. Aber das Wissen um zoologische, botanische und ethnologische Zusammenhänge, das Therese von Bayern, der »weibliche Humboldt«, unermüdlich zusammengetragen hat, bleibt zum Glück erhalten.

Therese stirbt am 19. September 1925 in der Villa Amsee in Lindau. Ihre sterblichen Überreste werden fünf Tage später in der Wittelsbacher Gruft der Münchner Theatinerkirche bestattet. In den folgenden Jahrzehnten gerät ihr Name zunehmend in Vergessenheit. Erst 1997 wurde ihrer mit einer Ausstellung zum hundertjährigen Jubiläum der Verleihung der Ehrendoktorwürde durch die Ludwig-Maximilians-Universität München wieder gedacht. Zugleich wurde eine nach Therese von Bayern benannte Stiftung zur Förderung von Frauen in der Wissenschaft gegründet. Licht ins biografische Dunkel brachte außerdem die Germanistin Hadumod Bußmann mit ihrer Lebensbeschreibung Thereses unter dem Titel *Ich habe mich vor nichts im Leben gefürchtet* (2011), worin sie zahlreiche bislang unzugängliche Materialien und Dokumente aus dem Nachlass der Prinzessin ausgewertet hat. Erst jetzt wird das ganze Spektrum Thereses von Bayern deutlich, nicht nur in ihrem wissenschaftlichen Wirken, sondern auch in ihren – zum Teil tragischen – Lebensumständen.

7 Hermione von Preuschen (1854–1918)
Skandalumwitterte Muse des Kaiserreichs

Lichtenrade bei Berlin an einem lauen Sommerabend im Juni 1911. Der kleine Ort südlich der Hauptstadt, damals noch eigenständige Gemeinde, ist in heller Aufregung: Wo sonst behäbige märkische Stille dämmert, ein paar brandenburgische Bauern ihr Vieh auf die Weide treiben und wenige Villenbesitzer die Beschaulichkeit des Landlebens genießen, herrscht reger Andrang. Kutschen und Automobile fahren in langen Reihen durch die Prinzessinnenstraße, die kaum mehr als ein Feldweg ist. Die Bewohner trauen ihren Augen nicht: Hunderte von Menschen pilgern zu einem Anwesen, das hell erleuchtet ist. Am Eingang des großen Gartens steht ein indischer Diener in Volkstracht, der die geladenen Gäste namentlich empfängt. Fackeln und bengalische Feuer erhellen den abendlichen Park. Fremdartige Musik spielt. Indische Speisen und Getränke werden aufgetragen. Über dem Tor hängt ein Schild mit dem Namen des Anwesens: »Tempio Hermione« – »Tempel der Hermione«.

Doch wer ist Hermione? Und wohin strömen die Menschenmengen an jenem Abend? Nicht etwa in das Haus, sondern zu einer hell erleuchteten, großen Atelierhalle im hinteren Teil des Parks. Antike Abgüsse sind dort in die Wände eingemauert, und die Giebel der Halle sind mit einem Fries tanzender Mänaden verziert. Zu beiden Seiten der bronzenen Eingangstür wachen zwei Sphinxen. Die Besucher strömen durch die offen stehenden Türflügel. Drinnen erwartet sie eine Gemäldeausstellung. Es sind Reiseimpressionen der Gastgeberin, die ein halbes Jahr in Indien, Birma und auf Ceylon zugebracht hat.

Baronin Hermione von Preuschen steht damals auf dem Höhepunkt ihres Ruhmes. Als Dichterin und Malerin ist sie im wilhelminischen Kaiserreich eine skandalumwitterte Größe – nicht nur wegen ihrer opulenten indischen Feste, die sie in der märkischen Sandheide gibt und zu denen alles herbeiströmt, was im Berliner Gesellschaftsleben Rang und Namen hat.

Und dennoch: Trotz aller Erfolge, trotz allen Aufsehens legt die Künstlerin gegen Ende ihres Lebens das entblößende Geständnis ab: »Was wollte ich eigentlich? Ruhm und Liebe? Warum fand ich sie nicht? War nicht die Liebe tausendmal wertvoller als der kalte Ruhm?«

Wirkung auf Männer

Doch wer war diese extravagante Frau, über die der mit ihr befreundete Schriftsteller Hermann Sudermann urteilte: »Die Hermione mit ihren tollkühnen Reisen und ihrer Rastlosigkeit ist eigentlich ein Naturwunder. – Wann bekommt die je genug?«

Selbst der anarchistische Publizist Erich Mühsam, dessen Beziehungen zu Frauen von Machoallüren geprägt und belastet sind, kann sich dem eigentümlichen Zauber der Baronin offenbar nicht entziehen, als er eines Tages in Charlottenburg Besuch von der geheimnisvollen Frau erhält:

»Einmal überraschte mich der Besuch einer nicht mehr jugendlichen, merkwürdig angezogenen, etwas exzentrisch anmutenden Dame, die von mir die Adresse eines Bekannten verlangte. Ich wußte noch nicht, mit wem ich es zu tun hatte, lud sie aber ein, mit mir Kaffee zu trinken, da mich der beredsame Enthusiasmus anzog, mit dem sie von ihren eigenen dichterischen und malerischen Werken sprach. Es war Hermione von Preuschen. Das sehr lebhafte Gespräch endete ganz plötzlich. Sie stand völlig übergangslos vom Tisch auf, gab mir die Hand und sagte: ›Ich werde noch einmal zu Ihnen kommen; dann werde ich mich entscheiden, ob ich Sie auch zu mir einladen werde.‹ Darauf ging sie. Es war meine einzige Begegnung mit dieser seltsamen und, wie ich glaube, bedeutenden Frau.«

Hermione von Preuschen wird am 7. August 1854 in Darmstadt geboren. Sie entstammt einer alten hessischen Adelsfamilie, der es aus finanzieller Not schwerfällt, nach außen den Schein der Gutsituiertheit aufrechtzuerhalten. Früh empfindet die heranwachsende Hermione den Widerspruch zwischen Konvention und Realität und fühlt sich der überkommenen Welt des Adels entfremdet. In ihren Lebenserinnerungen, die erst nach ihrem Tod erscheinen, schreibt sie: »Schrecklich empfand ich mit der Zeit unsere ›Geheimratswirtschaft‹, den Widerspruch von Sein und Schein in unserm Leben. Es kam alles darauf an, der ›Welt‹ Sand in die Augen zu streuen. Hofbälle und kostbare Straßenkleider! [...] Einen unvorhergesehenen Besuch zu Tisch zu bitten, wäre eine Unmöglichkeit gewesen, dagegen gab es große Gesellschaften, mit wochenlangen Vorbereitungen (täglich verdoppelter Krummstreckung) und vornehmen Lohndienern. Oder aber alles auf den Kopf stellende Logierbesuche. Bei Gästen war unser Tisch berühmt, für uns vier allein war er sehr spärlich. Ich erregte einmal das Entsetzen meiner Mutter, als ich ihr erklärte, noch niemals satt geworden zu sein.«

Halb backfischhafte Schwärmerei, halb dunkle Sehnsucht nach einem freien und intellektuell selbstbestimmten Leben veranlassen die heranwachsende Frau, Briefkontakt zu verehrten Dichtern zu suchen und auch erste Verse beizulegen. Viktor von Scheffel schickt ihr ein Widmungsgedicht und lädt sie mehrmals zu sich nach Hause ein, und auch Theodor Storm antwortet ihr und ermuntert sie anfänglich auf ihrem literarischen Weg: »Ich wundere mich, daß Sie schon so scharf den Regungen der menschlichen Psyche zu folgen vermögen. Aber schreiben Sie noch nicht, oder vielmehr, lassen Sie nicht eher drucken, als bis Sie schon genügende Lebenserfahrung gesammelt haben. Ihr lyrisches Talent ist groß und eigenartig und berechtigt zu den größten Erwartungen.«

Doch nicht nur zur Lyrik fasst die junge Frau eine tiefe Liebe. Sie zeigt auch Talent im Malen und Zeichnen und besucht eine

Kunstschule in Karlsruhe. Und eine dritte Leidenschaft erwacht: das Reisen. Anfänglich wegen bescheidener Geldmittel nur innerhalb Deutschlands und in die wichtigsten Metropolen Europas: London, Paris und Rom. Sie nutzt die Reisen nicht nur zur künstlerischen Inspiration, sondern auch, um die Größen des Geisteslebens kennenzulernen. Bald zählen daher die Schriftsteller Paul Heyse, Elisabeth von Heyking (eine Enkelin Bettine von Arnims), Hermann Lingg, Henrik Ibsen und der Komponist Franz Liszt zu ihren Bekannten. Und nicht immer sind diese Begegnungen frei von erotischer Projektion, zumindest von Hermiones Seite. Noch ihre Lebensrückschau vibriert hiervon. Über die Begegnung mit Franz Liszt, die sie sich ziemlich dreist erzwungen hat, schreibt sie schwärmerisch und sicherlich nicht frei von Zutat: »In der Villa d'Este hatte ich übrigens im Herbst [...] den Abbé Liszt überfallen. Ich hatte von drunten auf der Altane sein weißes Haar über einer schwarzen Soutane flattern sehen. ›Wer ist das?‹ frug ich die Kastellanin. ›L'Abbé Liszt!‹ – ›Hier bringen Sie ihm meine Karte.‹ – Und ich wurde hinaufgeführt – er war sehr huldvoll, denn ich war jung. Stundenlang blieb ich dort, und er phantasierte mir vor!«

Faszinosum Tod

Hermione von Preuschen weist nicht nur einen Hang zu Pathos und Melodramatik auf, sie schätzt auch das Morbide. Als sie 1886 in München den Leichnam König Ludwigs II. offen aufgebahrt sieht, ist sie davon geheimnisvoll angezogen. In ihrer Malerei verwendet sie oft todestrunkene Motive. Gerne wählt sie mythologische und historische Themen und gilt in Fachkreisen als »Begründerin des historischen Stilllebens«, der Genreszene aus dem Leben historischer und mythologischer Persönlichkeiten. Bilder wie *Kirke und die Schweine*, *Das Lager der Kleopatra* oder *Lebenssphinx* gehören zu diesen Schöpfungen.

Ein handfester Skandal verhilft der Malerin zum Durchbruch

auf dem Kunstmarkt. 1887 wird ihr Gemälde *Mors Imperator (Der Tod als Kaiser)* vom Vorstand der Berliner Kunstakademie abgewiesen. Man versteht das Bild – das den Tod mit Krone, Szepter und Krönungsmantel zeigt, der verächtlich einen Thron vom Sockel stößt – als böswillige Anspielung auf den greisen Kaiser Wilhelm I. und auf die Brüchigkeit der Monarchie. Selbst eine Erklärung des Kaisers, er nehme keinen Anstoß an dem Gemälde, führt nicht dazu, dass die Entscheidung rückgängig gemacht wird. Geschäftstüchtig nutzt Hermione von Preuschen den Eklat und mietet einen Ausstellungsraum in der Berliner Markgrafenstraße. Der Erfolg ist durchschlagend, denn alle Welt will das skandalträchtige Gemälde sehen. Von da an verkauft Hermione von Preuschen ihre Bilder zu Höchstpreisen. Über Nacht ist sie eine Berühmtheit geworden – und reich dazu. Im Rückblick sieht sie den auf einem Eklat fußenden Ruhm jedoch zwiespältig. Zeitlebens ist sie mit dem Klischee der »Malerin des *Mors Imperator*« behaftet:

»Ich habe es nicht richtig angefaßt, es ist mir alles wieder entglitten, und der große Sensationserfolg von *Mors Imperator* erweist sich heute als der Fluch meines Lebens. Er räumte mir eine Ausnahmestellung als ›Außenseiter‹ ein. […] Damals aber war ich in aller Munde. Wie mir das zu Kopfe stieg! Ich erinnere mich noch, daß die Bürgersteige vom Potsdamer Platz bis zur Markgrafenstraße voll der gelben Papierchen lagen … den Eintrittskarten zu meinem Bild. […] Ja, wie ein Rausch stieg mir jene Zeit zu Kopfe. Aber sie wurde mir zum Fluche. Trotzdem habe ich allein mit der Ausstellung von *Mors Imperator* im Laufe von fünf Jahren über fünfzigtausend Mark verdient.«

Lyrische Schreie

Einen ähnlichen Skandalerfolg, der sie ebenfalls auf ein Klischee festlegt, erringt sie mit ihrem ersten Gedichtband *Regina vitae (Lebenskönigin)* von 1888. Es sind Verse einer weiblichen Seele, die sich selbstquälerisch nach Liebe verzehrt und dabei auch erotisches Verlangen offen ausspricht, so beispielsweise das Gedicht *Blitzstrahl*:

»Bei des Orkanes Toben/möcht' ich im Walde gehn,/vom wilden Sturm gehoben/auf schroffe Bergeshöh'n.//Ich hört' den Donner dröhnen,/rings mit Titanenmacht,/und banger Windsbraut Stöhnen/führ' durch die Tannennacht.//Und ließen Blitzesflammen/das Aug' erblinden mir – / wir kämen doch zusammen,/ich fände mich zu Dir!//Wir hielten uns umschlungen,/trotz aller Stürme Macht,/zum Glück emporgedrungen/ aus tiefsten Leidens Nacht.//Und dann ein Blitz, zerstörend/ das schrankenlose Glück –/Tod bringend und erhörend:/der höchste Augenblick.«

Besonders Leserinnen fühlen sich von dieser Dichterin angesprochen und verstanden. Und auch angesehene Kritiker sind voll des Lobes. Georg Brandes etwa schreibt:»Das Ganze ist ein einziger cri du cœur [Herzensschrei].«

Und Friedrich Spielhagen, ein damals anerkannter Autor, urteilt über einen späteren Gedichtband Hermione von Preuschens enthusiastisch:»Ein starker Band Lyrik, die sich zum Besten gesellt, was unsere neuere Lyrik hervorgebracht. Ja, es finden sich nicht wenige Gedichte darunter, die ich keinen Anstand nehme, in ihrer Art unübertrefflich zu nennen. Etwas entschieden Krankhaftes haben freilich diese Poesien, die von den Schattenseiten des Lebens so viel, so sehr viel zu sagen wissen.«

Das erotische Element wird im Laufe der Jahre in Hermione von Preuschens Lyrik immer stärker, ihr Ruf nach körperlicher Erfüllung immer lauter – keineswegs selbstverständlich in der wilhelminischen Zeit, die in puncto Erotik, noch dazu weiblicher Erotik, eher verklemmt und verstockt ist.

»Wie ein assyrischer König/kamst du in purpurner Nacht,/ schmiegtest die bräunlichen Glieder/zärtlich an Lilienpracht.// Deine metallische Stimme/rief mich ins Leben zurück,/wie ein assyrischer König/kommst du und zwingst mich ins Glück.«

Freilich sind nicht alle Kritiker von diesen Versen angetan. Ausgerechnet Theodor Storm, der seine Bewunderin einst zum

Schreiben ermutigte, und dem *Regina vitae* gewidmet ist, übt harsche Kritik und wendet sich von ihr ab:

»Meine liebe böse junge Freundin!

Sie haben mir mit Ihren Gedichten einen großen Schmerz verursacht. Hätte ich die Gedichte vorher gekannt, ich hätte die Widmung nimmer angenommen. Das sind ja keine abgerundeten, harmonischen kleinen Kunstwerke. – Jedes Lied darin ist ein ungebändigter verwerflicher Naturschrei, und ich bin tief darüber erschrocken. Wie können Sie diese Ausbrüche elementarer Leidenschaft mir, dem abgeklärten Lyriker widmen?

Gewiß, Ihr Talent ist ein großes, gewaltiges, es berechtigt eben darum zu den höchsten Anforderungen.«

Will man heute Hermione von Preuschens Lyrik gerecht beurteilen, darf man nicht nur literarästhetische Kriterien anführen. Die Gedichte mögen zum Teil unausgereift sein, aber in Storms Kritik schwingt auch Unverständnis gegenüber der damals »modernen« Lyrik mit. Ein typisches Generationenproblem also. Und Storms Kritik lässt außer Acht, dass diese Lyrik nicht nur persönlich-intimer Ausdruck einer einzelnen unverstandenen Frauenseele ist, sondern auch Spiegelbild der wilhelminischen Gesellschaft, deren unterbewusste Strömungen von unterdrückter Erotik und mythologisch verbrämten Gewaltfantasien geprägt waren. Freilich war jener Zeit unmittelbar vor Sigmund Freuds *Traumdeutung* solch eine Analyse noch fremd. Viele Zeitgenossen sahen in Hermione von Preuschens Werk eher eine Bestätigung eigener Ästhetik denn das Symptom verdrängter und sublimierter Wünsche.

So ist es nicht verwunderlich, dass Kaiserin Victoria, Ehefrau Friedrichs III. und Mutter Wilhelms II. – selbst eine malende Dilettantin –, eine enge Freundschaft mit Hermione von Preuschen schließt. Gemeinsam sitzen die beiden Damen im Berliner Stadtschloss vor ihren Staffeleien und malen aus verschiedenen Blickwinkeln dieselben Motive und Stillleben. Die Kaiserin porträtiert sogar die Untertanin – welch hohe Ehre! Hermione von Preuschen ist allem Spott aus intellektuellen Kreisen zum Trotz die Muse des Kaiserreichs geworden.

Viel unerfüllte Sehnsucht spricht aus ihren Versen. Dieser lyrische Ausdruck hat einen ganz realen Lebenshintergrund. Denn seit 1882 ist Hermione von Preuschen unglücklich mit dem Arzt Oswald Schmidt verheiratet. Sie fühlt sich von ihm unverstanden. Glaubt man ihren Briefen, schlug er sie auch.

1888 lernt Hermione von Preuschen in Tutzing am Starnberger See den gleichaltrigen Schriftsteller Konrad Telmann kennen. Die beiden verlieben sich. Telmann ermutigt die Freundin zum Schreiben und nimmt sie gegen Kritiker in Schutz. Neue Kreise eröffnen sich: Hermann Sudermann und Ludwig Ganghofer, Friedrich Spielhagen und Anton Lindner, Elisabeth Meyer-Förster und Lou Andreas-Salomé gehören zu den Freunden des Paares.

Hermiones Ehemann weiß von der Liaison und widersetzt sich einer Scheidung. Unterdessen umwirbt Telmann seine Geliebte in wortmächtigen Briefen. Hermione von Preuschen hat später diese Botschaften in Buchform herausgeben und sich gegen die Kritik des Gefühlsexhibitionismus in einem ekstatischen Vorwort verwahrt:

»Wie kann man solch ›intimste Briefe‹ der Öffentlichkeit übergeben – höre ich gar manchen sagen!

Hier meine Antwort – frei und stolz, wie ich selber bin: Weil die Welt, die an allem zweifelt, alles in Staub und Kot und Schande ziehen möchte, sehen soll, daß es noch solch eine Liebe gibt, solch eine Himmel und Höllen bezwingende, sieghaft reine Erd- *und* Himmelsliebe.

Die kein Licht zu scheuen hat bis in ihre letzten Tiefen – die die Augen stolz emporrichten kann – die euch zuruft: Schaut her – wer von euch ist solcher Liebe fähig, ihr Gefühlspygmäen [...]!«

Hermione von Preuschen ist von Telmanns ritterlicher Einstellung zu Liebe und Partnerschaft fasziniert. Er gelobt ihr Achtung vor ihren künstlerischen Neigungen und beschwört die Gleichberechtigung von Mann und Frau: »In vollster gegenseitiger Freiheit und Duldung ein tiefinnerliches, untrennbares Ineinanderleben und Miteinanderleben, das ist meine Theorie von der Ehe, wie ich sie führen möchte und, glaube ich, auch würde. [...] Mit Ihrer Menschlichkeit, ganz wie Sie sind, mit allen Ihren Eigenschaften, guten oder schlechten, mit allen Ihren menschlichen Fehlern habe ich Sie lieb, lieb von ganzem Herzen. Wissen Sie, die Tugendspiegel mag ich nicht, die langweilen mich und flößen mir Bewunderung, aber niemals Leidenschaft ein. Und die guten, braven, musterhaften, echtweiblichen Frauen mag ich auch nicht, die verehre ich, aber fühle mich durch Meere von ihnen getrennt und gähne verstohlen, wenn ich mit ihnen zusammen bin.«

1891 ist es endlich so weit: Hermione von Preuschen wird von Oswald Schmidt geschieden und kann Konrad Telmann heiraten. Diese neuerliche Ehe scheint nach dem, was die hinterlassenen Dokumente verraten, glücklich gewesen zu sein. Inwiefern freilich Hermione von Preuschen nach dem frühen Tod Telmanns diese Beziehung vor der Nachwelt idealisierte, ist nicht wirklich zu klären. Wichtig war ihr auf jeden Fall, dass Konrad Telmann in ihr die begnadete, wenngleich noch immer verkannte Dichterin und Malerin sah. In seinen Briefen richtet er die unter der Häme der Kritik leidende Frau auf: »Fasse wieder Mut und Selbstvertrauen, glaube an Dich und den endlichen Sieg; laß Dich nicht haltlos niederwerfen. [...] Deshalb darf Dich die Sache selber wohl schwer treffen und tief bekümmern, aber künstlerisch bedeutet sie *gar nichts* und darf Dich nicht irre machen und darf Dich nicht verzweifeln lassen. Dazu ist sie nicht angetan. Die Zeit wird schon kommen, wo man Dich anerkennen *muß*!«

Der Ehe ist nur kurze Dauer beschieden. Der herzkranke Konrad Telmann, der bereits die Briefe seiner Werbung um Hermione von Preuschen meist aus Kurorten wie Meran oder Menton geschrieben hat, stirbt 1897 in Rom im Alter von nur zweiundvierzig Jahren.

Die Witwe zieht nach Berlin. Sie will ganz ihrer Kunst leben – und die Reichshauptstadt beginnt damals, München den Rang einer Kulturkapitale abzulaufen.

Hermione von Preuschen ist damals eine reiche Frau. Ihre Gemälde – darunter Porträts, Landschaften, Historienbilder und Stillleben – erzielen Höchstpreise. Ausstellungen in Berlin, Paris und London werden von Zehntausenden besucht. Auch die in den folgenden Jahren mit steter Regelmäßigkeit publizierten Gedichtbände und Novellensammlungen erfreuen sich einer treuen Leserschaft. Sie mietet zunächst eine Villa im Grunewald, dann eine in Schmargendorf, und schließlich erwirbt sie ein großes Anwesen in Lichtenrade, das sie mit der Errichtung einer Atelierhalle zu einem Berliner Kunstzentrum auszubauen hofft. Über diese Zeit formuliert sie salopp: »Ich hatte überall Erfolg und Anerkennung und – Geld wie Heu. Damals verdiente ich mindestens zehn- bis zwölftausend Mark im Jahr. Und war ganz übermütig.«

Ihre Vorstellungen und Hoffnungen, die sie mit dem Umzug verbindet, erfüllen sich allerdings nur bedingt: Zwar lernt Hermione von Preuschen in »Spree-Athen« viele interessante Persönlichkeiten kennen, die diversen Richtungen der beginnenden Moderne gehen aber über ihre literarischen und künstlerischen Auffassungen und Talente hinweg. Sezession und Impressionismus, Naturalismus und Neuromantik, schließlich um 1910 auch noch der Expressionismus der ganz Jungen entwickeln Ausdrucksmöglichkeiten, die den vielfältigen, von Naturwissenschaft und Technik geprägten Lebensformen der modernen Großstadt eine adäquate Sprache verleihen. Hermione von Preuschen hat in Berlin zwar weiterhin Erfolg, doch besteht ihre Leserschaft und Klientel aus den Gesellschaftsschichten, die im Grunde abgewirtschaftet haben und die wenige Jahre später mit dem Ersten Weltkrieg und der Revolution ihre Bedeutung verlieren: aus dem Adel und den konservativen Teilen des Bildungsbürgertums.

Nicht nur die ihr fremden Strömungen der Moderne, auch die eigene Einsamkeit und ihre Sehnsucht nach Liebe und menschlicher Nähe treiben Hermione von Preuschen schließlich aus Berlin fort. Immer öfter begibt sie sich auf Reisen um den Globus. Nur noch wenige Wochen im Jahr kehrt sie an die Spree zurück, um rauschende Feste mit Hunderten von Gästen zu feiern, die immer mehr aus dem Ruder laufen. Oftmals muss sie am anderen Morgen feststellen, dass sich die Gäste freizügig an ihren Kunstgegenständen und dem Nippes »bedient« haben.

Ihre Reisen in ferne Länder und zu fremden Kulturen gleichen Fluchten – vor der Welt und vor sich selbst. Sie fürchtet den künstlerischen Misserfolg und das Alter. Sie sucht die große Liebe und das unverfälschte Leben abseits der westlichen Zivilisation. Ihre Reisen führen sie nach Italien und Schottland, nach Griechenland und Russland, zu den Quellen des Nils und ins Atlasgebirge, zum Kilimandscharo und zu den Sambesifällen, nach Sansibar und auf die arabische Halbinsel, nach Kanada und auf einem Schiff sogar bis nach Spitzbergen, in die von Menschen unberührten Zonen des ewigen Eises. Aus der Oase El Kantara in Algerien bringt sie einen Diener namens Mabronk ben Messan nach Berlin mit, der vermutlich auch ihr Bettgespiele wird, den sie aber wieder zurückschickt, als er sie einmal mit einem Dolch bedroht.

Reisen als Flucht

Hermione von Preuschen ist selbstkritisch genug, um den Fluchtcharakter ihres ruhelosen Getriebenseins zu durchschauen. In ihren Lebenserinnerungen bekennt sie: »Immer mehr fühlte ich's: nur unterwegs, wenn neue große Eindrücke auf mich einstürmen und verarbeitet werden wollen, hab' ich Ruhe vor mir selber, vor all dem Dunkeln, Rastlosen. Da fühl' ich mich nicht mehr gehetzt und verfolgt. Da hab' ich Frieden und Glück. Ach, reisen, reisen!«

Besonders von einer Reise nach Indien, Ceylon und Birma ist

sie tief beeindruckt. Ihre Erlebnisse beschreibt sie in ihrem Buch *Durch Glut und Geheimnis. Indische Impressionen* (1909). Darin zeigt sie sich als neugierige und gegenüber fremden Kulturen offene Frau, die nur selten der Arroganz erliegt, die westliche Zivilisation über die östliche zu stellen. Im Gegenteil: Unvoreingenommen betrachtet sie die ihr fremden Gebräuche und Rituale, selbst wenn sie ihr grausam und verstörend erscheinen. Sie wertet nicht und versucht vielmehr, das Fremde zu verstehen, zugleich ahnend, dass auch sie in dieser Zauberwelt immer eine Fremde bleiben wird, die allenfalls geduldet ist.

Über ihre Eindrücke in Bombay schreibt sie: »Indien ist das Land der Kontraste! Ich bin in einem der raffiniert modernsten Hotels der Welt und mich umgibt eine moderne Prachtstadt mit monumentalen Bauten im neuindisch-gotischen Stil. Es ist so zivilisiert wie in Berlin oder in Paris. Nur die herrliche Aussicht von der Loggia des Kuppelhotels finden wir nicht in Paris oder Berlin. Hunderte von ›Gezähmten‹, fast zu Gigerln verwandelten Wilden bedienen lautlos, jeden kleinsten Winkes gewärtig, beim Dinner von Austern, deutschen Spargeln und Trüffeln. Fast enttäuscht bin ich, so wohl diese Zivilisation nach südindischer Kost und vierzigstündiger Eisenbahnfahrt auch tut. Aber eine kurze Spazierfahrt beruhigt mich wieder.«

Das Hotelleben langweilt sie, daher besucht sie die Stadt, auch die Elendsquartiere, und ist gleichermaßen fasziniert wie verstört: »The native Quarters. Ich besuchte sie, durch eine Woche, mit einem hier ansässigen Konsulatsherrn, zu allen Tages- und zu vielen Nachtzeiten. Auch hier wandelt die Durga und schreit nach Blut! Eines vor allem fällt mir immer wieder auf. Wie unbekümmert und unbeeinflußt vom Europäer die Hindu ihr Leben leben und – sterben. Von Cholera, Pest und Blattern dezimiert. Es bekümmert sie kaum. Sie fretten und basteln weiter – serrez les rangs, es sind genug Menschen da – und wenn täglich tausend davon sterben. So werden sie eben verbrannt und neu geboren. Der heilige Lingham verläßt sie nicht! Und sie tanzen mit ihren teufelaustreibenden Bränden durch die Nächte aller Hochzeiten. Und der junge Bräutigam hält, hoch zu Roß, andächtig seine Kokosnuß fest, das Symbol des häuslichen Glücks – und die kleine Braut – die heiratet eben. Und wenn sie Witwe wird, was ihr oft schon mit fünfzehn und achtzehn Jahren geschieht – die Engländer haben das ›Suttee‹, die Witwenverbrennung, verboten, nun – dann geht sie eben ›in den Basar‹.«

Selbst das Dirnen- und Kriminellenmilieu wird von der deutschen Baronin voller Neugier erkundet: »Das ist der terminus technicus für ›Bajadere‹, wie die Deutschen so schön sagen. Alles andere, als in der Familie sich zu Tode schinden und unterdrücken lassen. Aller Schmuck wird ihr dort genommen, alle Freude, und sie kann doch nicht ohne diese leben. Kann man es ihr dann verdenken, daß sie da lieber eine Priesterin dieser Freude wird? Ganze Straßenzüge erfüllt das traurige Gewerbe. An jedem Fenster der kleinen Häuschen sitzt ›so eine‹ und schaut und lächelt und winkt. Und drunten flanieren die Matrosen. Fette Negerinnen, bunte, geschminkte Japanerinnen, leider auch viele ›European Girls‹ streiten mit den indischen Witwen um die Palme von Gold und Schande. Kinder dazwischen, Knaben, Jünglinge! Schöne Mädchen aus dem Süden mit Nasenringen sitzen grellbeleuchtet, wie wilde Tiere, jede in ihrem Einzelstall. Und der Vollmond versilbert alles, auch die Jagd nach Gold und Schmach. Nur daß das, was wir ›Schmach‹ nennen, dort nicht als solche aufgefaßt wird, sondern als eine berechtigte Natürlichkeit. [...] Und die Scheiterhaufen schwelen, und die Geier, die um die Türme des Schweigens kreisen, fünfhundert Parsentotengräber, werden fetter und fetter! Sie sind fast übersättigt. Nur schwerfällig erheben sie sich von den Palmkronen auf Malabarhill und schauen hinein in die fünf weißen Schweigetürme und sehen, ob die Parsenpriester ihnen frische Arbeit gebracht. Und was da wieder neu ›zu erledigen‹ ist, auf den amphitheatralischen Rosten, die das Geheimnis bergen.«

Sie ist fasziniert von der geheimnisvollen Urtümlichkeit der Sitten und Gebräuche auf dem Land. Keinesfalls versteht sie alles, aber sie verurteilt nicht: »Auf dem Lande freilich, Tagereisen von allen Bahnstrecken, da brütet noch die Nacht in ihrer tiefsten Schwärze; da gehen die Frauen, in andern Umständen, vor das Tor nach den Hügeln der weißen Ameisen und stellen Milch und Reis für die heilige Schlange hin, und wenn sie herauskommt aus ihrem Schlupfwinkel, werfen sie sich vor ihr anbetend in den Staub. Die Kinderlosen ölen den heiligen Lingham oder reiten auf dem heiligen Steinbullen, dem Nandi. Es hilft sicher! Wenn sie krank sind, essen sie gedörrten Kuhdung, oder wenn ihnen ein Kind stirbt, gestatten sie, daß man es den Schakalen zum Fraß vor dem Dorf aussetzt. Die Spur der Bestien zeigt dann an, ob sie bald wieder ein Kind erwarten dürfen und ob es männlich oder weiblich sein wird.«

Hermione von Preuschen reist auch nach Nepal und vernimmt dort Wundersames über das von westlicher Zivilisation noch völlig unberührte Tibet. Sie hört von der Sitte der Vielmännerei und vergleicht ihre eigene, vermeintliche Emanzipation mit dem Ansehen und den Rechten der dortigen Frauen: »Eine Frau hat dort gleichzeitig fünf Männer und fühlt sich dabei ›viel mehr geliebt‹ wie von einem […]. Ein Mann hat aber am fünften Teil einer Frau zeitlebens genug – sie sind ja sehr zahm geworden, die Männer von Tibet. – Betrifft man den Mann mit einer andern im Ehebruch, werden beide von den Lamas kraft ihres Willens getötet, indem sie ihnen einfach Kinnbackenkrampf suggerieren. […] Aber die weisen Lamas, die diese Fünf-Männer-Ehe nur eingeführt haben, um den Kindersegen einzudämmen, – sorgen auch für die jungen Leute vor der Ehe. Sie halten Tempeldirnen, in gelben Gewändern mit kurzgeschnittenem Haar. – Die sind sehr angesehen, da sie die ehrbaren Frauen entlasten und schützen.«

Hermione von Preuschens Reisen bis hinein in den tiefsten Dschungel oder in die weiße Unendlichkeit des Polareises führen indes immer wieder zurück zu ihr selbst, zurück in die Grenzen unerfüllter Sehnsüchte und gesellschaftlicher Tabus. Die Gedichte jener Jahre werden immer enttäuschter und hysterischer, so auch die Verse *In Purpurnächten*:

»Laß mich schreien, ich ersticke,/dürstend nach Leben,/darf ich meinem letzten heißesten Glücke/nicht Opfer geben.//An seinen Gluten möcht ich verschwälen,/mich mit ihm verflechten,/lodernder Lüste Feuer beseelen/in Purpurnächten.«

Zusammenbruch

Um frei zu sein und ganz ihrer Kunst zu leben, entschließt sie sich sogar dazu, ihre Kinder aus erster Ehe zur Adoption an Verwandte freizugeben. Zwar kehren die beiden erwachsenen Töchter später ins Haus der Mutter zurück, um das inzwischen verkommende und von Schulden erdrückte Anwesen zu retten, doch bleibt zwischen ihnen eine Kluft des Misstrauens.

Ein letztes Mal öffnet sich Hermione von Preuschen einem Mann – und wird erneut enttäuscht, da sie eigenes Wunschdenken nicht von der Wirklichkeit zu unterscheiden vermag. Als sie um 1907 die Novellen Heinrich Manns liest, verliebt sie sich in den Schöpfer dieser erotischen und melancholischen Geschichten und nimmt Briefkontakt zu ihm auf. Doch eine Begegnung der beiden in Bozen lässt Hermione von Preuschen verbittert zurück:

»Seiner Eitelkeit tat diese bedingungslose Bewunderung einer verständnisvollen Frauenseele wohl; er schrieb mir wieder, längere und immer längere Briefe. [...] Ja, ich nahm alles im Stil und in der Phantasie, im ganzen Schaffen des H[einrich]. M[ann]., für höchste persönliche Eigenart, für die tiefsten Äußerungen des ganzen Menschen. Und war doch nur die Mache eines genial Dekadenten – ohne eine Spur von persönlichem, innerstem Menschenwert. Welche Schmerzen aber sollte mich diese Erkenntnis kosten! Wenn ich heute an jene Zeit zurückdenke, begreif' ich's gar nicht mehr, wie ich so töricht gläubig und so kinderblind sein konnte nach all meinen schweren Erfahrungen!«

Erster Weltkrieg und Misswirtschaft lassen Hermione von Preuschen verarmen. Auf ihrem Anwesen »Tempio Hermione«

wird es immer ruhiger. Inzwischen ist sie auch von der Kunstwelt weitgehend vergessen. Ihre große Sehnsucht nach Freiheit und Liebe bleibt unerfüllt, vielleicht auch, weil es ihr nie gelingt, ihre diffusen Wünsche genauer zu umreißen. Ihre Projektionen auf andere Menschen sind übergroß und verwechseln das Menschlich-Allzumenschliche mit dem hohen Ideal.

Hermione von Preuschen stirbt am 12. Dezember 1918 in Lichtenrade. Vier Wochen zuvor hat der Kaiser abgedankt, die Welt, der sie eine Muse war, ist als Lügengebäude zusammengestürzt. Sie selbst hat bis zu ihrem Tod an sich und ihre Ideale geglaubt. Das erhebt sie über alle Lächerlichkeiten, die ihre Werke durchziehen mögen. Kurz vor ihrem Tod gab sie der Nachwelt den folgenden Wunsch mit auf den Weg: »Möchten andere Menschenseelen aus meinem Leben lernen, vernünftiger zu sein als ich und trotzdem wie ich, vom Anfang bis heute und bis zum Ende sich selber und ihren Idealen im Innersten treu zu bleiben, nicht weil sie wollen, sondern weil sie nicht anders können. Dann haben sie in ihrem Sinn gewirkt für die Ewigkeit, auch wenn sie keine Sterne, sondern nur Leuchtkäfer waren.«

8 Lou Andreas-Salomé (1861–1937)
Mit Rilke nach Russland

Sommer 1899: Ein ungleiches Liebespaar verbringt die schönen Wochen des Jahres auf dem Landsitz der Prinzessin Marie von Meiningen in der Nähe der kleinen Residenzstadt. Sie, die achtunddreißigjährige Schriftstellerin Lou Salomé, ist verheiratet mit dem Iranisten Friedrich Carl Andreas. Es ist eine Josephsehe, so war die Bedingung der eigenwilligen Frau, bevor sie in die Heirat, die ihr finanzielle Unabhängigkeit erlaubt, einwilligte. Sie kann ohne ihre persönliche und geistige Freiheit nicht leben. Einmal wollte sie eine Ménage-à-trois wagen – mit den Philosophen Friedrich Nietzsche und Paul Rée. Ein Experiment, das bereits im Vorfeld scheiterte, auch unter den starren bürgerlichen Konventionen. Und auch jetzt, in der Thüringer Sommerfrische, werden nach außen die Gepflogenheiten beachtet. Kaum einer weiß um das intime Verhältnis der Schriftstellerin zu ihrem vierzehn Jahre jüngeren Geliebten, dem damals weitgehend unbekannten, noch nach persönlichen Ausdrucksformen suchenden Dichter René Rilke, der sich seit einiger Zeit Rainer nennt. Dies hat ihm seine Freundin empfohlen, da ihr die französische Namensform als zu weiblich erschien. Unter dem Namen Rainer Maria Rilke wird er wenige Jahre später berühmt werden, zunächst mit der dreibändigen Gedichtsammlung *Das Stundenbuch* (1899/1901/1903). Darin wird er seine religiösen Erfahrungen verarbeiten, die er in der Begegnung mit der russischen Frömmigkeit gemacht hat. Es sind Erfahrungen, gesammelt während einer Russlandreise, die er wenige Wochen zuvor mit Lou und deren Ehemann unternommen hat. Aber auch Liebesgedichte an Lou sind darunter, Verse, die in ihrer Hingabe an ein Du freilich mehrdeutig sind.

Nur wenige Menschen wissen zu jener Zeit um das intime Verhältnis der beiden. Zu den Eingeweihten gehört die Schriftstellerin Frieda von Bülow, eine Freundin Lou Andreas-Salomés. Nicht ohne Missfallen beschreibt Frau von Bülow in einem Brief an eine Freundin das Paar und dessen auffälligen Studiereifer: »Nach der längeren russischen Reise, die sie in diesem Frühjahr (inkl. Loumann) unternommen, hatten sie sich mit Leib und Seele dem Studium des Russischen verschrieben und lernten mit phänomenalem Fleiß den ganzen Tag: Sprache, Literatur, Kunstgeschichte, Weltgeschichte, Kulturgeschichte von Rußland, als ob sie sich für ein fürchterliches Examen vorbreiten müßten. Kamen wir dann bei den Mahlzeiten zusammen, waren sie so erschöpft und müde, daß es zu anregender Unterhaltung nicht mehr langte.«

Kein Examen erwartet die beiden Studierenden, sondern eine weitere Reise nach Russland, die für den Frühsommer des kommenden Jahres geplant ist. Bis dahin will Rilke in der russischen Sprache einigermaßen sattelfest sein, um ohne Barrieren Zugang zur russischen Kultur und zum russischen Wesen zu finden. Für Rilke wächst Russland in jenen Sommermonaten – nach dem ersten »Beschnuppern« – zu einer Projektion heran, zu einem Wirklichkeit gebliebenen Ideal all dessen, was er durch die westliche Zivilisation verloren glaubt: einfacher Lebensstil, unmittelbare Frömmigkeit, tiefgründige Kultur, Liebe zur Literatur, eine volkstümliche Verehrung der Dichter. In seinen Vorstellungen geht er von fiktionalen Darstellungen aus, die nicht immer die Realität widerspiegeln. Und er sieht das, was er sehen will. Aber gerade aus interkulturellen Widersprüchen und Missverständnissen nährt sich – das lehrt die menschliche Geschichte vielfach – kulturelle Inspiration. Und auch für Rilke wird Russland zum persönlichen und künstlerischen Initiationserlebnis.

Anders verhält es sich bei Lou Andreas-Salomé: Sie ist als Tochter des in russischen Diensten stehenden Generals Gustav von Salomé und dessen Frau Louise in St. Petersburg geboren und dort aufgewachsen. Obgleich überwiegend in Kreisen der deutschen Gemeinde verkehrend, hat sie die russische Sprache und Kultur von Kindesbeinen an kennengelernt und verinnerlicht. Sie ist sich der zivilisatorischen und politischen Rückständigkeit ihrer Heimat bewusst und musste als junge Frau Russland verlassen, um – im schweizerischen Zürich – studieren zu dürfen. Dann lebte sie in Rom, Paris und Berlin. Sie kam in Kontakt mit der emanzipatorisch engagierten Schriftstellerin Malwida von Meysenbug und dem Philosophen Friedrich Nietzsche, hat sich essayistisch mit Henrik Ibsens Frauengestalten, mit Gottesvorstellungen und mit Nietzsches Philosophie beschäftigt und ist auch mit Romanen und Erzählungen hervorgetreten. Sie hat diverse Liebes- und Partnerschaftskonzeptionen ausprobiert und ist schließlich eine Vernunft- und Josephsehe eingegangen, um zumindest in deren juristischem Schutz und hinter deren bürgerlichem Ansehen weiterhin ihren Vorstellungen eines ungebundenen Lebens und einer geistigen Selbstverwirklichung leben zu können. Bis sie auf den jungen Dichter René Rilke stößt, der unversehens ihren Freiheitswillen durch seine Anhänglichkeit, sein überbordendes Wesen und die Verführungskunst seiner Dichtung gefährdet.

Ein hartnäckiger junger Mann

Lou Andreas-Salomés Liebe zu Rilke und dessen Dichtung ist eng mit ihrer russischen Heimat, dem Land ihrer Kindheit, verknüpft. Beide, die Schriftstellerin und der Dichter, werden verändert aus der (Wieder-)Begegnung mit Russland hervortreten. Die Reise durch die russischen Weiten wird auch eine Reise in die eigene Seele und die Seele des anderen werden. Und verwandelt, entfremdet und befremdet werden sie zurückkehren. Sie werden beide sich selbst finden und den anderen dabei verlieren. Sie werden nach Deutschland zurückkehren, in das vermeintlich alte Leben, und doch wird es eine Reise ohne Wiederkehr werden, sie werden, um mit einem Vers Rilkes zu sprechen, »ausgesetzt auf den Bergen des Herzens« sein.

Lou Andreas-Salomé und René Rilke lernen sich Anfang Juni 1897 in München kennen. Der Schriftsteller Jakob Wassermann macht die beiden bei einem abendlichen Theaterbesuch miteinander bekannt. Doch bereits zuvor hat der junge Dichter anonym Kontakt zu der schönen und berühmten Literatin gesucht: Mehrmals hat er ihr, ohne seinen Namen zu verraten, eigene Gedichte in kalligraphischer Schrift ins Hotelzimmer zukommen lassen. Jetzt ist das Geheimnis gelüftet, zumindest das des Namens. Aber das der Identität – wer ist der andere? – wird Lou Andreas-Salomé und Rainer Maria Rilke jahrelang beschäftigen.

Lou ist anfänglich von den Gedichten des Verehrers geschmeichelt, aber nicht unbedingt überwältigt. Ihr sind die Verse zu überschwänglich, zu wenig beherrscht, in romantischen Sprachmustern verhaftet. In den nächsten Jahren wird sie Rilkes Lehrmeisterin. Nicht in dem Sinne, dass sie ihm poetologische Hinweise gäbe – denn dazu wäre die hauptsächlich Prosa schreibende Autorin nicht in der Lage –, sondern insofern, als sie den zwar intellektuell reifen, aber dem Leben gegenüber noch unsicheren jungen Mann mit ihrer eigenen Erfahrung konfrontiert und ihn mahnt, nicht falsche, angedichtete Gefühle zu Papier zu bringen, sondern in Sprache und Ausdruck Einfachheit und Wahrheit zu suchen. Anfangs ist sie zurückhaltend, während der verliebte Rilke sie werbend mit Gedichten überhäuft. Und auch in überbordenden Briefen fordert der junge Dichter die Liebe der vierzehn Jahre älteren Frau ein, so am 9. Juni 1897: »Ich will aufgehen in Dir, wie das Kindergebet im lauten, jauchzenden Morgen, wie die Rakete bei den einsamen Sternen. Ich will keine Träume haben, die Dich nicht kennen, und keine Wünsche, die Du nicht erfüllen willst oder kannst.«

Die hitzige Atmosphäre jener Junitage wird jäh unterbrochen durch die Aufforderung der K.-u.-k.-Militärbehörde an Rilke – der als gebürtiger Prager österreichischer Staatsbürger ist –, sich zur Musterung in Böhmisch Leipa einzufinden. In

Rilke bricht ein Trauma aus Jugendtagen auf: Mehrere Jahre verbrachte er, von der dominanten Mutter – die nie verkraftet hat, dass ihr Mann keine Offizierskarriere machte – dorthin abkommandiert, in einer Kadettenanstalt im niederösterreichischen St. Pölten. Rilke hat jene Jahre als Deformation seiner Seele in böser Erinnerung, ihm widerstrebt alles Soldatische, weniger aus pazifistisch-weltanschaulichen Gründen, sondern weil das Militärwesen auf Gruppenzwang und Hierarchie fußt. Nur widerwillig macht er sich jetzt nach Böhmen auf. Einzig die Aussicht, danach nach Bayern zurückkehren zu können, nach Wolfratshausen südlich von München, wo Lou ein Häuschen für sie beide gemietet hat, lässt ihn nicht verzweifeln.

Wenige Tage später erhält er das Attest der Wehruntauglichkeit und kehrt sofort nach München zurück. Den Sommer verbringt das Liebespaar in Wolfratshausen. Ob Friedrich Carl Andreas, der im fernen Berlin lebt, das Geschehen durchschaut oder überhaupt durchschauen will, ist unklar. Lou hat inzwischen ein anderes pittoreskes Haus in Wolfratshausen gemietet, das sie in ironischer Anspielung auf Richard Wagners Villa »Wahnfried« ihrerseits »Loufried« nennt. In den folgenden Monaten wird aus René Rainer, und mit der Namensänderung vollzieht sich auch eine Veränderung in Rilkes Wesen: Aus dem selbstverliebten und in sein Verliebtsein verliebten Jüngling wird ein zärtlich um eine Frau werbender Mann. Er wirbt als Dichter weiterhin mit Worten, aber seine Gedichte werden tiefer, ehrlicher, einfacher, weniger auf den Effekt hin gedrechselt. Die beiden, so viel lässt sich aus Briefen erschließen, werden auch körperlich ein Paar.

Eines der Gedichte jener Zeit, das vor Lous strengem Blick Bestand hat, nimmt Rilke später in die Sammlung seines religiös motivierten *Stundenbuchs* auf. Aber es ist an Lou gerichtet, sie hat es sehr gemocht und später geschrieben: »Und raunte es denn nicht in uns Beiden gemeinsam vom Unfaßbaren, das wir bis in den Wurzelgrund der Leiblichkeit erlebt [...], bis in die geringsten, bis in die geweihtesten Augenblicke unseres Daseins?«

Das Gedicht, das Rilke ihr eines Morgens in ihr Zimmer legt, lautet: »Lösch mir die Augen aus: ich kann dich sehn,/wirf mir die Ohren zu: ich kann dich hören;/und ohne Füße kann ich zu dir gehn,/und ohne Mund noch kann ich dich beschwören./ Brich mir die Arme ab, ich fasse dich/mit meinem Herzen wie mit einer Hand,/halt mir das Herz zu, und mein Hirn wird schlagen,/und wirfst du in mein Hirn den Brand,/so werd ich dich auf meinem Blute tragen.«

Eine Reise zu dritt

Vom 27. April bis zum 17. Juni 1899 verbringen Lou und Friedrich Carl Andreas sechs Wochen in Russland, überwiegend in Moskau und St. Petersburg, Lous Vaterstadt. Mit dabei: Rilke, der auf viele den Anschein des Adlatus der bekannten Schriftstellerin macht. In Moskau besuchen sie auch den Maler Leonid Pasternak. Dessen damals zehnjähriger Sohn Boris, der später mit seinem Roman *Doktor Schiwago* Weltruhm erlangen und ein großer Verehrer von Rilkes Lyrik sein wird, erinnert sich als erwachsener Mann an die Begegnung mit dem auf viele unscheinbar und schüchtern, ja unselbstständig wirkenden Dichter: Dieser habe ein Deutsch mit einem ungewöhnlichen Akzent gesprochen und sei in Begleitung einer großen Dame gereist, »wohl seine Mutter oder seine ältere Schwester«.

Hinter Lou Andreas-Salomé tritt Rilke auch bei ihrem Besuch bei Leo Tolstoi zurück. Der betagte Autor von *Krieg und Frieden* und *Anna Karenina* lebt in Moskau und auf seinem Gut Jasnaja Poljana, zweihundert Kilometer südlich der Stadt. Von vielen Menschen in der ganzen Welt wird er nicht nur wegen seiner Romane geschätzt, sondern auch als Pazifist und Menschenfreund idealisiert und beinahe wie ein Heiliger verehrt. Von der Tragik hinter den Mauern des Gutshauses ahnen nur wenige: Tolstois Ehe ist zerrüttet, der Dichter ist von falschen Freunden umgeben, die das »Unternehmen« Tolstoi in ihre Hände bringen wollen und in ihrem Sinne zu ideologisieren trachten. Unfriede herrscht zwischen Tolstois Frau Sofja, den gemeinsamen Kindern und den Schranzen, die sich in Jasnaja Poljana wie die Zecken festgesetzt haben. Fürchterliche Szenen beherrschen das Familienleben: Vorwürfe, Streit, Intrigen, Selbstmorddrohungen und -versuche. Leo Tolstoi vereinsamt und verbittert, seine literarische Kunst leidet darunter, und er selbst ist gegen Familienmitglieder und Untergebene oftmals unwirsch und grob. Von all dem ahnt die weltweite Verehrergemeinde nichts. Und auch Lou Andreas-Salomé und Rainer Maria Rilke sehen nur das, was sie sehen wollen, obgleich die Begegnungen alles andere als harmonisch verlaufen. Schon das erste Treffen im Frühjahr 1899 – Tolstoi hält sich gerade in seinem Stadthaus in Moskau auf – ist objektiv gesehen eine arge Enttäuschung: Tolstoi unterhält sich angeregt mit dem Iranisten Friedrich Carl Andreas über dessen Studien zur persischen Babi-Sekte, lässt aber dessen Frau und den ihm unbekannten jungen Mann links liegen. Lou Andreas-Salomé und Rainer Maria Rilke sind von den kurz zuvor miterlebten russischen Osterfeierlichkeiten noch stark beeindruckt und sehen darin den Ausdruck unverfälschter, tiefer Volksfrömmigkeit. Tolstoi hingegen wettert gegen den »Aberglauben« des einfachen Volkes, für ihn Zeichen der Rückständigkeit der russischen Gesellschaft. So abgekanzelt verlassen die drei Besucher aus Deutschland den russischen Dichter. Rilkes Interpretation der Begegnung fällt freilich als Projektion dessen aus, was er sich im Vorfeld erhoffte, wenn er in einem Brief an seine Mutter die »Güte und Menschlichkeit« Tolstois preist.

Und auch andernorts treffen die Besucher aus dem Westen auf Kritik. Der Übersetzer Friedrich Fiedler etwa, der russische Dichtung ins Deutsche überträgt, urteilt recht harsch in seinem Tagebuch vom 11. Mai 1899: »Soeben ist die Lou Andreas-Salomé und Rilke (die beiden duzen sich) von uns gegangen. Sie sah wenig ästhetisch aus: ohne Kragen, in schlodderndem Kleide, das ihre Schenkel hervortreten ließ, – doch sonst nichts dekadentisch-symbolisch Überspanntes. Gegen die Vierzig: im Abwelken begriffen. Ein ganz klein wenig schnippisch.«

All diesen Erfahrungen zum Trotz planen Lou Salomé und Rainer Maria Rilke im Sommer 1899, als sie unweit Meiningens zu Gast bei Prinzessin Marie sind, eine zweite Russlandtour, diesmal ohne »Loumann«. Es soll eine Studien- und Honeymoonreise werden und auch in entlegenere Gebiete des Zarenreichs führen. Rilke, der auf der ersten Fahrt auf Lous Dolmetschen angewiesen war und auch deswegen mit anderen Dichtern und Künstlern nicht recht ins Gespräch kam, will innerhalb weniger Monate so weit sein, dass er sich passabel in Wort und Schrift im Russischen ausdrücken kann. Frieda von Bülow, die die beiden besucht, staunt nicht schlecht über den Eifer, und tatsächlich ist Rilke bis zum Ende des Jahres so weit, dass er Briefe an russische Bekannte schreiben und Bücher von Turgenjew, Tolstoi und Lermontow im Original lesen kann. Außerdem verfasst er ein halbes Dutzend Gedichte in russischer Sprache, die allerdings etwas unbeholfen wirken, und übersetzt Tschechows *Die Möwe*, eine Fassung, die verloren gegangen ist. »Ich fühle mich«, schreibt Rilke an die in Moskau lebende Schriftstellerin Sofja Nikolajewna Schill, »angesichts dieser Zukunft [einer zweiten Russlandreise] wie ein Kind vor Weihnachten.«

Nachdem Sofja Schill in Moskau manches vorbereitet hat, schreibt sie am 15. April 1900 an »Madame Lou«: »Ich warte auf Sie wie auf meine eigenen Verwandten. Es ist jedoch furchtbar schade, daß Ihr Mann nicht mit Ihnen kommen wird, vielleicht gelingt es ihm noch, sich loszureißen?« Auch an »Herrn Rainer« bestellt sie Grüße.

Friedrich Carl Andreas kann sich allerdings nicht »losreißen« – zur Freude des Liebespaares »Madame Lou« und »Herrn Rainer«. Am 7. Mai besteigen die beiden in Berlin-Charlottenburg den Zug nach Moskau. Zwei Tage dauert die Fahrt, und am 9. Mai beziehen sie ein Zimmer im Hotel Großer Russischer Hof und treffen sich gleich tags darauf mit Sofja Schill. Rilke scheint im zurückliegenden Jahr an Ausstrahlung gewonnen zu haben. Obgleich die russische Gesellschaft selbst in Moskau noch rückständig und moralisch rigide ist, wagen die beiden es, händchenhaltend zu flanieren. Sofja Schill erinnert sich noch 1927: »Die beiden Freunde waren schon ein auffallendes Pärchen. Die stattliche, etwas füllige Luisa Gustawowna [Lou] im selbstgenähten Reformkleid von eigenartiger Farbe – und daneben der schlanke, mittelgroße junge Dichter in einer Jacke mit unzähligen Taschen und mit einem originellen Filzhut. Rainer Ossipowitsch [Rilke] hatte einen weißen, mädchenhaften Teint; das Oval seines Gesichtes und die Nase waren länglich; die großen, leuchtenden Augen blickten klar wie die eines Kindes auf das fremde Leben. Das hellblonde Spitzbärtchen stand ihm vorzüglich. Die beiden bummelten durch Moskau, über den Arbat, durch Gassen und Gäßchen und hielten sich wie Kinder bei der Hand. Sie zogen Lächeln und Blicke auf sich, doch ließen sie sich davon nicht stören.«

Durch Vermittlung Sofja Schills und Leonid Pasternaks lernt das Paar bald andere Persönlichkeiten des künstlerischen Lebens kennen. Die beiden besuchen Theatervorstellungen, Museen und Galerien, und Lou führt eifrig ein Reisetagebuch, worin sie ihre Eindrücke festhält, teils minutiös, bis hin zur Beschreibung einzelner Gemälde, die sie in der weltberühmten Tretjakow-Galerie sehen. Aber auch persönliche Empfindungen, etwa ihre Natureindrücke und das Gefühl, mit der eigenen Kindheit konfrontiert zu werden, kommen zur Sprache. Intimes hingegen, so ihre Gefühle für Rilke, bleibt außen vor.

Das Ideal vom russischen Wesen

Das Muster der ersten Russlandreise, nur das sehen zu wollen, was die eigene Erwartung vorgibt, bleibt indes gleich: Lou Andreas-Salomé und Rainer Maria Rilke suchen in Kneipen und auf ihren Ausflügen über Land auch Kontakt zu Arbeitern und Bauern – sie interessieren sich für das, was sie das »russische Wesen« nennen, die Volksfrömmigkeit, die russische Demut, die Leidensfähigkeit, nicht aber für die sozialen und materiellen

Verwerfungen und Nöte. Selbst Sofja Schill erinnert sich knapp dreißig Jahre später nicht ohne kritische Anklänge: »Sie gingen oft in die Kneipen der Lastenträger, um Tee zu trinken, ihren Gesprächen zu lauschen und sich zu unterhalten. [...] Es war anregend, diese nicht alltäglichen Zusammentreffen unserer aus der Bauernschaft kommenden Arbeiter mit den Vertretern der raffiniertesten Kultur Europas mitzuerleben. Sie interessierten sich nicht für die ersten Versuche der russischen Arbeiter, aktiv in der Politik aufzutreten, sondern für ihr Sein, ihr ländliches Wesen, die gesunden Wurzeln – für ›die Seele des Ackerbauern, die noch nicht endgültig verstümmelt ist durch die Stadt und die Arbeiterkaserne‹.«

Lou ist von der Arbeiterschaft angetan, ihrem Tagebuch vertraut sie an: »Die vier Arbeiter beim Schillchen waren gestern das Schönste, was Moskau noch geboten hat. Dreier von ihnen erinnerte ich mich aus den ›Kursen‹ [Sofja Schills], ein wahrer Riese, mit Händen die ein Hufeisen zerbrechen können, das Gesicht wie ich es oft in Rußland unter Bauern und Kutschern gesehen habe, mit blauen freimüthigen Augen, denen man Verstand und eine Freude am Gesang und Tanz ansieht. Er singt gut, ist lyrisch veranlagt, dichtet.«

In Rilke formen sich derweil Gedichte für den zweiten Band seines *Stundenbuchs*, Gedichte von tiefer Religiosität und raffinierter Einfachheit, die ohne das russische Erlebnis undenkbar wären. »Rainer Ossipowitsch«, so Sofja Schill in ihren Erinnerungen, »bezauberte in jenen Tagen durch eine unbegreifliche, man kann sagen, seraphische Reinheit und Harmonie seiner Seele. Er wirkte geradezu, als sei er nicht von dieser Welt. In seinem ganzen Wesen lag etwas Jungfräuliches.«

Und selbst Lou Andreas-Salomé, sonst weit pragmatischer als ihr junger Freund, kann sich dem besonderen Zauber der russischen Frömmigkeit nicht entziehen und wird ganz unmittelbar von der Stimmung eines Moskauer Abends mit Glockengeläut angerührt: »Im Kreml traten wir noch in ein paar Kirchen, wo Sonntagsmesse war. Ein unerhörtes Abendroth verschönte Moskau. Die Menge bunter freudiger Farben ringsum nehmen den schwächsten Glanz in so willige Hände, in so bereite Gefäße auf, daß sie wie ein Hallelujah wirken. Im Süden ist oft der Eindruck ein umgekehrter: der Himmelsglanz erdrückt alles ringsum; hier nimmt ein jegliches ihn in so reiche Reflexe auf, wie die armen Arbeiterseelen das Wenige an geistiger Erhebung, das sie sich erringen. Am Himmel stand ein halber Regenbogen, die Glocken klangen an. [...] Eine Stimmung, wie ein Ausgleich zwischen Gebet und Freude, lag über allem, verschmolz alle Farben zu einem Ausdruck von breitem, himmlischen Glück. [...] Gleich darauf ging ganz warmer Regen wie ein Thränensturz nieder.«

Trotz des touristischen Programms, das Lou Andreas-Salomé und Rainer Maria Rilke »absolvieren«, rücken die Sehenswürdigkeiten immer weiter in den Hintergrund. Beide treten stattdessen eine Reise ins Innere Russlands an, in seine Seele und damit auch in die eigenen, verschüttet geglaubten Urgründe. Lou Salomé in das Reich ihrer Kindheit, Rilke in eine erträumte Welt der seelischen und künstlerischen Ganzheit, die er in seinem eigenen Dasein, das von Traumata belastet ist, nie zu erlangen hoffte. »Einheitlichkeit« wird zum Zauberwort jener Wochen, und Lou glaubt sie im »einfachen« russischen Bauern zu finden: »Bei der Einheitlichkeit des russischen Naturells ist der kurze Weg zwischen Gefühl und Handlung noch immer ganz intakt, noch immer ganz kurz. Bei jeder Gelegenheit sieht man, wie natürlich er ihnen Allen ist, und muß draus auf mehr oder minder energische Menschen schließen. [...] Diese unausgegebene Innerlichkeit am Slaven ist wie die dunkeln Heiligengesichter, die gleich Räthsel[n], unaufgelöst, unausgemalt, beharren wollen. Und drum herum ein goldenes Kleidchen von Güte und Herzensfreundlichkeit im Verkehr, ohne sich doch zu verrathen, – ein Wohlthun und Wohlwollen ohne Ende.«

Der verehrte Tolstoi, den sie im Jahr zuvor kennengelernt hat, wird dagegen recht kritisch bedacht, da er Lous Ansicht nach die Einheitlichkeit der russischen Seele negiert und – darin deutet sich bereits die spätere Psychoanalytikerin an – von eigenen Zwängen und psychischen Unzulänglichkeiten ablenken will:

»Wie steht Tolstoi dazu? Er will nicht den Conflikt des gebildeten Russen, sondern er glaubt, daß im Volk vorhanden sei was noth thue, und es deshalb unnütz sei, durch Lehre der Wissenschaft solche Conflikte im Volk herbeizuführen. Indessen das, was er im Volke vorhanden glaubt, ist vielmehr Tolstoi's individuelle Lösung seiner persönlichen Lebensconflikte [...] auch er lernt nicht beim Volk, sondern lehrt es *seine* Lösung.«

Diese Zeilen schreibt Lou in Moskau, und auch sie ist wie Rilke gewillt, die russische Seele, am reinsten erhalten im einfachen Bauern, noch gründlicher zu suchen und zu erkunden – auf einer Fahrt südwärts und ostwärts, in die Weiten und Einsamkeiten der ukrainischen und russischen Provinz. Ende Mai 1900 besteigen Lou Andreas-Salomé und Rainer Maria Rilke den Zug und fahren südwärts, nach Kiew, in die »heilige Stadt« des Russentums. Weniger die Sehenswürdigkeiten interessieren sie als vielmehr die Aussicht, die Feierlichkeiten zum Pfingstfest miterleben zu können.

Willkommen bei den Tolstois!

Unterwegs nutzen sie die Gelegenheit, bei Leo Tolstoi auf dessen Gut Jasnaja Poljana vorbeizuschauen – unangemeldet und trotz der Vorbehalte, die Lou inzwischen gegen ihn hegt. Das Treffen am 1. Juni 1900 wird indes zu einem Fiasko, noch peinlicher als die Begegnung ein Jahr zuvor: Die Tolstois sind eben erst aus Moskau zurückgekehrt, im Haus herrscht Unordnung, in der Familie Streit. Die Besucher stehen vor verschlossener Tür, bis der alte Graf erscheint und die Fremden missmutig mustert. Schließlich erkennt er Lou, bedauert, nicht deren interessanten Ehemann begrüßen zu können, und sieht durch Rilke, an den er sich offenbar nicht erinnern kann, achtlos hindurch. Dann entschuldigt er sich und lässt sie an der Haustür stehen. Endlich erbarmt sich Tolstois ältester Sohn der Besucher und unternimmt mit ihnen einen zweistündigen Spaziergang durch den weitläufigen Park. Als sie zum Haus zurückkehren, ist die

Stimmung angespannt: Tolstois Frau Sofja sortiert Bücher. »Ungern, befremdet und ungastlich«, so der konsternierte Rilke in einem Brief an Sofja Schill, »wendet sie sich einen Augenblick zu uns und erklärt kurz, der Graf sei unwohl ... Nun ist es ein Glück, daß wir sagen dürfen: Wir haben ihn schon gesehen. Das entwaffnet die Gräfin einigermaßen. Sie tritt aber nicht mit uns ein, wirft im Vorraum die Bücher umher und ruft irgend jemandem mit böser Stimme zu: ›Eben erst sind wir eingezogen! ...‹ Dann, während wir in dem kleinen Zimmer warten, kommt noch eine junge Dame an, man hört Stimmen, ein heftiges Weinen, beschwichtigende Worte des alten Grafen, der bei uns eintritt, zerstreut und erregt einige Fragen stellt und uns wieder verläßt.«

Die Wiederbegegnung ist von Anfang an gründlich misslungen, aber die Besucher aus Deutschland wollen das nicht wahrhaben und reden sich Besseres ein. Lou Andreas-Salomé will sich in ihrem Tagebuch weismachen, Tolstoi habe »einen rührend erschütternden Eindruck« auf sie gemacht, »wie Einer, der nicht mehr der Erde angehört. Die gebeugte schmale Gestalt in der gelben gestrickten Westenjacke, unter einer hohen Mütze das weiße Haar abstehend, und die Augen so klar im elenden, beseelten Gesicht [...]. Wie ein verzaubertes Bäuerlein, ein Zauberwesen, sah er aus.«

Das »Bäuerlein« Tolstoi in seinem einfachen Leinenkittel (denn obwohl er in einem hochherrschaftlichen Hause lebt, trägt er als Zeichen seiner Verachtung irdischer Güter ostentativ Bauernkleidung) schlägt in einer Aufwallung von Güte Lou Andreas-Salomé und Rilke einen Spaziergang vor, und so geht es zum zweiten Mal, ohne etwas gegessen oder getrunken zu haben, durch die Parkanlagen von Jasnaja Poljana. »Er hat«, so Rilke an Sofja Schill, »die linke Hand unter seiner Wolljacke in den Gürtel geschoben, die rechte ruht auf der Krücke des Stockes, von Zeit zu Zeit, um mit einer Bewegung, als wollte er eine Blume mit dem um sie stehenden Duft einfangen, ein Kraut zu pflücken, aus der hohlen Hand trinkt er das Arom und läßt dann im Sprechen die leere Blume achtlos fallen in den vielen Überfluß des wilden Frühlings, der dadurch nicht ärmer geworden ist.«

Ganz so pittoresk und friedlich verläuft der Spaziergang indes nicht. Einem Bauern, der am Wegrand steht und sich vor seinem Gutsherrn tief verbeugt, tritt Tolstoi mit unwirschen Worten entgegen. Und als er sich einmal zu Rilke herablässt und ihn fragt, was der junge Herr denn so treibe, und zur Antwort bekommt, er schreibe Gedichte, ist, so Lou Andreas-Salomé in ihrem *Lebensrückblick*, »eine temperamentvolle Entwürdigung jeglicher Lyrik auf ihn [Rilke] niedergeprasselt«. Das freilich verschweigt der hart Angegangene in seinem Briefbericht an Sofja Schill, und auch Lou erwähnt es erst viele Jahre später. In ihrem unmittelbaren Tagebuch hingegen funktioniert auch bei ihr, die sich wenig später mit Psychoanalyse befassen wird, die Verdrängung (und Verdrehung): »Während unseres Ganges, in Augenblicken wo der Wind ihn [Tolstoi] heftig von der Seite angriff, schien diese Gestalt ihren richtigen Rahmen zu finden, – ein verwehtes, hülflos vom Sturm Erfaßtes lag dann über ihr, und dabei die Kraft, den Stürmen durch ein Geheimnißvolles, Höheres zu trotzen. [...] Wir legten um das durch ihn erlebte Bild so viel Ruhe wie wir nur vermochten, blieben nicht im Familienkreis, streiften lange Stunden bei Jasnaja Poljana umher [...].«

In der »heiligen Stadt« Kiew

Trotz allem offenbar innerlich gestärkt treten Lou Andreas-Salomé und Rainer Maria Rilke die Weiterfahrt an, hinein ins tiefe, unverstellte, unverdorbene Russland, auf der Suche nach sich selbst. Die sonst so nüchtern-pragmatische Lou ist auf dem Weg nach Tula, vorbei an Dörfern und Datschen, bald überwältigt. Vom Fenster ihres Eisenbahncoupés betrachtet sie die Szenerie und taucht ein in die melancholisch-süße Welt ihrer Kindheit: »[...] Kindererinnerungen. [...] Lackgeruch, feuchte Bettwäsche, kühle, herbe Luft, dazwischen würziger Birkenge-

165

ruch und Fliederknospen, helle Vogelstimmen die jubilierten: es erwachten alle Bilder der gegangenen Sommer voll Duft und Wärme und Fröhlichkeit, und erwachten doch gleich einer fernen verblaßten Erinnerung beim Betreten einer Ruine, einer vom Winter verwandelten, der Wirklichkeit wie entrückten Stätte. Daher Wehmuth und Bangigkeit und Sehnsucht zugleich. [...] Etwas schon Verlorengehendes spricht aus jedem neuen Einzug, ein Rückblick, eine Zeitstrecke, und das macht bange: theils ist man stolz darauf, theils aber ahnt man, wie das Erwachsensein neu und schrecklich sein wird und der Tod für so vieles, was nie wiederkehrt.«

Als sie nach Kiew kommen, ist Pfingsten, die Stadt, die von vielen Russen als heilig angesehen wird, zeigt sich in feierlichem Kleid. Lou ist entzückt: »Daneben war die Einfahrt in Kiew über die Dnjeprbrücke großartig, und auch dieser Eindruck hielt stand: landschaftlich ist Kiew entzückend. Sein Schönstes sind daher die mit Gärten bedeckten Berge, – diese, momentan vom Duft der weißen Akazien erfüllten Höhen, von denen man in die Dnjeprlandschaft niederschauen kann. In solchem schweren Frühlingsduft, beim Mondzauber und Nachtigallenschlag, und wenn tief unten die am Dnjepr zerstreute Stadt elektrisch aufblitzt, kann Kiew wie ein Märchen wirken.«

Sie sieht nicht das Kiew der beginnenden Moderne mit Eisen- und Straßenbahnen, mit Fabriken und Mietskasernen, sondern das Kiew aus alten russischen Legenden: »In dieser Mischung von Berg und Flußthal kann auch vielleicht noch etwas von jenen ältesten russischen Stimmungen aufleben, die in der That hier zu Hause waren, ehe Großrußland begann, und deren Romantik noch in den kleinrussischen Liedern leben mag. Hier einen blinden Kopsar [einen umherziehenden Sänger] finden, der Einem singt! Aber es schritt nur ein einziger, im Straßengewühl, an der Hand seines Knaben, an uns vorüber.«

Das Paar besichtigt die alten Klöster und Kirchen der nahegelegenen Höhlenstadt Petschersk, bewundert Ikonen und Ikonostasen und betrachtet verzückt Menschen in traditionellen Trachten.

Am 20. Juni besteigen sie einen Dampfer, der sie auf dem Dnjepr flussabwärts bringen soll. Auf dem Schiff herrscht qualvolle Enge, aber das Paar aus Deutschland betrachtet das mit Neugier und Nachsicht. »Eine Masse Pilger«, so Lou im Tagebuch, »deren Tracht und Treiben gut zu beobachten waren; auf dem allgemeinen Verdecke aller Klassen saßen und lagen Mädchen, die ihre Kleider flickten oder an Stickereien für ihre Hemdärmel arbeiteten, Männer, die auf dem Boden hockend, miteinander kleinrussische Lieder sangen.«

In Kresl nehmen die beiden Reisenden den Zug nach Poltawa, von dort geht es weiter über Charkow nach Saratow an der Wolga. Hier besteigen sie am 25. Juni erneut einen Dampfer, die »Alexander Newski«, die sie auf dem viel besungenen Strom flussaufwärts bringt, über Jekaterinburg, Khralynsk und Syzran nach Samara. Während der sechsunddreißigstündigen Fahrt schlafen Lou Andreas-Salomé und Rainer Maria Rilke kaum, so erregt sind sie von dem Ausblick auf den breiten Strom, auf vorüberziehende Dörfer, Klöster und Kirchen mit vergoldeten Kuppeln, auf die weite Landschaft, die – anders als das Rheintal – nicht Romantik und Lieblichkeit ausströmt, sondern Melancholie und Herbheit. Die eintönige Landschaft bedrückt Rilke. Er schreibt, es habe »nicht sehr viel an Ausblicken« gegeben, »da das Land gleichmäßig flach bleibt«. Lou hingegen blüht auf. An Deck des Wolgadampfers schreibt sie an Sofja Schill: »Wir kamen in Saratow an und mußten bis zum nächsten Tag dort bleiben. Stellen Sie sich vor: ein Pferd ging mit uns durch, unsere Koffer flogen auf die Straße, und wir selbst haben es kaum heil überstanden. [...] Es ist so angenehm, sich nach der Eisenbahnfahrt und all unseren Wanderungen in dieser Stille zu erholen und sich an der Landschaft zu ergötzen [...] der breite Fluß glänzt silbergrau, die niedrigen Ufer sind von einem sanften Grün, hier und da liegen Dörfer; kleine Kirchen leuchten weiß ... Man könnte Tag für Tag so fahren! [...] Am interessantesten ist es auf dem Unterdeck. Dort hat sich ein ganzes Lager von Astrachaner Zigeunern niedergelassen. [...] Je weiter man nach Osten kommt, desto gutmütiger und liebenswerter werden sie [die Menschen]; von neuem weht einem der russische Geist entgegen.«

Davon sieht Rilke wenig, will es auch nicht, denn seine Reise geht mehr und mehr nach innen. Im zweiten und dritten Band seines von der russischen Frömmigkeit inspirierten *Stundenbuchs* finden sich Verse schlichtester, bisweilen auch wütend-kämpferischer Gottessuche und -auseinandersetzung. Aber die Schönheit der russischen Landschaft oder gar das pralle, bunte und bisweilen verstörende Leben des einfachen Volkes haben in seinen Gedichten keinen Widerhall gefunden. Anders bei Lou Andreas-Salomé: Sie – sonst ganz der Prosa und der Essayistik zugetan – lässt sich zu einem Gedicht über die Wolga inspirieren:

»Bist Du auch fern: ich schaue Dich doch an./Bist Du auch fern, bleibst Du mir doch gegeben/Als eine Gegenwart, die nichts verlöschen kann./Wie meine Landschaft liegst Du um mein Leben./Umgiebst mich immer wieder; lächelnd groß./Auf Deinen Höhen Kirchen, halbverborgen,/Um Deine Ufer Fernen, grenzenlos,/Und Deine Wälder ragen in den Morgen./Als müßte wieder, wenn es dunkeln will,/Ein Junihimmel Deine Nacht erhellen,/Als klänge durch die Nebelfrühe schrill/Der Klageschrei von Möwen auf den Wellen –/Hätt ich auch nie an Deinem Strand geruht:/Mir ist, als wüßte ich um Deine Weiten:/Als landete mich jede Traumesfluth,/An Deinen ungeheuren Einsamkeiten!«

Auch in ihren Tagebuchnotizen beschreibt sie ihr Gefühl für die weite Flussszenerie: »Die Wolgalandschaft schien mir zu sagen: ›ich bin für dich nicht nur da, um dich etwa in mir anzusiedeln und in mir den edelsten Boden für dein Leben zu finden, ich bin an mir selber Erfüllung für dich, d.h. in einer Landschaft verkörpert alles das, was dir vorgeschwebt und was du nur deshalb nicht als Landschaft im Traum gesehen hast, weil du zufällig kein Maler bist, sondern in anderer Weise deine Träume bildest, sonst würdest du mich längst gekannt, längst im Bild vorweg genommen haben. [...] Denn was du je wolltest, je betetest, je lachtest, was je in dir sang oder träumte oder weinte, – das alles als Landschaft bin ich.‹ Das alles sagte mir die Wolga wo sie am weitesten ist und ihre Ufer ansteigen.«

In Samara kauft das Paar auf dem Markt Kumys – gegorene Stutenmilch – und Kljukwa – Moosbeeren. Dann geht es auf dem Dampfer weiter, immer tiefer hinein ins östliche Russland, nach Stawropol, Simbirsk und Kasan. Hier hat Russland bereits asiatische Züge, und während Rilke davon befremdet ist, nimmt Lou Andreas-Salomé das Andersartige vorbehaltlos und mit geweiteter Seele auf und versucht es gleichzeitig in ihr westliches Denken einzuordnen – als archaische Urwelt: »Am charakteristischesten die Pferdebahnfahrt mit den Tatarenweibern und der Besuch des Minareth mit seinen stummen Betern. Nach Asien hin nimmt überhaupt jedenfalls das Stumme und die tiefe Stille zu; man würde dort das Innenleben des Menschen vielleicht nicht mehr so individuell deutlich erkennen, aber als Gesammttypus würde es, wie ich immer mehr glaube, uns heutigen Kulturmenschen unsern menschlichen Ursprung von gestern näher rücken. Die großen, auch in uns bleibenden Umrisse würden hervortreten unter dem Wegfall des hastigen Vielerlei das uns beständig erfüllt, und uns blind und taub macht für die wenigen, theils simplen theils ewigen Wesensquellen aus denen wir leben und vor denen wir hastige Menschlein fast nur im Tode bewußt stehn. Und an dieses Asien das wenigstens an irgendeinem Grenzstrich ich mich sehne kennen zu lernen, liegt für mich Rußland als lebendige Synthese desselben mit uns, als lebendige Heimath, ja als meine liebe, liebe Heimath durch und durch!«

Die Tagebuchschreiberin scheint sich über die Wiederbegegnung mit dem Land ihrer Kindheit neu gefunden zu haben. Und in der Hinwendung an das eigene Ich, die »Synthese mit uns«, ist der andere, der Geliebte, nicht mehr lebensnotwendig. Lou Andreas-Salomé und Rainer Maria Rilke mussten Tausende von Kilometern fahren, um sich selbst neu zu finden und sich auch ihrer Fremdheit vor dem anderen bewusst zu werden.

Deutlich wird das, als sie am Ende ihrer Wolgafahrt, die sie über Nischni-Nowgorod bis nach Jaroslawl geführt hat, in einem Dorf namens Kresta Bogorodskoje für ein paar Tage eine Bauernhütte, eine Isba, mieten, um romantisch gestimmt das einfache Leben zu atmen. Die Hütte ist spartanisch eingerichtet: In der Mitte steht ein großer, russischer Ofen, drumherum ist eine Sitzbank angebracht, ein Samowar liefert heißes Wasser für Tee und zum Waschen, zur Körperpflege dienen zwei Eimer, ein Holzschaff und ein tönernes Waschgefäß auf der Hausschwelle, statt eines Bettes liegt auf dem Boden nur ein Strohsack. Lou Andreas-Salomé erbittet von der Bäuerin einen zweiten und erhält zur Antwort: »Er ist ja breit!« Ein Paar, das nicht unter *einem* Strohsack schlafen will? Die Bäuerin bringt mürrisch einen zweiten, obwohl ihre vier Töchter nun einen Sack entbehren müssen. Rilke darf aber nach Lous Willen nicht mit ihr im selben Raum schlafen, sondern muss mit dem leeren Stall nebenan vorliebnehmen. Die Reise eines Paares nach Russland ist zu einer Reise der Abgrenzung geworden. Von da an wird eine Kluft zwischen den beiden sein, die unüberbrückbar ist.

Abends sitzen sie bei Tee auf einem Erdwall vor dem Haus, »wie Könige«, so meint Lou, und betrachten den Himmel der weißen Nächte, verfolgt von »rasende[n], wahnsinnige[n] Mücken«. Lou will noch weiter nach Osten, bis zum Ural, aber sie muss das »unter Thränen« aufgeben, da das Geld nicht reicht. Also geht es zurück nach Moskau, wo Sofja Schill, durch Briefe wohlunterrichtet, wartet.

Rilke hat einen Wunsch: Er will den Bauerndichter Spiridon Droshshin kennenlernen, dessen Gedichte er bereits vor der Reise gelesen hat und die ihn so beeindruckten, dass er eine Auswahl ins Deutsche übersetzte. Recht überraschend kündigen sich die beiden erst einen Tag vor Ankunft bei Droshshin an: »Wir werden am Dienstag bei Ihnen sein; wir hoffen, daß man für einige Tage im Dorfe unterkommen kann.«

Droshshin ist wie die meisten Russen ein Mann von verschwenderischer Gastfreundschaft. Verblüfft nimmt er Rilkes Übersetzungen seiner Gedichte entgegen und nutzt die Gelegenheit, den beiden Fremden abends aus seinen Werken vorzulesen. Mehrere Fotografien werden angefertigt – damals in der russischen Provinz noch eine absolute Seltenheit: Droshshin, im russischen Bauernkittel, hält stets ein Buch in Händen, um dem Betrachter anzuzeigen, dass er ein lesekundiger, gebildeter Mann ist. Wieder sind Lou Salomé und Rilke vom russischen Wesen überwältigt: »Mit diesen Tagen«, so Rilke an Sofja Schill, »tun wir einen großen Schritt auf das Herz Rußlands zu, nach dessen Schlägen wir schon lange hinhorchen im Gefühl, daß dort die richtigen Taktmaße sind auch für unser Leben.«

Ein »häßlicher« Brief

Eben dieser Takt ist dem Paar allerdings mittlerweile abhandengekommen. Wenige Tage später, am 24. Juli, brechen sie nach St. Petersburg auf, Lous Vaterstadt. Dort verlässt Lou den Gefährten und fährt nach Rongas in Finnland weiter, wo die Salomés den Sommer in einem Landhaus verbringen. Rilke muss zurückbleiben, will vielleicht auch zurückbleiben. Im Kreis der Salomés scheint er nicht mehr willkommen zu sein. Fast einen Monat hält er sich in der Stadt an der Newa auf, verbringt ganze Tage in der Kaiserlichen Bibliothek, wendet sich dann von dieser Ansammlung der Gelehrsamkeit enttäuscht und angewidert ab und zieht sich in sein Hotelzimmer zurück. Draußen ist Sommer, wer kann, flieht aus der Stadt, zieht hinaus ans nahe Meer. Rilke wartet und hofft auf einen Brief von Lou. Die aber lässt ihn schmoren. Schließlich verliert er die Geduld, und er schreibt einen, wie er sagt, »häßlichen« Brief, der aber nicht erhalten ist. Lou hat ihn wohl vernichtet. Erst viel später, 1927, nach Rilkes Tod, kommt sie auf dieses Schreiben zurück: Rilke habe sich darin als einen »Verworfenen« bezeichnet. Rilke entschuldigt sein Verhalten in einem anderen Brief: »So kam es zu diesem häßlichen Brief von neulich, der, aus der Abgeschlossenheit, aus der ungewohnten und unerträglichen Alleinheit meiner Erlebnisse kaum herausfinden konnte und nur ein Drängen war, eine Verwirrung und Verworrenheit, etwas was Dir fremd sein muß in der Schönheit zu welcher Dein Leben sich gleich wieder gerundet hat unter den neuen Verhältnissen.«

Lou Andreas-Salomé lässt sich so nicht mehr aus der Reserve locken. Sie genießt den finnischen Sommer und den Umgang mit ihrer Familie und verfasst das Gedicht *Wiedersehn*, das 1901 in der Berliner Zeitschrift *Vom Fels zum Meer* erscheint und worin es sehnsüchtig-melancholisch heißt: »[...] Märchentraum glich/Waldnacht und See. [...]/Ist's nicht, als ob raunt,/Seltsam vertraut –?/Lauschend starr ich hinaus,/Lauschend durch Welle und Wind –./––– Hier war ich ja zu Haus, –/Hier war ich Kind –.«

Rilke schreibt aus St. Petersburg erneut drängende Briefe nach Rongas, die sie allerdings unbeantwortet lässt. Deren Ton erinnert sie ungut an seine frühen Gedichte, mit denen der in sein Verliebtsein verliebte junge Mann sie einst umworben und verfolgt hat. Doch nach der langen Reise durch Russland und durch die Gefilde ihrer Kindheit ist sie eine andere geworden, eine Stärkere. Rilke ist sicherlich dichterisch gewachsen, davon zeugen die Teile des *Stundenbuchs*, in denen er seine Reise in die russische Seele verarbeitet hat: *Von der Pilgerschaft* und *Von der Armut und vom Tode*. Aber während Lou beruhigt und gekräftigt aus dem russischen Abenteuer hervorgeht, ist er, wie er schreibt, »in allen Tiefen aufgerissen«. In der dritten Augustwoche kehrt Lou Andreas-Salomé schließlich nach St. Petersburg zurück, am 22. August reisen Rilke und sie nach Danzig ab, vier Tage später erreichen sie Berlin.

Verspätete Liebesworte

Von einem Aufenthalt in Wolfratshausen oder Meiningen ist jetzt nicht mehr die Rede. Lou will Rilke auch nicht mehr in der Nähe ihres Berliner Domizils wissen. Sie überzeugt ihn daher, ein früheres Angebot des Künstlers Heinrich Vogeler anzunehmen, in die Künstlerkolonie Worpswede zu kommen. Nachdem Rilke dorthin gezogen ist, verliebt er sich bald in Clara Westhoff, die er am 28. April 1901 heiratet – eine Ehe, die nach wenigen Monaten scheitern wird, obwohl am 12. Dezember 1901 die gemeinsame Tochter Ruth zur Welt kommt.

Am Ende des Jahres 1900 schreibt Lou Andreas-Salomé in ihr Tagebuch: »Was ich will vom kommenden Jahr, was ich brauche, ist fast nur Stille, – mehr Alleinsein, so wie es vor 4 Jahren war. Das wird, muß wiederkommen.«

Am 26. Februar 1901 schickt sie Rilke den endgültigen Trennungsbrief, worin sie auch versucht, eine Erklärung ihres Auseinanderdriftens zu geben: »Doch da kam etwas hinzu, – etwas, fast wie eine tragische Schuld gegen Dich: nämlich der Umstand, daß ich, trotz unseres Altersunterschiedes, seit Wolfratshausen immer noch wachsen mußte, – weiter und weiter wachsen, bis in das hinein, was ich Dir beim Abschied so froh erzählte, – ja, so seltsam es klingt: bis in meine Jugend hinein! Denn erst jetzt bin ich jung, erst jetzt darf ich sein, was Andere mit 18 Jahren werden: ganz ich selbst. Darum verlor Deine Gestalt, – in Wolfratshausen noch so lieb und deutlich dicht vor mir, – sich mehr und mehr wie ein Einzelteilchen in einer Gesamtlandschaft, – in einer weiten Wolgalandschaft gleichsam, und die kleine Hütte darin war nicht die Deine.«

Ihre Wege trennen sich und bleiben getrennt. Nur vereinzelt gehen noch Briefe hin und her, manchmal treffen sie sich. Lou Salomé bleibt für Rilke die Bezugsperson, der er brieflich seine Lebensprobleme unterbreitet. Im August 1903 schreibt er ihr einen – abgeklärten und verspäteten – Liebesbrief: »Denn, nichtwahr Lou, es soll so sein; wir sollen wie ein Strom sein und nicht in Kanäle treten und Wasser zu den Weiden führen? Nichtwahr, wir sollen uns zusammenhalten und rauschen? Vielleicht dürfen wir, wenn wir sehr alt werden, einmal, ganz zum Schluß, nachgeben, uns ausbreiten, und in einem Delta münden … *liebe* Lou!«

Doch das Altwerden ist ihm nicht vergönnt. Er stirbt mit einundfünfzig Jahren am 29. Dezember 1926 an Leukämie. Erst nach seinem Tod kann Lou Andreas-Salomé ihr Verhältnis zu ihm schriftlich aufarbeiten. Ihre Monografie *Rainer Maria Rilke* erscheint 1928. In ihrem posthum erschienenen *Lebensrückblick* – sie stirbt am 5. Februar 1937 – schreibt auch sie ihm, am Ende einer langen Reise, verspätete Liebesworte: »War ich jahrelang Deine Frau, so deshalb, weil Du mir das erstmalig Wirkliche gewesen bist, Leib und Mensch ununterscheidbar eins, unbezweifelbarer Tatbestand des Lebens selbst.«

9 Mary Kingsley (1862–1900)
Bei den Kannibalen Afrikas

Im Jahre 1899 schreibt die siebenunddreißigjährige Engländerin Mary Kingsley, die auf Fotografien stets in langen schwarzen Kleidern der viktorianischen Ära zu sehen ist, an Matthew Nathan, Gouverneur des britischen Protektorats Sierra Leone in Westafrika, einen sehr persönlich gehaltenen Brief: »Ich bin eher ein Windstoß als ein menschliches Wesen. Ich hatte nie ein persönliches Leben. Ich hatte immer irgendwelche lästigen Dinge zu tun – und habe in der Freude, im Kummer und in den Sorgen anderer Menschen gelebt. Noch heute kommt es mir nicht in den Sinn, dass ich das Recht haben könnte, mehr als nur dazusitzen und mich ab und zu an den Kaminfeuern menschlicher Lebewesen aufzuwärmen. Ich bin ihnen dafür dankbar und mag sie, aber ich erwarte nicht, dass sie mich mögen, und das ist auch ganz in Ordnung so – denn keiner von ihnen hat sich je über meine Hilfeleistung hinaus für mich interessiert [...]. Ich selbst aber gehöre zur nicht-menschlichen Welt. Mein Volk sind die Mangroven, die Sümpfe und Flüsse, das Meer – wir nämlich verstehen uns. Deren Verhalten bringt mich nicht so durcheinander wie die Menschen mit ihren Umtrieben.«

Doch die Briefschreiberin ist keineswegs verhärmt oder menschenscheu, vielmehr lebensmutig und abenteuerlustig, dazu gebildet und Neuem gegenüber aufgeschlossen. Aber Erziehung und persönliche Umstände haben sie über viele Jahre hinweg gebunden und klein gehalten. Bis sie sich als Dreißigjährige nach dem Tod beider Eltern plötzlich in der Lage sah, ihre Fesseln zu sprengen, die bürgerlichen und geschlechtsspezifischen

Konventionen hinter sich zu lassen und aufzubrechen zu neuen Ufern. Und dies im wortwörtlichen Sinn, denn sie besteigt zweimal, 1893 und 1894, ein Frachtschiff, das sie von England an die westafrikanische Küste bringt. Zunächst nach Sierra Leone, dann weiter nach Französisch Kongo. Von dort geht es hinein ins unerforschte Innere Afrikas, ins »Herz der Finsternis«, das zu jener Zeit ein anderer Reisender, der englisch-polnische Literat Joseph Conrad, in verstörenden Erzählungen verewigt.

Mary Kingsley empfindet ihre Reisen in die Tropen trotz aller lauernden Gefahren nicht als Bedrohung, sondern als Befreiung. Im selben Brief an Matthew Nathan offenbart sie: »[…] so brach ich nach Westafrika auf, um dort zu sterben. Westafrika gefiel mir und war gut zu mir, und es war wissenschaftlich interessant – und es wollte mich auch nicht gleich umbringen. Aber ich habe es nicht eilig. Mir ist es gleichgültig, ob ich noch ein oder zwei Jahre warten muss.«

Als Mary Kingsley diesen Brief nach Sierra Leone schreibt, hat sie nur noch ein Jahr zu leben. Sie wird tatsächlich in Afrika sterben, aber nicht, wie sie es sich vielleicht wünscht, in den Tiefen des Dschungels oder auf dem Gipfel des Kamerunberges, den sie als erste Frau bezwungen hat, sondern in einer Krankenbaracke als Opfer ihrer karitativen Fürsorge. Kalte Ironie des Schicksals: Als Pflegerin hat sie lange Jahre ihrer Jugend verbracht, bevor sie in die unerforschten Tiefen Afrikas aufbrechen durfte, und als Pflegerin holte sie ausgerechnet im Land ihrer Sehnsüchte, das »gut« zu ihr war, der Tod ein.

Das Gebot der Selbstverleugnung

Mary Kingsley wurde zeitlebens stark von den Vorgaben und Erwartungen der viktorianischen Gesellschaft geprägt – und verbogen. Ihre Reisen und ihr Schreiben waren der Versuch, dieses einengende Korsett abzulegen. Beinahe wäre sie nach den bürgerlichen Vorstellungen ihrer Zeit in »Schande« geboren worden, als uneheliches Kind. Doch ihr Vater, der Arzt George

Kingsley, besinnt sich vier Tage vor Marys Geburt eines anderen und heiratet seine Köchin Mary Bailey. Am 13. Oktober 1862 kommt die gemeinsame Tochter Mary Henrietta in London-Islington zur Welt. Wenig später zieht die Familie nach Highgate, einer Gegend auf den Anhöhen am nördlichen Stadtrand Londons. Dort bewohnt sie ein Haus in der Southwood Lane. Hier kommt im Jahre 1864 auch Marys Bruder Charles George zur Welt.

Die meiste Zeit ihres kurzen Lebens wird Mary im Schatten des Vaters, der Mutter und später des Bruders zubringen. Nach den viktorianischen Vorstellungen wird sie dazu erzogen, ihre persönlichen Interessen zurückzustellen, zu verleugnen und ganz im Dienst der Familie zu stehen. Nicht nur mit »typisch« weiblichen Arbeiten als Haushälterin, Köchin und Pflegerin, sondern auch als Sekretärin zur Erledigung der Korrespondenz sowie als »wissenschaftliche Mitarbeiterin« des Vaters. Der ist Leibarzt diverser Adliger und Offiziere, unter anderem des Earl of Pembroke, und kommt im Laufe seines Lebens weit herum – nach Spanien, Ägypten, Syrien, in den Maghreb und sogar in den südlichen Pazifik. Von diesen Reisen bringt George Kingsley viele Materialien mit, zudem Tagebücher und Notizen, die er zu wissenschaftlichen Aufsätzen ausarbeiten will. Zu vielem wird ihm die Zeit fehlen, und so wird Mary nach dem Tod des Vaters im Jahre 1892 die Aufarbeitung des Nachlasses übernehmen.

Seltsamerweise sorgt der weit gereiste und geistig offene Mann nicht für eine Ausbildung seiner Tochter. Mary wird während ihrer ganzen Kindheit und Jugend nie auf eine Schule geschickt, nur der Vater gibt ihr sporadisch und unsystematisch Unterricht. Das meiste bringt sich Mary, sobald sie lesen und schreiben kann, in der Bibliothek des Vaters und später in öffentlichen Büchereien autodidaktisch bei. Einerseits wird sie später ihre unzureichende, unsystematische Bildung beklagen, andererseits ist gerade das ihre Stärke: Ihr Blick ist nicht durch wissenschaftliche Theorien und akademische Richtungen gelenkt oder verstellt, ihre Neugier auf das Fremde ist ihr eigentliches

Kapital. Und auch stilistisch zeichnen sich ihre Bücher durch eine Sprache aus, die gänzlich »unakademisch«, verständlich und unterhaltsam und von feinem Witz und Ironie durchzogen ist.

All das erarbeitet sich Mary Kingsley mühsam, denn der Vater nutzt zwar ihr Interesse für seine wissenschaftliche Arbeit, doch konzentriert sich die Aufmerksamkeit in der Familie ganz auf zwei Menschen, den Sohn Charles und die Mutter. Als Charles das College besuchen will, ziehen die Kingsleys nach Cambridge. Schließlich soll der Sohn die erdenklich beste Ausbildung am Christ's College erhalten und die Familie dabei im Hintergrund wissen. Die Familie: Das ist meist nur Mary, denn ihr Vater ist nach wie vor viel auf Reisen, und die Mutter ist seit Jahren schwer »nervenkrank«, wie die damalige Diagnose ungenau lautet. Sie leidet unter Depressionen und ist in späteren Jahren so schwach, dass sie die meiste Zeit im Bett verbringen muss. Mary ist die Einzige, die von der eigenwilligen Kranken zur Pflege geduldet wird.

So verbringt Mary ihre Kindheit, Jugend und ihr junges Erwachsenendasein bis zum dreißigsten Lebensjahr ausschließlich im elterlichen Haus, pflegt die Mutter, besorgt den Haushalt, hilft dem Vater bei dessen wissenschaftlichen Arbeiten. Sie hat kaum Freundinnen, auch ist nichts von einer Liebschaft bekannt. Als sie mit fünfundzwanzig Jahren zum ersten Mal in ihrem Leben für mehrere Tage mit einer Freundin nach Wales reisen will, wird ihr bereits nach zwei Tagen telegrafiert, sie müsse schleunigst nach Hause kommen, da der Zustand der Mutter sich verschlechtert habe. Mit achtundzwanzig Jahren wagt Mary Kingsley eine Reise nach Paris. Die gerade einmal achttägige Tour – einschließlich zeitraubender Hin- und Rückfahrt über den Ärmelkanal – wird vom Schicksal insofern »bestraft«, als sich der Zustand der Mutter erneut dramatisch verschlechtert. Von nun an muss Mary Kingsley oft auch nachts am Bett der Kranken wachen.

Im Frühjahr 1892 sterben Marys Vater und Mutter kurz nacheinander. Sie könnte sich nun frei und erleichtert fühlen. Doch das Gegenteil ist der Fall, wie sie in einem Brief an Matthew Nathan rückblickend gesteht: »Mein Leben war komisch: Todmüde war ich und fühlte, dass mich jetzt niemand mehr brauchte, nachdem 1892 innerhalb von sechs Wochen mein Vater und meine Mutter gestorben waren.«

Der Traum von Afrika

Sie ist ausgebrannt und leer, nach vielen Jahren der aufopferungsvollen Pflege der Mutter, der Hintanstellung eigener Interessen körperlich entkräftet und psychisch deformiert. Ein Bekannter rät ihr, sich in südlichen Gefilden zu erholen. Eine kleine Erbschaft ermöglicht zumindest für kurze Zeit eine gewisse Unabhängigkeit. Noch 1892 besteigt sie ein Schiff, das sie zu den Kanarischen Inseln führt, die damals trotz der langen spanischen Besiedelung noch wenig von der modernen Zivilisation verunstaltet sind. Sie besucht Gran Canaria, Teneriffa und Lanzarote, ist begeistert von der großartigen Natur, der Weite des Himmels und des Meeres. Auch wagt sie auf dem Schiff eines Händlers die Überfahrt nach Marokko, wo sie zum ersten Mal in ihrem Leben afrikanischen Boden betritt.

Die wichtigste Begegnung dieser Reise ist die mit dem englischen Handelsmann James Henly Batty, der Geschäfte mit Waren von der Goldküste – dem heutigen Ghana – tätigt. Durch seine Erzählungen vergrößert sich ihre bereits durch Reisebücher entfachte Sehnsucht nach Schwarzafrika. Doch zunächst muss sie im Herbst 1892 nach England zurückkehren, da ihr Bruder Charles – der inzwischen einen nur mittelmäßigen Abschluss an der Universität von Cambridge gemacht hat und nach einer Reise in den Orient wieder in die Heimat zurückgekehrt ist – nach der Schwester als Haushälterin ruft. Nur ungern kehrt Mary Kingsley ins graue Cambridge und in die verstockte viktorianische Gesellschaft zurück.

Der Traum von Afrika lässt sie allerdings nicht mehr los. Bereits im Jahr darauf, im August 1893, reist sie daher mit dem

Zug nach Liverpool und macht sich an Bord eines Frachtschiffs auf den Weg nach Westafrika. Die Route führt über Freetown in Sierra Leone, die Goldküste (Ghana), Lagos und Calabar im heutigen Nigeria, über Fernando Póo, Französisch Kongo und Cabinda bis nach St. Paul de Loanda (Luanda) in Angola. Die Reise dient – anders als der Aufenthalt auf den Kanaren – nicht der Erholung, sondern der Erforschung von Flora und Fauna. Besonders als Sammlerin von Insekten und Fischen macht sich Mary Kingsley in den folgenden Jahren einen Namen und veröffentlicht auch wissenschaftliche Aufsätze. Launig schreibt sie über ihre Erfahrungen mit afrikanischen Kerbtieren: »Fünfundsiebzig Prozent der westafrikanischen Insekten stechen, fünf Prozent beißen, und der Rest ist entweder dauerhaft oder zeitweise für die menschliche Rasse parasitär. Und zweifellos ist eines der schlimmsten Dinge, die man in Westafrika tun kann, irgendeine Notiz von einem Insekt zu nehmen. Wenn Sie etwas sehen, das wie eine Kreuzung zwischen einem fliegenden Hummer und der Figur eines Abraxas auf einer gnostischen Gemme aussieht, so schenken Sie dem keinerlei Aufmerksamkeit, egal wo es ist; bewahren Sie einfach Ruhe und hoffen Sie, dass es verschwinden möge – denn das ist Ihre beste Chance; Sie haben dagegen keine, wenn Sie einen offenen Kampf suchen.«

Solche Widrigkeiten können Mary Kingsley in ihrem Entdeckungseifer nicht bremsen. Dabei macht sie es sich selbst nicht immer leicht: Sie weigert sich beispielsweise, helle Kleidung oder gar Männerhosen anzuziehen. Darin ist sie – bei aller Aufgeschlossenheit – ganz Kind ihrer Zeit. Im hochgeschlossenen, an der Taille geschnürten und bis zum Boden reichenden schwarzen viktorianischen Kleid, das selbst in den gemäßigten Gefilden Englands unbequem ist und Atemnot verursacht, durchstreift sie Mangrovensümpfe und Tropenwälder, watet bis zu den Knien durch Morast und steuert ihr Kanu auf afrikanischen Flüssen, während am Ufer Krokodile lauern.

Reich mit allerlei Objekten beladen, die Notizbücher gefüllt, kehrt Mary Kingsley im Juni 1894 nach England zurück. Diese erste Reise war für sie nur eine Art Übung. Kaum angekommen, bereitet sie schon eine zweite Expedition vor. Sie studiert in den großen Londoner Bibliotheken die wissenschaftliche Literatur über Afrika, setzt sich mit dem British Museum und der Royal Geographical Society – deren Mitglied sie wird – in Verbindung und erhält finanzielle und ideelle Unterstützung.

Ein seltsamer Zeitvertreib

Bereits am 23. Dezember 1894 bricht sie an Bord der »Batanga« von Liverpool aus auf. Die Route führt sie erneut an der west-afrikanischen Küste entlang, über Freetown, Accra, Calabar, Fernando Póo nach Französisch Kongo, ihre »geliebte Südwest-küste«, wie sie in ihrem Reisebericht emphatisch schreibt. Mit dem Dampfer fährt sie dann ein Stück den Fluss Ogooué hinauf. Als das Bett zu seicht wird, steigt sie in ein Kanu um. Sie dringt in noch weitgehend unbekanntes und unerforschtes Land vor und kommt sogar mit dem Stamm der Fang in Berührung, denen man Kannibalismus nachsagt.

Und sie macht eifrig Notizen, die sie nach ihrer Rückkehr im Oktober 1895 ausarbeitet. Ihr 1897 erschienenes Buch *Travels in West Africa* wird in England ein Bestseller und außerdem in einige andere Sprachen übersetzt. Mary Kingsley avanciert für wenige Jahre zu einer Berühmtheit, doch ihr persönlich bedeu-tet das nicht viel. Ihr geht es um die Sache, die wissenschaftliche Arbeit, auch ein wenig um das Abenteuer und um die Freiheit, die sie auf Reisen erfährt und die ihr in der Heimat als Frau verwehrt bleibt.

Kein Wunder, dass ihre Bücher diesen Geist des Abenteuers, des Überschwangs und der Ausgelassenheit atmen. Das schätz-ten die Leser, vornehmlich die Leserinnen: Sie konnten aus Mary Kingsleys Reiseberichten nicht nur Wissenswertes erfahren, son-dern auch Freiheit und Abenteuer nacherleben und eigene Pro-jektionen hineinlegen. Dass Mary Kingsley sich als Frau nicht vom Reisen abbringen ließ, mag viele Leserinnen besonders entzückt haben. Die bisweilen schnoddrig-ironische Art der

Autorin, auf Vorbehalte von Männern zu reagieren, wirkt bis heute komisch und entwaffnend.

Sie missachtet die Bedenken von Bekannten, Afrika sei für eine Dame viel zu gefährlich, und erheitert sich darüber, dass just diese Leute sie mit Verzeichnissen versehen hätten, was alles sie aus Afrika mitbringen möge, eine »Liste von Bestellungen, so lang wie von hier nach New York«. Nicht ganz von der Hand zu weisen sind praktische Ratschläge wie der eines Händlers, der jahrelang an der Goldküste gelebt hat: »Das Beste ist, Sie machen diesen Entschluss rückgängig und fahren stattdessen nach Schottland. Wenn Sie aber so viel Verstand nicht aufbringen, dann setzen Sie sich nie der prallen Sonne aus. Nehmen Sie außerdem zwei Wochen lang jeden Tag vier Chinintabletten ein, bevor Sie die Flüsse erreichen, und besorgen Sie sich ein apartes Empfehlungsschreiben für die Missionare der Methodisten. Das sind die einzigen Menschen an der Küste, die einem ein anständiges Begräbnis ausrichten.«

Solcher Warnungen mag sich Mary Kingsley erinnern, als sie sich in Westafrika an Land begibt und mit Insekten, Spinnen, Schlangen und Krokodilen, mit Krankheiten und der schwülen Hitze zu kämpfen hat. Bereits das Umsteigen vom Schiff auf ein kleineres Boot vor der Küste von Lagos wird zu einem Abenteuer, einem »Schnapp mich«-Spiel, so Mary Kingsley, mit den dort wimmelnden Haien.

Endlich ist sie am eigentlichen Ziel ihrer Forschungsreise angelangt, in Gabun, damals Teil von Französisch Kongo, wo der noch unerforschte Ogooué-Fluss ins Meer mündet. Mary Kingsley ist von den »grünschwarzen Mangrovenmauern« geheimnisvoll angezogen, »als wollten sie [die Flüsse] zeigen, wie gleichgültig es ihnen ist, wann sie zum Vorschein kommen«. Mit dem Dampfschiff kommt sie jedoch nicht weit, denn die Flussarme verzweigen sich schnell, werden schmäler und seichter. Um weiter in das grüne Labyrinth vordringen zu können, muss sie in ein Kanu umsteigen.

»Das ist ein faszinierendes Unternehmen«, so die Reisende launig, »für Leute, die an so etwas Gefallen finden, ist es genau das Richtige – wie der Kunstkritiker einer Provinzzeitung zum Ankauf eines impressionistischen Gemäldes durch die städtische Galerie einmal sehr weise bemerkte. Aber es ist ein Zeitvertreib, dem man sich nur mit großer Vorsicht hingeben darf, da man sicher sein kann, dort Krokodilen zu begegnen. Und ein Krokodil, das durch tiefes Wasser gleitet oder mit offenem Maul auf einer Sandbank in der Sonne döst, ist nur dann eine pittoreske Bereicherung für die Landschaft, wenn man auf Deck eines Dampfers steht. Man kann dann in Briefen davon berichten, und die Verwandten ängstigen sich. Ist man hingegen in einem kleinen ausgehöhlten Kanu in den Sümpfen unterwegs und das Krokodil mit seiner Sippschaft hellwach, […] dann wird es mehr als interessant.«

Direkte Kontakte mit Krokodilen lassen sich nicht vermeiden, vor allem, wenn bei Ebbe das Kanu im Schlick stecken bleibt: »Die wenige Zeit, die Ihnen dabei übrigbleibt, werden Sie dazu verwenden, sich zu wundern, warum Sie nach Westafrika gekommen sind. Und sobald Sie diesen Gipfel des Absurden überwunden haben, werden Sie sich fragen, warum Sie so ein Esel sind und unbedingt die Naturschönheiten eines Mangrovensumpfes erkunden wollten. […] Beim letzten Mal legte eines der ›Silurischen Ungeheuer‹ [ein Krokodil], um mit dem *Daily Telegraph* zu sprechen, seine Vorderpranken auf das Heck meines Kanus und bemühte sich darum, unsere Bekanntschaft zu vertiefen. Ich musste mich auf den Bug zurückziehen, um das Gleichgewicht zu halten, und zog dem Tier mit dem Paddel eins über die Schnauze, damit es endlich verschwand.«

Die Stromschnellen von Njole

Etwas flussaufwärts, der Ogooué ist in dem Bereich wieder schiffbar, kommt Mary Kingsley mit dem Dampfer zur evangelischen Missionsstation Talagouga, »an die felsige Bergwand geklebt, die so steil aus dem Fluss aufsteigt, dass fast kein Raum für den schmalen Fußweg an der Wasserseite bleibt«. Von hier aus bietet sich ein großartiger Blick über die Sierra del Cristal, den gewundenen Flusslauf des Ogooué und das tiefe Grün des Regenwalds. »Der Ogooué«, so Mary Kingsley, »ist das einzig Bewegte hier. Sieht man genau hin, so ist zu erkennen, dass er trotz seines ruhigen, dunklen Aussehens in rasender Geschwindigkeit vorüberrauscht.«

Hier hat sie zum ersten Mal Blickkontakt mit den als Kannibalen verschrienen Fang: »Ab und zu sieht man ein Kanu voll wilder Nackter oder nahezu nackter Wilder. Sie sind still, weil sie Fang sind und nicht wie die Igalwa oder M'ponge beim Kanufahren singen.«

Die Reisende kennt vor den Ureinwohnern keine Angst. Zwar bezeichnet sie sie als »Wilde« und fühlt sich ihnen als Europäerin kulturell überlegen, aber das sind Denkmuster ihrer Zeit, die sie nicht abstreifen kann. Dennoch begegnet sie den Ureinwohnern nicht mit Überheblichkeit, sondern mit Respekt und Verständnis. Die ironische Darstellungsweise, die sie in ihrem Reisebericht pflegt, ist Mary Kingsleys Art britischen Understatements, keineswegs jedoch europäische Arroganz: »Der ganze westafrikanische Urwald hat etwas Geheimnisvolles an sich. Aber nirgendwo wird das so deutlich wie in den Wäldern der Sierra del Cristal. Hier begegnete ich selten Eingeborenen, und diejenigen, die ich traf, waren Jäger: große, geschmeidige Männer, die ihre ganze kosmetische Aufmerksamkeit auf ihre Haartracht konzentrierten. Zweimal lief ich Gefahr, versehentlich als Wild angesehen zu werden. Ich kam davon, weil sich diese Männer so nahe wie möglich an ihre Beute heranschleichen, bevor sie schießen. Nachdem sie ihren Fehler erkannt hatten, waren sie als Sportskameraden fair genug, mich nicht zu töten, obwohl ich für sie sicher etwas Komisches war. Wir standen uns gegenüber, starrten uns an, sagten ein paar Worte in der jeweiligen Sprache und schieden voneinander.«

Die Dampferfahrt hat ein Ende, als die Stromschnellen von Njole ein unüberwindbares Hindernis bilden. Aber Mary Kingsley gibt nicht auf. Da sie die Gegenden oberhalb der Schnellen erkunden will, besteigt sie wieder ihr Kanu. Begleitet wird sie von Einheimischen vom Stamm der Igalwa: »In dem Kanu mache ich es mir auf meiner Reisetasche bequem und lehne mich gegen die Kiste voller Tauschwaren. Dahinter liegt der übliche Berg aus Kissen, Schlafmatten und Moskitonetzen der Igalwamannschaft. Das Ganze wird von der französischen Flagge gekrönt, die über uns an einem Stock flattert.«

Plötzlich hält ein französischer Beamter den Expeditionszug auf und verbietet die Weiterfahrt. »Zuerst meint der Beamte, dass er nicht gerne die Verantwortung dafür trage, dass ich mich in den Stromschnellen so großer Gefahr aussetze. Ich erkläre ihm aber, dass ich niemanden außer mich selbst für verantwortlich halte [...].«

Als der Beamte darauf verweist, dass sie ohne den Schutz eines Ehemanns unterwegs sei, kontert Mary Kingsley: »Was den Ehemann betrifft, so findet sich weder in den ›Ratschlägen für Reisende der Royal Geographical Society‹ noch in der ausführlichen Liste der Reiseutensilien für tropische Klimata der beiden Monsieurs Silver irgendeine Erwähnung über mitzuführende Ehemänner.«

Konsterniert und entnervt erlaubt der Franzose der seiner Ansicht nach verrückten Engländerin die Weiterfahrt, »obwohl er mich im Verdacht hat, zur Selbstzerstörung zu neigen«.

Als die Gruppe zu den ersten Stromschnellen gelangt, springen alle ans Ufer und ziehen mit vereinten Kräften die schwer mit Proviant und Ausrüstungsgegenständen bepackten Kanus an Ketten stromaufwärts: »Und was das für Ufer waren! Aufgerissen, zerklüftet, voller Gesteinsbrocken und umgestürzter Bäume.«

Noch gefährlicher als die Schnellen scheinen die Fang zu sein, die in diesem Gebiet leben und vor denen sogar die Igalwa-Begleiter Angst haben. Doch die Fang begnügen sich einstweilen damit, die seltsame Aufführung am Fluss durch das Blätterdickicht zu betrachten und nicht weiter einzugreifen. Nur einmal verhalten sie sich sogar überraschend als Kavaliere: »Ein paar freundliche Seelen halfen den Männern beim Ziehen, während ich die übrigen amüsierte, indem ich kopfüber von einem großen Felsen, den ich mühsam erstiegen hatte, in ein dichtes weidenblättriges Gestrüpp stürzte. Zuerst applaudierten sie meiner Vorstellung lautstark. Dann halfen sie mir wieder auf die Beine. Bei meiner nächsten Kletterpartie hielten sie sich dicht hinter mir und kämpften hart um die ersten Plätze, immer in der Hoffnung, ich würde noch einmal etwas Ähnliches zum Besten geben. Aber ich verweigerte eine Zugabe. Denn bei aller Schüchternheit war ich dennoch der Ansicht, dass meine letzte Vorstellung mit der ganzen rückhaltlosen Hingabe einer Sarah Bernhardt gespielt worden war, und dass ein Kunstgenuss diesen Grades jedes afrikanische Dorf für mindestens ein Jahr zufriedenstellen müsste.«

Dann aber geraten die Kanus in noch wilderes Fahrwasser. Die Expedition droht zu scheitern, die Teilnehmer kämpfen um das blanke Leben: »Zentimeter um Zentimeter kämpften wir uns voran. Das Kanu rammte unter Wasser liegende Felsbrocken, wir stießen uns davon ab, das Kanu kippte um und warf uns heraus. Da die Felsen direkt unter der Wasseroberfläche lagen, überlebten wir. Danach richteten wir das Kanu wieder geradeaus, stiegen ein und trieben es gnadenlos voran. [...] Wir kreiselten dann in einem schrecklichen Strudel einige Male um die eigene Achse, bis wir schließlich herzlos und böse, mit dem Ende voran in die Strömung geschleudert wurden. [...] erst einmal trieben wir in rasendem Tempo die weiße Gischt hinab.«

In jenen Breiten wird es um sechs Uhr abends dunkel. Mary Kingsley und ihre Mannschaft haben zu diesem Zeitpunkt die Stromschnellen noch längst nicht überwunden. Sie kämpfen weiter, ohne in der stockfinsteren Nacht etwas zu sehen: »Bisweilen krachten wir mit voller Wucht gegen Felsen, die zwanzig bis dreißig Fuß aus dem Wasser ragten. Das Boot bäumte sich dann auf, wie in rasendem Zorn. [...] In dieser Nacht wurden wir mehrmals so durcheinandergeschleudert, dass es bei der notwendigen Eile wie ein Wunder erscheint, dass wir unsere Arme und Beine wieder korrekt entwirren konnten.«

Das britische Understatement verhüllt nur schwer, was die Autorin noch Jahre später in der Erinnerung empfunden haben muss: »Um es so richtig unbequem zu haben, ist es am besten, in der Dunkelheit mit voller Wucht in die Äste eines umgestürzten Baumes zu donnern; und das bei unserer Geschwindigkeit: ein einziges Krachen, Knallen und Splittern. Dann hängt man fest, einen Ast gegen die Brust gedrückt, die Haare ausgerissen, die Kleider zerfetzt, während der bösartige Fluss versucht, das Kanu wegzuzerren.«

»Ein Anblick von göttlicher Schönheit«

Schließlich gelingt es ihnen, die Kanus an sicheres Land zu ziehen. In der Dunkelheit erblicken sie die Wachfeuer eines nahegelegenen Dorfes und machen sich durch das Dickicht dorthin auf. Von den Eingeborenen werden sie herzlich empfangen. Mary Kingsley wird sogar eine eigene Hütte zugewiesen. Da sie nicht einschlafen kann, geht sie schließlich nach draußen. Sie befindet sich im Herzen Afrikas, und ihre Sinne sind angesichts dessen, was sie in der Dunkelheit sieht und hört, hellwach: »Der Mond ging auf und erhellte den Himmel, aber noch sandte er sein Licht nicht in die tiefe Schlucht des reißenden, schäumenden Ogooué, ein Anblick von göttlicher Schönheit. Zu beiden Seiten der formlosen Düsternis erhoben sich die Gipfel der Sierra del Cristal. [...] in den schwach erleuchteten höheren Tälern hingen träge Wolken und Girlanden aus silbergrauem Dunst, der sich zuweilen auch sanft bewegte. [...] In der Dunkelheit umschwärmten mich Tausende von Glühwürmchen, und unter mir rauschte unablässig die weiße Gischt der Stromschnellen durch die tiefschwarze Nacht. Außer ihrem Tosen hörte man keinen Laut. Die majestätische Schönheit der Umgebung faszinierte mich; gegen einen Baum gelehnt betrachtete ich die grandiose Szenerie.«

Die eigentliche Herausforderung steht der Expedition noch bevor: ein Felsentor, durch das sich der Ogooué zwängt und das unpassierbar scheint: »Von beiden Flussufern ragten felsige Vorsprünge ins Wasser. Auf dem nördlichen Vorsprung stand ein kleines Dorf, und auf beiden Seiten erhoben sich riesige Monolithe aus dem Strom, die aussahen wie ein Tor, das einst verschlossen war und durch das der Ogooué hindurchgebrochen ist. Zum erstenmal auf dieser Reise fühlte ich mich ohne Mut.«

Doch Mary Kingsley und ihre Begleiter wagen das scheinbar Unmögliche: »Aber wir klammerten uns mit Händen, Stakstangen und Paddeln an das Ufer und die Felsen, und es gelang.« Die Mühe hat sich gelohnt: Hinter dem Flussdurchbruch eröffnet sich eine wunderschöne, von Bergen eingerahmte Landschaft. Auf einer Flussinsel namens Kondo Kondo nächtigen die Reisenden. Mary Kingsley, sonst eher kühl-distanziert, ist überwältigt: »Die Sonne ging unter, und ihr Glühen blitzte in Karmesin, Purpur und Gold über den Himmel, um schließlich ein tiefviolettes Purpurrot zurückzulassen. Die großen Sterne hingen darin wie Monde, bis der Mond dann selbst aufging, der den Himmel erhellte, bevor er seine Strahlen in unser Tal sandte. Während er aufstieg, verdeckten die Berge sein Antlitz, die Konturen wurden zunehmend schärfer. Ihr Schwarzton vertiefte sich. Gerade hell genug waren die gegenüberliegenden Hügel, um die dünnen Nebelfäden und die schwebenden blauweißen Dunstschleier erkennen zu lassen.«

Auf ihrem weiteren Vorstoß erreicht Mary Kingsley die Missionsstation Lambarene – die nach 1913 durch den dort tätigen »Urwalddoktor« Albert Schweitzer weltbekannt werden wird. Und während die Station später in das kollektive Gedächtnis als ein Ort der Leiden, aber auch der Hoffnung eingegangen ist, verbringt Mary Kingsley hier heitere, ungetrübte Stunden. Auf den nahen Sandbänken versammeln sich junge Frauen und Männer zu Tanz und Gesang: »Manche fischten an den Ufern, andere brachten Wäsche zum Waschen mit, alle trieben Unsinn und sangen. Selten ist mir ein angenehmerer Anblick zu Gesicht gekommen. Die fröhlichen braunen Gestalten, die tanzten oder im Sand lagen, die farbenfrohen Patchworkdecken und die Moskitonetze aus Chintz, die gewaschen und zum Trocknen ausgelegt worden waren, sahen von einem Hügel des Kangwe wie leuchtende Blumenbeete aus. Nachts, wenn der Mond schien, waren Tänzer mit Buschfackeln dort, sie drehten, verbanden und trennten sich, dass man glauben konnte, einem Sternentanz zuzusehen.«

In solchen Augenblicken vergisst Mary Kingsley ihre Herkunft, ihre strenge viktorianische Erziehung, die Verbitterung ihres Lebens durch die Gebote von Pflichterfüllung und Selbstverleugnung. Auch der offizielle Zweck ihrer Reisen – das Sammeln wissenschaftlicher Objekte – tritt in solch glücklichen Momenten des sinn- und zweckfreien Bei-sich-Seins in den Hintergrund. Vielleicht hat sie genau das im Innersten stets gesucht.

Zu Gast bei Kannibalen

Dann bricht sie auf, um ins Stammesgebiet der Fang am Ncovi-See und zum Remboué-Fluss (Gabon River) zu gelangen. Ein befreundeter Missionar, der ihr das Vorhaben vergeblich auszureden versucht, gibt ihr zumindest einige erfahrene Männer vom »edlen« Stamm der Ajumba als Begleitung und Schutz mit. Der Ncovi-See ist damals noch auf keiner Karte eingezeichnet. Das Gebiet wird sogar von Händlern und Missionaren gemieden, denn die Fang sind selbst bei den indigenen Stämmen der Umgebung als gnadenlose, blutrünstige Kannibalen verschrien.

Langsam setzt sich die kleine Bootskarawane in Bewegung. Mary Kingsley empfindet Furcht: »Mir stellen sich die Haare zu Berge, wenn ich mich daran erinnere, was mir über die Fang erzählt wurde. […] Und dabei wollen wir jetzt das Herzstück des Fanglandes durchqueren, fern von einer französischen Niederlassung und ohne französische Flagge. Warum nur habe ich Mr. Hudson nicht gehorcht, der mir das verantwortungslose Herumziehen verboten hat! Aber wie auch immer, ich kann nicht mehr zurück […]. Jeder der Männer hat sein bestes Gewehr dabei. Die Vorderlader sind auf dem Gepäck zusammengebunden, gegen das ich mich lehne, mein Kopf ist zu beiden Seiten von den Flintenläufen eingerahmt.«

Endlich erreichen sie den Ncovi-See: »Er ist überaus schön. [...] Unser Kanu zog eine lange, frostig-silbrige Spur über das spiegelglatte Wasser, und bei jedem Paddelstoß perlte die Luft in glitzernden Bläschen wieder nach oben – nicht wie zuvor in Sand- und Schlammwirbeln. Der See liegt inmitten bewaldeter Hügel, die im schwindenden Tageslicht indigoblau und purpurrot erscheinen.«

Als sie um einen Ufervorsprung biegen und an Land gehen, erblicken sie ein Fang-Dorf: »Eine braune Masse nackter Menschheit kam den steilen Pfad herunter, um uns gebührend zu empfangen. Wir waren offensichtlich von allergrößtem Interesse für sie. Sie machten keinen friedlichen Eindruck und sahen auch nicht besonders freundlich aus. Jeder Mann war mit einer Flinte bewaffnet, Frauen waren nicht zu sehen. Während sie auf uns zukamen, zogen sie ihre schaufelförmigen Messer – offensichtlich glaubten sie genau wie wir, dass ein Kampf bevorstand. Ungefähr zwanzig Schritte vor uns blieben sie schweigend stehen.«

Der Zufall will es, dass einer von Mary Kingsleys Begleitern den Dorfvorsteher kennt. Die Augenblicke dehnen sich, Augenblicke, die, so Mary Kingsley, zu »den längsten Minuten« ihres Lebens zählen. Dann entspannt sich die Situation, die Fang nehmen die Fremden gastfreundlich auf. Mary Kingsley erregt Aufsehen, allein durch ihr Geschlecht, aber auch durch das lange schwarze Kleid. »Der Lärmpegel verdoppelte sich«, berichtet sie mit britischem Humor, »als wir das Dorf erreichten, da nun auch die Frauen, die Kinder und die Hunde einstimmten. Jedes Kind, das mich sah, stieß einen Schrei aus, als hätte es die satanische Majestät mit Hörnern, Hufen und Schwanz erblickt, flüchtete Hals über Kopf in die nächste Hütte und fiel dort wahrscheinlich in Krämpfe, wie ich wegen des anhaltenden Geschreis befürchten musste.«

Mary Kingsley und ihre Begleiter übernachten in dem Dorf, das die Forscherin als »entsetzlich schmutzig« beschreibt: »Überreste des Krokodils, das sie zwei Wochen vorher verspeist hatten, Berge von Fischinnereien und Relikte eines Elefanten, Flusspferds oder einer Seekuh – ich kann nicht genau sagen wovon, denn die Verwesung war zu stark fortgeschritten – verbanden sich zu einem höchst eindrucksvollen Gestank.«

Anderntags wird wort- und gestenreich gefeilscht. Endlich erklären sich drei Fang-Krieger bereit, die Expedition durch den Wald zum Remboué-Fluss zu begleiten. Unterdessen wollen die Frauen des Dorfes einen kleinen Handel mit der Europäerin aufziehen: »Aus der Menge trat eine Frau auf mich zu und zeigte mir auf einem Bananenblatt einen schleimigen, grauen, scheußlichen Brei – eine zertretene Schnecke. Ich akzeptierte das Geschenk und gab ihr Angelhaken dafür. Sie war entzückt, und ihre Begleiter gerieten ganz aus dem Häuschen. Sie steckte daher die Haken zur Sicherheit in den Mund. Hastig erklärte ich in meinen gewähltesten Fangausdrücken, dass ich keine weiteren Schnecken brauchte.«

Mary Kingsley und ihre Ajumba-Begleiter verbringen noch eine Nacht in dem Dorf, doch zunehmend wird ihr mulmig, denn die Ajumba erzählen ihr, die Fang zerstückelten ihre Opfer »in handliche Teile, schmausen nach Belieben davon und räuchern den Rest für zukünftige Verwendung. Ich will aber nicht unbedingt in geräuchertem Zustand am Remboué ankommen, selbst wenn meine Überbleibsel recht handlich wären«.

Die Schönheit der Schöpfung und eine abgehackte Hand

Mary Kingsley verbringt eine schlaflose Nacht. Sie wird von Moskitos und Läusen geplagt und sucht Zerstreuung auf einem nächtlichen Spaziergang am Fluss, wo sie beinahe von aufgescheuchten Flusspferden angegriffen wird. Am anderen Morgen bricht die Gruppe auf, um zu Fuß durch den Urwald zum Remboué zu gelangen. Einmal begegnen sie einer Elefantenherde, und Mary Kingsley robbt durch Gras und Morast nahe an sie heran, um sie genauer beobachten zu können. Der Marsch durch den Tropenwald ist faszinierend und anstrengend zugleich: »Es war eine gefährliche und äußerst kratzige Angelegenheit, durch diese Holzschläge zu gehen. Immer wieder brach das eine oder andere Mitglied unserer Gruppe durch. Am unbequemsten«, meint sie voll schwarzen Humors, »fand ich es in einem Holzschlag oberhalb von Egaja. Zuerst ging es ein paar Meter durch berstendes, knackendes Holz, dann fiel man in feuchtes Faulholz mit mehr Schlangen und Tausendfüßlern, als selbst der Sammler gebrauchen konnte.«

Ekel und Staunen halten sich die Waage: »In den kühlen, dahinterliegenden Wald einzutreten war wunderbar. Besonders an diesen schönen dämmrigen Stellen, wo hoch über einem eine Welt voll Blüten, Duft und Schönheit existiert, von der man so viel sieht wie ein Wurm in einem Blumenbeet. Ab und zu lagen auf der Erde große, abgefallene Blüten mit dicken, wachsartigen, herrlichen Kelchen in Orange, Karmesin und reinem Weiß, jede handtellergroß. Sie zeigten, dass einige Bäume ihre Farbenpracht nur dem Himmel allein darboten.«

Die anfängliche Furcht, von den Fang überfallen und getötet zu werden, schwindet. Mary Kingsley spricht sogar von einer »besondere[n] Art der Freundschaft«: »Wir erkannten, dass wir zu derjenigen Gruppe der menschlichen Rasse gehörten, mit der man besser trinken als streiten kann. Wir wussten, dass wir uns bei ausreichendem Anlass gegenseitig töten würden, deshalb bemühte sich jeder von uns um ein bestimmtes Maß an Vorsicht, gerade damit kein solcher Anlass entstehen konnte.«

Ob dem wirklich so war, sei dahingestellt. Offenbar jedoch stieß Mary Kingsley bei indigenen Völkern immer wieder auf scheuen Respekt, vielleicht wegen ihrer ungewöhnlichen Aufmachung oder einfach nur, weil sie eine Frau war. Immerhin spielt sie gerne das Spiel einer Dame – und benennt aus der Schar ihrer Begleiter auch einen »Fanggentleman«, wie sie selbst schreibt, »mit den Manieren eines Herzogs und den Angewohnheiten eines Abfalleimers«. Es ist ein Krieger, der zwar um die Lenden nur einen Stofffetzen trägt, den er beim Waten durch Wasser und Sumpf zum Entsetzen der englischen Lady »auf skandalöse Weise« hochschürzt. Doch findet sie an dem offensichtlich intelligenten und gewitzten Kerl ein gewisses Gefallen und kokettiert gerne mit ihm: »Und immer wenn wir uns im

Wald zu einer unserer unbeschreiblichen Mahlzeiten niederließen, setzte er sich neben mich und eignete sich eine Konservendose an. Danach stopfte er seine Pfeife und wandte sich mit der schwerelosen Grazie, die den Aristokraten auszeichnet, mit der Bitte an mich, die übersetzt etwa klingen dürfte: ›Meine werte Prinzessin, hätten Sie wohl die Güte, mir ein Streichholz zu reichen?‹ Ich antwortete dann: ›Mein lieber Duke, mit dem größten Vergnügen‹, und gab ihm dabei ein bereits angezündetes.«

Keineswegs zimperlich oder heikel zeigt sich Mary Kingsley, wenn es um die afrikanischen Lebens- und Essgewohnheiten geht. So lässt sie sich eine von den Fang frisch erlegte und gebratene Riesenschlange munden: »Wir verspeisten die Schlange zum Abendessen, das heißt, der Fang und ich taten uns daran gütlich. Die anderen rührten nichts an, obwohl eine gute, richtig zubereitete Schlange eines der besten Fleischgerichte ist, die man hier draußen bekommen kann und jedenfalls viel besser schmeckt als die afrikanischen Geflügelsorten.«

Besonders beeindruckt ist Mary Kingsley von der Begegnung mit einer anderen Tierart, den Gorillas. Es gelingt ihr sogar, ein Rudel aus der Nähe zu betrachten. Begeistert und mit einem ironischen Seitenhieb auf die eigene menschliche Art schreibt sie: »Mit einer erstaunlichen Geschwindigkeit folgte er [der Rudelführer] seiner Familie in den Wald und verschwand ebenso wie sie, indem er sich von Ast zu Ast weiterschwang. Seine Gewandtheit dabei überzeugte mich davon, dass es unter dem Aspekt der Fortbewegung in tropischen Wäldern ein Fehler war, dass sich der Mensch die Arme kürzer machen ließ. Ich habe viele wilde Tiere in ihrer natürlichen Umgebung gesehen, aber keines kam dem Gorilla gleich, wenn es hieß, durch den Busch vorwärtszukommen: es ist ein perfekter, graziöser und kraftvoller Trapezakt mit den Händen.«

Sie ziehen weiter durch den Wald in Richtung Remboué und nähern sich dabei einem anderen Dorf der Fang. Die Waldpfade sind von Großwildfallen unterhöhlt, tiefen Gruben, mit Ästen und Laub bedeckt, auf deren Grund spitze Pfähle eingerammt sind, um das hineinfallende Wild aufzuspießen. Mary Kingsley hat das Pech, in solch eine Grube zu stürzen, bleibt aber wie durch ein Wunder unverletzt. Im Nachhinein zeigt sie sich amüsiert und von der Grandezza einer britischen Lady: »Ich nahm eine Abkürzung und lag im nächsten Moment zwischen etlichen scharfen Stacheln ungefähr fünfzehn Fuß unter der Erdoberfläche auf dem Grund einer Großwildfalle. Das sind die Augenblicke, wo die Segnungen eines guten, festen Rocks so richtig zur Geltung kommen. Hätte ich mich an die Ratschläge vieler Leute in England gehalten und mich für männliche Kleidung entschieden, wäre ich jetzt bis auf die Knochen durchbohrt gewesen. [...] So aber saß ich, abgesehen von einer Menge Schrammen, dank der Stofffülle meines Rocks vergleichsweise gemütlich auf neun Ebenholzstacheln von gut zwölf Zoll Länge und rief frohgemut um Hilfe.«

Endlich erreichen sie das Dorf. Mary Kingsleys Gutgläubigkeit und das zuversichtliche Gefühl, ihr könne nichts geschehen, werden in der darauffolgenden Nacht schwer erschüttert:

»Irgendwann wurde ich wach und bemerkte einen strengen Geruch in der Hütte, den ich auf die mangelnde Entlüftung zurückführte, außerdem schien er mir eindeutig organischen Ursprungs zu sein. Ich klopfte die Asche von dem schwelenden Buschlicht, das brennend auf dem Boden lag, machte mich auf die Suche, und die Spur führte zu den Taschen. Also holte ich die größte herunter und merkte mir genau, auf welche Weise sie verschlossen worden war [...]. Dann schüttete ich den Inhalt in meinen Hut, um nichts Wertvolles zu verlieren. Es handelte sich um eine menschliche Hand, drei große Zehen, vier Augen und andere Teile des menschlichen Körpers. Die Hand war frisch, die anderen Dinge schrumpften bereits. Ich legte die Teile wieder hinein, verschloss die Tasche und hängte sie wieder auf.«

Selbst die durch diesen Fund aufscheinende Gefahr kann Mary Kingsley nicht von ihren Zielen abbringen. Erschöpft, aber wohlbehalten erreicht sie schließlich den Remboué, befährt den Fluss, kommt zur Mündung, setzt zur vorgelagerten

Insel Corisco über und sammelt auf ihrer Expedition zahlreiche Objekte – Insekten, Fische, aber auch Kult- und Gebrauchsgegenstände der indigenen Stämme.

Zum Gipfel des Kamerunbergs

Dann geht die Reise nordwärts in die seit wenigen Jahren unter deutscher Hoheit stehende Kolonie Kamerun, benannt nach dem direkt an der Küste aufragenden, 4095 Meter hohen gleichnamigen Vulkan. Der Berg war bereits den karthagischen Seefahrern als »Theon Ochema« (»Götterwagen«) bekannt, und auch der römische Naturkundler Plinius der Ältere beschrieb ihn. Der berühmte Afrikaforscher und Orientalist Richard Francis Burton bestieg den Kamerunberg gemeinsam mit dem deutschen Botaniker Gustav Mann im Jahre 1861 als Erster. Vierunddreißig Jahre später steht Mary Kingsley zu Füßen des gewaltigen aktiven Vulkans und will ihn als erste Frau bezwingen.

Der Aufstieg beginnt am 20. September 1895 und führt durch sämtliche Klimazonen, vom tropischen Bereich in den subtropischen und gemäßigten bis hinauf in den alpinen. Bisweilen liegt auf dem Berggipfel sogar Schnee. Sieben Tage lang kämpft sich die unerfahrene Bergsteigerin, die bislang allenfalls die Hügel von Highgate und Hampstead bei London erklommen hat und sich auch in Afrika stets im Tiefland bewegt hat, durch dichten, weglosen Urwald zum Gipfel hinauf. Zu allem Unglück regnet es heftig, der Boden verwandelt sich in tiefen Morast. Ein heftiger Sturm kommt auf, der sie und ihre Begleiter den Abhang hinabzureißen droht. Da es von dem Berg keine geeigneten Karten gibt, muss Mary Kingsley selbst nach der höchsten Erhebung suchen: »Drei ziemlich hohe Bergkegel kann ich vor mir unterscheiden, und jetzt, da er mich nicht so einfach zurücktreiben kann, zieht der Nebel andere Saiten auf und schlägt mit einem kalten Wind und dichtem, stechendem Regen um sich. Ich setze meinen Weg fort in Richtung auf einen

195

Gipfel, der, wie ich schon nach kurzer Zeit durch einen Riss im Nebel erkennen kann, nicht der höchste ist. Also biege ich ab und steige den zur Linken hinauf. Nach einem verzweifelten Kampf erreiche ich den Steinhügel – doch leider!, dort stoße ich auf einen tobenden Hurrikan und undurchdringlichen Nebel, die Sicht in jeder Richtung beträgt weniger als zehn Fuß.«

Sie unternimmt mehrere Versuche, den höchsten Kegel zu besteigen: »Jede Minute wird das Wetter schlechter, kein Anzeichen einer Besserung zeigt sich an dem indigoblauen Himmel oder in dem vom Wind getriebenen Nebel. Der Regen peitscht so wild, dass ich nicht atmen kann, wenn ich ihm das Gesicht zuwende, nur gegenüber dem Wind kann ich mich behaupten. Eine Bergsteigerin bin ich wirklich nicht, denn nichts in mir jubelt.«

Am 26. September muss sie schließlich aufgeben. Sie hat den Berg zwar erklommen, aber wenige Dutzend Meter vor dem höchsten Kraterrand macht sich solche Erschöpfung breit, dass sie sich schweren Herzens entscheidet, umzukehren und zum Lager hinabzusteigen. Gipfelsicht hätte sie ohnehin nicht gehabt: »Ich empfinde nur einen tiefen Ärger, weil das Wetter den hauptsächlichen Sinn meiner Anwesenheit hier oben zunichte macht, weil ich vor allem einen schönen Blick auf das Meer genießen und eine Vorstellung über die unerforschten Gebirgszüge hinter Calabar gewinnen wollte. Es tröstet mich nur, dass dieser Fehlschlag nicht meine Schuld ist, sieht man davon ab, dass ich zur falschen Jahreszeit hierhergekommen bin.« Sie nimmt es sportlich: »Ich habe meine Chance genutzt und Pech gehabt, also gibt es nichts zu beklagen.«

Der tagelange Abstieg bis zum Fuß des Berges erweist sich als anstrengend und überaus gefährlich. Schließlich kommen sie und ihre Begleiter erschöpft und mit kleinen Blessuren, aber ohne nennenswerten Schaden in Victoria – dem heutigen Limbe – an, einer deutschen Niederlassung an der Ambas Bay. Der erst seit sechs Wochen amtierende Gouverneur Jesko von Puttkamer verspricht der berühmten englischen Reisenden jegliche Unterstützung. Das deutsche Schiff »Nachtigall« soll Mary Kingsley ins nahe britische Calabar bringen. Bis die »Nachtigall« wieder in Victoria anlandet, zeigt sich Puttkamer als unterhaltsamer Gesellschafter und Charmeur. In Sorge ist die englische Lady nur angesichts ihrer spärlichen und inzwischen stark ramponierten Reisegarderobe: »Wenn man sich eine Zeitlang in Westafrika aufhält – besonders, wenn man im Busch unterwegs ist –, hat man seine Garderobe in der Regel ein wenig reduziert. So hatte ich zum Beispiel in Kamerun ein Kleid dabei – und wirklich nur dieses eine Kleid –, das mir tauglich erschien, meine Würde als Vertreter von England zu unterstreichen [...].«

Als die »Nachtigall« im Hafen von Victoria eingelaufen ist, verabschiedet sich Mary Kingsley von Puttkamer und fährt nach Calabar. Dort besteigt sie ein britisches Schiff und macht sich auf die Heimreise nach England, wo sie im Oktober 1895 eintrifft.

»Verdammt sei die hohe Politik«

1897 veröffentlicht sie ihren Reisebericht *Travels in West Africa* und zwei Jahre später die *West African Studies*, womit sie zu Ansehen und Geld kommt. Sie bereitet gerade eine dritte wissenschaftliche Expedition an die Küste Westafrikas vor, als im Jahre 1899 in Südafrika der Burenkrieg ausbricht. In Mary Kingsley erwachen patriotische Gefühle: Sie meldet sich als Krankenschwester und besteigt am 10. März 1900 ein Schiff, das sie nach Kapstadt bringt. Erneut sieht sie ihr geliebtes Afrika wieder, doch diesmal unter anderen Umständen und mit einem anderen Gesicht, dem des Krieges und der Verwüstung. Die Krankenschwester Mary Kingsley wird nicht, wie sie es erwartet hat, zur Pflege britischer Verwundeter eingesetzt, sondern in ein Lager burischer Kriegsgefangener in Simonstown bei Kapstadt abgeordnet. Hier versorgt sie die Versehrten. Epidemien brechen aus. Die sonst nicht zimperliche Frau wird auf eine harte Probe gestellt. Desillusioniert und sarkastisch schreibt sie an eine Freundin nach London: »Ich stehe wieder mitten im Leben. Ob ich hier heil herauskomme ... ich weiß es nicht. [...] Diese viele Arbeit, der Gestank, das Waschen, die Klistiere, die Bettpfannen, das Blut – das ist meine Welt. [...] denk daran, dass diese hohe Politik schuld daran ist, wenn ich kräftige Familienväter an ihren Nachthemden festhalten muss, dass ich über ihnen stehen muss, wenn sie zusammenbrechen, dass ich ihre Kiefer hochbinde, wenn sie tot sind. Fünf und sechs Kiefer pro Nacht binde ich hoch. Verdammt sei die hohe Politik.«

Bei ihrer aufopferungsvollen Arbeit infiziert sich Mary Kingsley mit Typhus. Sie stirbt am 3. Juni 1900 in Simonstown. Zahlreiche Menschen folgen dem Begräbniszug der berühmten Reisenden und Autorin zum Pier, wo der Sarg auf ein Schiff geladen wird. Ihrem Wunsch entsprechend wird ihr Leichnam vor Afrika dem Meer übergeben. Als der Sarg die Rutsche hinabgleitet, erweisen ihr die englischen Offiziere und Matrosen militärische Ehren.

10 Alexandra David-Néel (1868–1969)
Die erste Europäerin im verbotenen Lhasa

Südtibet im Sommer 1916: Eine kleine, rundliche Frau in tibetischer Kleidung wandert wochenlang durch Täler und über Hochebenen Richtung Norden. Sie hat ein sonnenverbranntes Gesicht. Fältchen, und erste graue Haare verraten, dass sie mittleren Alters ist. Hinter ihr, in gemessenem Abstand, geht ein etwa sechzehnjähriger, schlaksiger Tibeter, der eine runde Nickelbrille trägt. Er ist schwer bepackt, denn obwohl er die kleine Frau »Mutter« nennt, scheint er – so suggeriert beider Verhalten – eher ihr Lakai zu sein.

Die Frau heißt im bürgerlichen Leben Alexandra David-Néel. Néel ist der Familienname ihres Mannes Philippe. Doch Alexandra hat ihren Gatten das letzte Mal vor fünf Jahren gesehen. Und er ist weit weg, in Tunis in Französisch-Nordafrika. Alexandra verspürt nur wenig Sehnsucht nach ihm, aber sie braucht ihn als Financier ihrer Reiseabenteuer. Immer wieder schreibt sie ihm Briefe, bettelt um Geld, schmeichelt, droht, verspricht, bald zurückzukehren, hält ihn hin. Alexandra David ist eine Getriebene, doch keine, die wie ein Bergsteiger oder Läufer nach Höhen- und Zeitrekorden lechzt. Ganz im Gegenteil: Sie hat zwei Jahre lang als Einsiedlerin und Schülerin bei einem buddhistischen Lama im Hochland des kleinen Himalaja-Königreichs Sikkim gelebt. Sie hat sich mit buddhistischen Glaubensfragen, Meditationsformen und traditioneller schwarzer und weißer Magie beschäftigt, hat die tibetische Sprache erlernt und religiöse Schriften studiert. Zum Abschluss ihrer Studienzeit verlieh ihr der Lama sogar den Ehrentitel »Lampe der Weisheit«.

Seit Wochen wandert Alexandra nun in Begleitung ihres Dieners und Schülers Yongden durch Tibet. Ihr Ziel: Lhasa, die verbotene Stadt, Sitz des Dalai-Lama. Ihn hat sie bereits in Sikkim kennengelernt, und er war bereit, ihre brieflich überreichten Fragen zum Buddhismus schriftlich zu beantworten. Aber die rein wissenschaftliche Beschäftigung mit dem Buddhismus genügt Alexandra David nicht. Sie will das geistige Zentrum des Lamaismus sehen und verstehen. Noch nie hat eine weiße Frau Lhasa betreten. Es ist eine gefährliche Reise. Wird sie erkannt und aufgegriffen, drohen ihr Ausweisung, im schlimmeren Fall sogar Peitschenhiebe und Kerkerhaft. Alexandra hat zwar eine offizielle Einladung eines anderen hohen geistlichen Führers, des Pantschen-Lama, in der Tasche, aber die wird ihr in dem von politischen und geistlichen Fehden durchzogenen Land, das noch dazu in der Interessensphäre der Großmächte Großbritannien und China liegt, im Ernstfall wenig nützen.

Alexandra David ahnt nicht, dass der britische Geheimdienst in Indien bereits auf sie aufmerksam geworden ist und über Agenten ihre unerlaubte Einreise nach Tibet beobachtet. Depeschen gehen bis nach London. Der britische Resident in Sikkim, Charles Bell, sieht dem Treiben der Französin mit verhaltenem Groll zu. Er will die Angelegenheit einerseits möglichst nicht aufbauschen, andererseits muss er die Interessen seines Landes wahren. Und die besagen, dass mit Rücksicht auf das labile Gleichgewicht am Himalaja die Befindlichkeiten der Regierungen Tibets und Chinas zu respektieren sind. Dazu gehört auch die Weisung, Tibet und vor allem dessen Herz, die Hauptstadt Lhasa, allen Ausländern verschlossen zu halten.

Erste Missionare und Abenteurer auf dem Dach der Welt

Nur wenigen Europäern gelang im Laufe der Jahrhunderte die Einreise nach Tibet. Die meisten mussten ihren waghalsigen Versuch mit Verhaftung, Kerker und Todesstrafe büßen. Etliche verloren auf den monatelangen Märschen durch Schnee und

Eis, über Gebirge und durch baumlose Steppen ihren Verstand, erfroren oder starben an Auszehrung, wurden von Räubern niedergemetzelt oder von Krankheiten dahingerafft. Der nachweislich erste Europäer, der nach Tibet kam, war der Franziskaner Oderic von Pordenone, der dort um das Jahr 1324 vergeblich das legendäre Reich des Priesterkönigs Johannes suchte. Oderics Reisebericht wurde dreißig Jahre später von dem begnadeten Kompilator und Plagiator Jehan de Mandeville in seinem »eigenen« Reisebuch verarbeitet und einem größeren Leserkreis bekannt gemacht. Das entfachte die Fantasie vieler Generationen, die auf das geheimnisvolle, von Bergketten umschlossene Land alles projizierten, was erstrebenswert schien: Tibet wurde zum Land des Goldes und anderer Schätze, des Jungbrunnens, des himmlischen Jerusalems auf Erden, der Weisheit und des wahren Glaubens, des Abenteuers und der Entdeckerfreude. Freilich alles recht ungenaue Vorstellungen, aber eben deshalb so zäh und langlebig.

Weitere christliche Ordensleute versuchten, ins Herz Asiens vorzudringen, um das angebliche Reich des Johannes zu finden oder um zu missionieren. Jesuiten und Kapuziner gründeten sogar einzelne Stützpunkte, wurden aber um die Mitte des 18. Jahrhunderts auf Geheiß des Dalai-Lama vertrieben. Das stachelte freilich nur umso mehr dazu an, das verbotene Land zu betreten. Inzwischen war der Typus des Forschungsreisenden entstanden. Auf eigene Verantwortung oder auf Geheiß einer Akademie oder Regierung versuchten im 19. Jahrhundert mehrere Wissenschaftler – ausschließlich Männer –, nach Lhasa zu gelangen. 1811 begleitete der englische Gelehrte Thomas Manning einen chinesischen General und konnte im Schutze des hohen Militärs in Lhasa ein Gespräch mit dem Dalai-Lama führen, wurde aber wegen seiner kritischen Haltung zum Buddhismus des Landes verwiesen. 1846 konnte der französische Abbé Évariste Régis Huc in die tibetische Hauptstadt gelangen. Auch er wurde – unter chinesischem Druck – ausgewiesen. Der russische Oberst Nikolai Prejevalsky versuchte zwei Mal, von Sibirien aus Lhasa zu erreichen. Beim zweiten Versuch, 1879, wurde der von bewaffneten Kosaken begleitete Russe von einer ganzen Division von Kriegermönchen aufgehalten und bedroht. Der Oberst trat daraufhin den Rückzug an. Und schließlich versuchte – bereits vor Alexandra David – eine Frau, in das von Mönchen kontrollierte Hochland zu gelangen. Die Missionarin Annie Taylor wollte, beflügelt von evangelikalem Eifer, den Dalai-Lama persönlich treffen und ihn zum wahren Glauben bekehren. Die zähe Engländerin reiste von Westchina aus und stieß auf einem siebenmonatigen Marsch durch Eis und Schnee weit ins Landesinnere vor. Jeder gewöhnliche Mensch wäre unter den Strapazen elendig krepiert, Annie Taylor jedoch war erfüllt von ihrer Mission und überstand Hunger, Kälte und Krankheiten. Allerdings musste auch sie wegen widriger Umstände letztlich aufgeben, bevor sie Lhasa erreicht hatte, und kehrte unverrichteter Dinge nach China zurück. Immerhin ein Stück weit nach Tibet gelangte der britische Colonel Francis Younghusband, als er mit einem Armeetrupp einmarschierte und jeglichen Widerstand niederschoss. Weniger martialisch, aber auch weniger erfolgreich ging der berühmte Weltreisende und Entdecker Sven Hedin vor, als er 1901 und 1906 als Buddhist verkleidet zwei Mal versuchte, von Turkistan und von Indien aus nach Lhasa zu gelangen. Beide Male wurde er entdeckt, verhaftet und ausgewiesen, konnte allerdings einen Teil Südtibets erforschen und kartieren, ohne freilich Lhasa erreicht zu haben. Legendär wurde auch der Aufenthalt des Österreichers Heinrich Harrer, der die Zeit von 1946 bis 1951 als Gast des jungen XIV. Dalai-Lama in Lhasa zubrachte und darüber ein Buch mit dem Titel *Sieben Jahre in Tibet* schrieb. Der Bergsteiger und Forschungsreisende Harrer starb 2006 im Alter von dreiundneunzig Jahren, seine Lebensgeschichte wurde 1997 von Hollywood aufgegriffen und mit Brad Pitt in der Hauptrolle verfilmt *(Sieben Jahre in Tibet)*.

Ein Schwur

Alexandra David-Néel, die in jenem Sommer 1916 durch das südliche Tibet wandert, kennt einige der Namen derer, die – erfolgreich oder vergebens – versucht haben, ins Herz des Landes vorzudringen. Sie weiß, wie gefährlich der Weg ist. Daher ist sie auf der Hut vor Räubern, Wölfen und Leoparden. Sie kennt auch die Tücken schlechten Wetters mit abgehenden Muren und plötzlichen starken Schneefällen im Hochgebirge. Aber sie will sich nicht unterkriegen lassen. Alexandra David-Néel und Yongden erreichen die Stadt Shigatse. Damit haben sie die halbe Strecke auf dem Weg nach Lhasa hinter sich. Sie besuchen noch die in der Nähe liegende Klosterstadt Tashilhunpo. Der Pantschen-Lama führt die gelehrte Pilgerin durch die weitläufigen Tempel und Paläste. Alexandra erhält von ihm sogar die Ehrendoktorwürde der Klosteruniversität zugesprochen.

Da fällt Alexandra David eine folgenschwere Entscheidung: Sie will noch einmal zurückkehren nach Sikkim, um bessere Reiseausrüstung zu holen und die Geschenke, die sie erhalten hat, in ihrer Hütte, in der sie als buddhistische Schülerin lebte, zu lagern. Als Yongden und sie in dem kleinen Königreich ankommen, finden sie die Hütte geplündert vor. Sie erfährt, dass die Bauern und Hirten der Umgebung von der Regierung mit hohen Geldstrafen belegt worden sind, weil sie die französische Buddhistin nicht am Überschreiten der Grenze gehindert und die britische Verwaltung nicht darüber informiert haben. Auch Alexandra David wird vom langen Arm Großbritanniens erfasst: Sie erhält vom britischen Residenten Charles Bell die Aufforderung, Sikkim und Indien zu verlassen. Zudem darf sie auf absehbare Zeit das Land nicht mehr betreten. Der Geheimdienst wird instruiert, die Aktivitäten der Französin weiter zu beobachten.

Alexandra David ist verärgert und zutiefst betroffen. Der Weg nach Lhasa schien ihr offenzustehen. Immerhin besitzt sie das Vertrauen des Pantschen-Lama, ist eine anerkannte Orientalistin und trägt zudem den buddhistischen Ehrennamen »Lampe der Weisheit«. Aber all das hat in den Augen der britischen Besatzer keinen Wert. Enttäuscht schifft sie sich daraufhin in Kalkutta ein. Den drängenden Briefen ihres Mannes, der in Tunis auf sie wartet, gibt sie nicht nach. Sie will ihn nicht sehen, noch nicht. Denn ihr Herz hängt an Tibet und den östlichen Weisheiten. Und in Europa wütet der Krieg, der ihr in Tibet, auf dem Dach der Welt, wie ein Gewimmel von Ameisenheeren vorkam: unbedeutend und unwichtig.

Um jeglichen dummen Gerüchten den Wind aus den Segeln zu nehmen, adoptiert sie ihren jugendlichen Begleiter Yongden. Dann machen sich Mutter und Sohn auf und bereisen zwei Jahre lang Burma, Indochina, Japan und Korea. Im Jahre 1918 betreten sie chinesischen Boden und lassen sich eine Weile in Peking nieder. Alexandra sondiert die Lage. Sie beschafft sich Informationen und Kartenmaterial über Westchina. Von dort aus, so ihr kühner Plan, will sie ein zweites Mal versuchen, nach Tibet zu gelangen. Allerdings ist dies ein weit längerer und gefährlicherer Weg. In China herrscht Bürgerkrieg. Aber all das interessiert die Französin nur am Rande. Sie will unbedingt nach Lhasa, als erste westliche Frau überhaupt. Und wenn die Briten ihr den kürzeren Zugang von Sikkim aus verwehren, muss sie eben durch eine andere Luke auf das Dach der Welt klettern. Es ist inzwischen mehr als wissenschaftlicher Eifer oder religiöse Sehnsucht, es ist eine fixe Idee. Und die Erfüllung eines Schwures, den Alexandra David 1916 bei der Ausweisung aus Indien geleistet hat: »Ich wurde zur Umkehr gezwungen, doch nun gewann die Idee, Lhasa zu besuchen, erst recht Gewalt über mich. Vor dem Grenzposten, zu dem ich geführt wurde, schwor ich mir insgeheim, dass ich Lhasa allen Hindernissen zum Trotz erreichen würde, schon um zu zeigen, was der Wille einer Frau vermag.«

Um ihren Schwur zu erfüllen, bricht Alexandra David 1918 erneut auf. Sie wird eine sechsjährige Odyssee mit schier unerträglichen Strapazen erleiden, aber davon ahnt sie zu jenem Zeitpunkt nichts – glücklicherweise.

Alexandra David kommt am 24. Oktober 1868 in Saint-Mandé bei Paris als Tochter des Journalisten Louis David und seiner Frau Alexandrine zur Welt. Nach außen hin sind es gutbürgerliche Verhältnisse, doch hinter der Fassade zeigen sich Risse und Verwerfungen. Eine der frühesten Kindheitserinnerungen Alexandras ist ein Erlebnis aus den Tagen der Niederschlagung der Kommune: Der Vater, ein Revolutionär von 1848, eilt im Mai 1871 unter dem Kugelhagel von Kommunarden und Regierungstruppen mit seiner kleinen Tochter auf dem Arm durch das umkämpfte Paris, vorbei an brennenden Barrikaden und über den Friedhof Père Lachaise, wo Aufständische an einer Mauer standrechtlich erschossen werden. Alexandra ist bereits fünfundvierzig Jahre alt, als sie in einem Brief an ihren Mann Philippe Néel dieses Trauma zum ersten Mal jemandem anvertraut – in der distanzierten Erzählhaltung der dritten Person: »Vor ihm erhebt sich eine Steinmauer. Wenige Minuten zuvor hatten Soldaten in Reih und Glied Aufstellung genommen, ihre Waffen angelegt und auf Kommando gefeuert. Gestalten mit auf den Rücken gefesselten Händen fielen zu Boden wie Marionetten mit abgerissenen Fäden. Während die einen noch im Todeskampf stöhnten, wurde an der Mauer bereits die nächste Gruppe aufgestellt. Unbeugsame Männer, schwangere Frauen, weinende Jungen, auf deren Wangen der erste Flaum spross – sollten dem Tod überantwortet werden.«

Will man Alexandra David glauben, hat sie damals ein mystisches Erlebnis, sie macht die Erfahrung, in höchster Not einen Engel oder Seelengefährten zu spüren – eine Vorausdeutung ihres gesamten spirituellen Lebenswegs. Aber gleichzeitig erfährt sie auch eine Entzauberung des Menschen, eine existenzielle Desillusionierung: »Die Soldaten sind bereits weitermarschiert und haben den Brandgeruch von Schießpulver und zahllose Leichen zurückgelassen, die jetzt von irgendwelchen Leuten in die Löcher geworfen werden, die die Opfer zuvor selbst gegraben hatten. Louis David braucht all seine Kraft, um nicht zu zittern, aber das runde Gesicht seiner kleinen Tochter bleibt ungerührt, ihr Blick ist auf ein anderes Ziel gerichtet. Sie hat gerade ihren ›unsichtbaren Gefährten‹ entdeckt, der sie durch eine unglückliche Jugend leiten wird. Dennoch wird dieser Leichenhaufen für die zweieinhalbjährige Alexandra zu einem Phantom verschmelzen, das für den Rest ihres Lebens in den Tiefen ihrer Psyche rumoren wird. Niemals wird sie vergessen, dass der Mensch eine barbarische Spezies ist.«

Alexandra fühlt sich zeitlebens den Menschen fern. Sie ist zwar keine Misanthropin, aber sie zieht sich gern auf sich selbst zurück – in die Wissenschaft, die Schriftstellerei, die Meditation oder in die Welt des Reisens. Sie reist, wie viele große Entdecker, nicht nur, um etwas zu finden, sondern auch, um etwas vergessen zu können. Nicht nur das in frühester Kindheit auf dem Friedhof Père Lachaise empfangene Trauma will verarbeitet werden, auch die Verhältnisse im Hause David sind nicht die friedlichsten: Das Eheleben der Eltern ist freudlos und angespannt. Der protestantische Vater, ein gutmütiger Mann, hängt seinen Idealen der Februarrevolution nach, kann sich aber nicht einmal gegen seine hartherzige und bigotte Frau durchsetzen. Die, eine Katholikin, ist die Verkörperung der Freudlosigkeit. Ihrer Tochter bringt sie nur Härte und Gleichgültigkeit entgegen, allenfalls Vorwürfe, dass sie nicht so ist, wie die Mutter es sich wünscht. Später konvertiert Alexandra, die katholisch erzogen wurde, aus Rache an der Mutter zum Protestantismus.

Kleine Fluchten

Als Kind freilich verfügt sie noch nicht über reale Fluchtmöglichkeiten, versucht dies jedoch instinktiv. So büxt die Fünfjährige auf einem Spaziergang im Wald von Vincennes dem Kindermädchen aus. Erst ein herbeigerufener Polizist kann das Mädchen einfangen, das sich mit Kratzen und Beißen wehrt. Die vergleichsweise gelöste Atmosphäre der französischen Hauptstadt wird 1875 – Alexandra ist sieben – mit dem katholischen Brüssel vertauscht. Es ist der Wunsch der Mutter, die wieder in der Nähe ihrer belgischen Verwandten leben möchte. Alexandra zieht sich daraufhin immer mehr in sich selbst und in die Welt der Bücher zurück. Vor allem Abenteuerromane und Reiseberichte haben es ihr angetan. Lieblingsautor ist Jules Verne, was freilich bei der fantasielosen und strengen Mutter auf Unverständnis stößt. Um Alexandras Willen zu brechen und sie ihren Vorstellungen gemäß zu formen, wird das Mädchen auf Betreiben der Mutter in ein Internat der Karmelitinnen abgeschoben. Die Heranwachsende muss sich dort einem strengen und langweiligen Tages- und Lehrplan unterwerfen, fügt sich aber nur äußerlich. Innerlich hält sie Distanz. Auch der Welt des Christentums steht sie skeptisch gegenüber. Dessen Mystik spricht sie zwar dunkel an, sie kann aber den mitunter recht verweltlichten Ausformungen der Glaubenspraktik nichts abgewinnen.

Im Sommer 1883 – die Familie macht an der Nordsee, in der Nähe von Ostende, Urlaub – unternimmt die Fünfzehnjährige einen weiteren Fluchtversuch. Dabei kommt sie weiter, als sie selbst zu hoffen wagte: »Ich profitierte von der größeren Freiheit, die ich während einer Sommerfrische an der Nordseeküste genoss, und im Verlauf mehrerer Tage lief ich zu Fuß die belgische Küste entlang, durch Holland durch, und schiffte mich nach England ein. Ich kehrte erst zurück, als der Inhalt meiner kleinen Geldbörse aufgebraucht war.«

Ein anarchistisches Bekenntnis

Für England empfindet Alexandra David zeitlebens eine Art Hassliebe. Einerseits ist es das Land, das ihr früh Unterschlupf gewährt, andererseits hindert die Bürokratie des British Empire sie später an der legalen Einreise nach Tibet. Von Tibet freilich hat die Heranwachsende 1883 noch keine Ahnung. Früh interessiert sie sich aber für die Philosophie der Griechen, der Epikuräer und Stoiker, und kommt bald auch mit zeitgenössischen Ideenwelten in Berührung. Als sie einen Jugendfreund ihres

Vaters kennenlernt, den Anarchisten Elisée Reclus, ist die junge Frau nicht nur von seinen radikalen Ideen von der Freiheit fasziniert, sondern auch davon, dass er ihr Unabhängigkeit vorlebt. Frucht dieser jahrelangen Freundschaft ist die erste Veröffentlichung Alexandra Davids im Jahre 1888 unter dem Titel *Pour la vie (Für das Leben)*, ein Traktat, der sich gegen jede Form von Macht wendet, gegen staatliche, wirtschaftliche, militärische und kirchliche Obrigkeit. Es ist der gedankliche Befreiungsschlag Alexandra Davids, ein Jahr vor ihrer juristischen Volljährigkeit, eine Verweigerung des Gehorsams und ein radikales Bekenntnis zum Ich: »Der Gehorsam ist der Tod. Jeder Moment, in dem der Mensch sich einem fremden Willen unterwirft, ist ein Moment, der von seinem Leben abgeschnitten wird. [...] Nichts ist falscher und unheilvoller, als zu glauben, die Verleugnung des Ich, praktiziert vom Einzelnen, könne eine Tugend für die Gemeinschaft sein. Wie wollen Sie aus dem Schmerz jedes Einzelnen das Glück der Menschheit errichten?«

Damit ist die Grenze zum Elternhaus, zur eigenen Erziehung, zur bürgerlichen Herkunft gezogen. Und es ist für Alexandra der Eigenappell, auf Reisen zu gehen, hinein ins Leben. Mag dieser Weg auch zum Scheitern führen, wichtig ist, dass es der eigene Weg ist und dass man ihn eigenverantwortlich und frei gewählt geht.

Bald gerät Alexandra David in den Bannkreis der Gnostiker. 1888 reist sie nach London und schließt sich der Bewegung an, von der sie auch finanzielle Unterstützung erhält. Sie studiert Bücher zu allerlei esoterischen und theosophischen Themen in der Bibliothek der Gemeinschaft, aber auch im British Museum, und kommt mit der religiösen Lehre des Lamaismus in Berührung. Schnell erkennt sie, dass sie ihre Studien systematisch betreiben muss, auf wissenschaftlicher Grundlage, um sich tatsächlich tieferes Wissen aneignen zu können und nicht in trüben Wassern dubioser esoterischer Gemeinschaften fischen zu müssen. Also verlässt sie London und geht zunächst nach Brüssel. Sie entschließt sich, eine Ausbildung zu machen, und studiert Gesang. Sie hat großes Talent, besitzt eine schöne Stimme, doch wird ihr ihre kleine Statur – Alexandra misst nur einen Meter sechsundfünfzig – den Durchbruch an den bedeutenden Opernhäusern später verwehren.

Star in der Provinz

1890 kehrt Alexandra David nach Paris zurück, in die Stadt ihrer Geburt, um an der Sorbonne und am Collège de France bei den Professoren Silvain Lévi und Edouard Foucaux vergleichende Religionswissenschaft, Sanskrit und Chinesisch zu studieren. Zudem beschäftigt sie sich mit allerlei Gesellschafts- und Glaubenslehren: Anarchismus und Sozialismus, Okkultismus und Theosophie, Stoizismus, Christentum und Buddhismus. Sie isst kaum noch, arbeitet die Nächte durch, magert ab, leidet an Nervenüberreizung und Depressionen, denkt sogar an Selbstmord. Ihre Beschäftigung mit dem Buddhismus verheißt ihr einen Ausweg aus der Misere der westlichen Zivilisation. Aber sie ahnt, dass sie das bloße Bücherstudium hinter sich lassen muss, will sie als Mensch mit transzendentaler Sehnsucht weitergelangen. Sie muss die Universität quittieren, muss Paris und Europa verlassen, sie will auf Reisen gehen und die Länder der östlichen Heilslehren kennenlernen, um die Lehren selbst besser zu verstehen.

Eine Erbschaft ermöglicht es ihr, im Jahre 1891 nach Indien aufzubrechen. In Benares lernt sie einen alten Asketen kennen, den Svami Bashkarananda, und findet in ihm einen Meister, der sie eine Zeit lang unterrichtet. Nach anderthalb Jahren geht ihr das Geld aus, und sie ist gezwungen, nach Paris zurückzukehren. Dort nimmt sie das Gesangsstudium wieder auf und beginnt, für diverse Zeitschriften über anarchistische, feministische und buddhistische Themen zu schreiben. Noch glaubt sie, ihre Zukunft liege im Gesang. Erst später wird sie ihr großes Talent zum Schreiben entdecken und schließlich – nach ihrer großen Tibetreise – zu einer vielgelesenen Autorin von Reisebüchern und Romanen werden.

Doch zunächst folgt sie den Engagements, die sie ab 1895 als Sopranistin erhält: Sie übernimmt Rollen in den Opern *Manon*, *Carmen*, *Margarethe* und *Mireille* und singt in Häusern in Französisch Indochina (in Hanoi, Saigon, Tongking und Haiphong) mit Erfolg und gegen gute Bezahlung. Freilich kann das nur der Beginn einer Karriere sein. Sie liebäugelt mit den Opernhäusern in Frankreich, am liebsten wäre ihr Paris. Aber als man dem »Star von Hanoi« 1897 ein Engagement an der Komischen Oper in Paris anbietet, soll sie für dreihundert Francs im Monat singen. In Hanoi hingegen hat sie zweihundert an einem Abend verdient! Alexandra David lehnt brüskiert ab – und wechselt ins europäische Ausland. Sie nimmt Engagements in Almeida, Athen und im Jahre 1900 in Tunis an.

Eine seltsame Ehe

Dort hat sie eine schicksalhafte Begegnung: Sie lernt den knapp sieben Jahre älteren Philippe Néel kennen. Er ist Chefingenieur der tunesischen Eisenbahn. Nach außen hin ein angesehener Bürger, ist er im Privatleben ein Lebemann und unterhält Beziehungen zu Prostituierten. Bald macht der Dandy der jungen Opernsängerin schöne Augen. Er glaubt, sie sei ebenso schnell zu erobern wie seine bisherigen Frauen. Alexandra David lässt sich die Werbung gefallen und willigt schließlich sogar in eine Heirat ein. Die Ehe wird am 4. August 1904 in Tunis geschlossen. Alexandra ist sechsunddreißig Jahre alt, Philippe dreiundvierzig. Beide sind in einem Alter, in dem man eigentlich ruhiger und gesetzter werden sollte. Doch Alexandra David hat – das ahnt sie jedoch nicht – gerade einmal das Vorspiel ihres Daseins durchlebt.

Viel ist über die seltsame Ehe von Alexandra David und Philippe Néel geschrieben worden. Mehr als dreitausend Briefe der Eheleute aus der Zeit von Alexandras großen Reisen sind erhalten. Nur eine Auswahl wurde allerdings publiziert, und auch die wurde geschönt und zensiert. Manche Biografen unterstellten

Alexandra David pure Egozentrik und Opportunismus. Philippe, so hieß es, sei für die Weltreisende nur der Sponsor ihrer extravaganten Abenteuer gewesen. Und immerhin ist Alexandra vierzehn Jahre von ihrem »Mouchy« – wie sie ihn vor allem dann liebevoll nennt, wenn sie knapp bei Kasse ist – getrennt. Nach ihrer Rückkehr nach Frankreich wird sie ihn zwar wiederholt in ihr Haus einladen, aber einen gemeinsamen Haushalt verweigern.

Was diese beiden außergewöhnlichen Menschen im Innersten verband, bleibt der Nachwelt verborgen. Man kann Alexandra David vielleicht Ichbezogenheit vorwerfen und Philippe Néel verliebte Dummheit und andererseits auch seinen weiterhin bestehenden Umgang mit Kokotten, doch das sind nur Äußerlichkeiten. Sie verraten nichts über die innere Nähe dieser beiden Menschen, die einander trotz ihrer gegensätzlichen Lebensentwürfe und des langen Getrenntseins wertschätzten.

Die Jahre bis 1911 verbringt Alexandra »standesgemäß« als Ehefrau des begüterten leitenden Angestellten in Tunis: Sie ist Herrin über Haus und Personal und hat als Gattin hauptsächlich die Aufgabe, schön und geistreich zu sein und zu repräsentieren. Doch der goldene Käfig engt sie ein, das Leben als großbürgerliche Dame langweilt sie. Sie sehnt sich stattdessen nach dem wahren Leben, nach der großen Reise in die weite Ferne und zugleich in die Tiefe der Innerlichkeit.

Ein langer Marsch

Dann erfolgt der Bruch mit ihrem fremdbestimmten Dasein, das nicht ihr Leben ist: 1911 sagt sie allem Lebewohl, nicht ahnend, dass sie vierzehn Jahre lang unterwegs sein wird, und schifft sich erneut nach Indien ein. Sie besucht Bengalen und Sikkim, lernt den Dalai-Lama und den Pantschen-Lama kennen, lebt zwei Jahre bei einem buddhistischen Eremiten an der Grenze zu Tibet, wagt in Begleitung des jugendlichen Yongden den Fußmarsch über den Himalaja-Hauptkamm ins südliche

Tibet, kehrt nach Sikkim zurück und wird schließlich von den britischen Behörden des Landes verwiesen.

Sie kehrt allerdings nicht nach Tunesien zurück, obwohl Philippe bittet und bettelt, sondern hält ihren Mann hin und fordert – von der Richtigkeit ihres Weges überzeugt – Geldanweisung um Geldanweisung.

1918, während im fernen Europa der Krieg zu Ende geht, den Alexandra David nur vom Hörensagen kennt, setzt sie zum zweiten Sprung aufs Dach der Welt an, diesmal von Osten, von China her. Insgesamt braucht sie sechs Jahre, um nach Lhasa zu gelangen, und obwohl sie nie den Bestimmungsort ihrer strapaziösen Wanderung aus den Augen verliert, gilt auch auf dieser Lebensreise der Spruch: Der Weg ist das Ziel. Verbildlicht man sich auf einer Landkarte die Reiseroute Alexandra Davids, fällt auf, dass sie sich in einer Art Spirale bewegt, in deren äußerer Schleife sie schließlich Lhasa erreicht.

Mittel- und Ausgangspunkt dieser Spirale ist die Stadt Kum-Bum in Westchina, an der Grenze zu Tibet. Ihren zweiten Versuch, ins Herz Tibets vorzudringen, geht die Wagemutige taktisch klüger an. Inzwischen hat sie das Tibetische perfekt gelernt, sie kennt die Sitten und Gebräuche und weiß sich als bettelnde Pilgerin zu verkleiden. Unter ihren tibetischen Kleidern ist ein Gürtel verborgen, worin sie Goldstücke (ein Geschenk des Königs von Sikkim), einen Kompass und einen Revolver versteckt hat – da sie zu jener Zeit noch recht füllig ist und ihre Kleidung ohnehin aufträgt, fällt das nicht weiter auf. Gesicht und Hände hat sie mit Asche und Erde gefärbt. Alles, was an ihre europäische Herkunft erinnern könnte, lässt sie in einer Missionsstation zurück: Bücher, einen Fotoapparat, alles wissenschaftliche Gerät außer dem Kompass. Als Mutter und Sohn auf Pilgerschaft wandern Alexandra und Yongden durch die westlichen Provinzen Chinas, durch die Mongolei und schließlich durch Tibet. Sie durchqueren Städte und Dörfer, kommen durch menschenleere Gegenden, sie mühen sich durch Reisfelder und Wälder, in denen es Räuber und Tiger gibt, sie durchwandern Steppen und Wüsten, durchsteigen schneebedeckte Gebirge und überqueren auf dubiosen Hängebrücken tiefe Schluchten. In diesen Jahren magern sie stark ab, sie müssen oft hungern und haben Mangelerscheinungen, an Beinen und Füßen brechen Geschwüre auf. Sie schlafen in einfachsten Hütten und Verschlägen, oft auch im Freien, werden von Läusen und Flöhen geplagt. Alexandra leidet zudem an Arthritis und Depressionen, die zierliche und auf Reinlichkeit bedachte Französin gerät an die Grenzen ihrer physischen und psychischen Kräfte. Aber immer wieder rafft sie sich auf. Ihre Vision von Lhasa wird zur Obsession, als hinge ihr ganzes Leben davon ab. Ab einem bestimmten Punkt der Odyssee ist dem auch so: Ende Oktober 1923 überqueren Alexandra David und Yongden im Kha-Karpo-Gebirge einen Pass, die Grenze zwischen China und Tibet. Von hier sind es »nur« noch rund siebenhundert Kilometer Luftlinie bis Lhasa. Es gibt nun kein Zurück mehr. Werden sie von tibetischen Soldaten oder Beamten aufgegriffen, kann das das Todesurteil für sie bedeuten. Außerdem müssen sie durch das Land Po, eine Region, in der räuberische Stämme leben.

Alexandra, bereits fünfundfünfzig Jahre alt, steht die Strapazen jener Monate nur mit einem Stimulans, dem Gift Strychnin, durch, das in geringsten Mengen eingenommen aufputschend wirkt. Dennoch können auch kleinste Dosen Sinnestäuschungen und Wahnvorstellungen auslösen. Die Französin behauptet in ihrem Reisebericht, sie sei Spionen und Tigern begegnet, ja sogar Geistern und Dämonen. Ihre Fantasie wurde hierbei sicherlich von dem durch Strychnin überreizten Nervensystem beflügelt. Alexandra David indes glaubt an schwarze und weiße Magie und nimmt für sich in Anspruch, Dämonen beschwören und Zauber ausüben zu können.

Als Magierin gilt sie auch bei den Bewohnern des Hochlandes. Manchmal wird ihr die Angst der Tibeter zur Rettung, denn einige fürchten, von der kleinen, in Lumpen gehüllten Frau mit rußverschmiertem Gesicht verflucht werden zu können. Andere glauben an die guten Kräfte des seltsamen Pilgerpaares und erbitten von Yongden und seiner Mutter einen Zaubersegen für

Haus und Hof. Dann gilt es, allerlei Formeln und kultische Handlungen zu erfinden, um die Bittsteller zu besänftigen und eine Schlafstatt und ein wenig Suppe zu erhalten.

Tibetische Delikatessen

Einmal freilich wird die Maskerade beinahe entlarvt: Während sich ein paar Dörfler mit Yongden unterhalten, wäscht Alexandra nebenan einen Topf. Als sie bemerkt, dass die Farbe von ihren Händen abgeht, haben die Tibeter es ebenfalls bereits gesehen. Zu allem Unglück treten auch noch drei Soldaten hinzu. Mit einem gewaltigen Wortschwall kann Yongden sie beruhigen und versichert ihnen, sie seien Pilger, die den Berg Kha-Karpo besucht hätten und bereits auf dem Weg zurück seien. Schließlich lassen die Soldaten sie ziehen, offenbar sind sie sich nicht sicher, ob es sich bei den beiden nicht doch um Magier handelt, die man besser nicht reizen sollte.

So sehr sich Alexandra David in Kleidung und Gebaren den Tibetern angeglichen hat, gibt es doch zweierlei, womit sie sich nie anfreunden wird: zum einen die unzureichende Hygiene. Während Alexandra selbst in Indien und China auf ihrem täglichen Bad bestand, muss sie im tibetischen Hochland darauf verzichten. Allenfalls ein wenig »Katzenwäsche« – Gesicht und Hände – ist ihr erlaubt, und auch das nur, wenn sie sich völlig unbeobachtet weiß. Zum anderen ist da das tibetische Essen. Um nicht zu verhungern, ist Alexandra David dankbar für jede Einladung, die sie von Dörflern, denen sie geweissagt hat, erhält. Was aufgetischt wird und in Tibet womöglich gar als Delikatesse gilt, würgt sie oft nur hinunter, um unterwegs nicht entkräftet zusammenzubrechen. »Natürlich«, erinnert sie sich, »sind unsere Näpfe nicht ausgewaschen, das ist in Tibet nicht Brauch. Jeder hat seine eigene Schale, die er nie verleiht. Der ganze Reinigungsprozess besteht darin, dass sie nach jeder Mahlzeit hübsch sorgfältig ausgeleckt wird. Aber ach, darin fehlt mir jede Übung, und so sehe ich mit Schrecken in meiner

Schale eine dicke Schicht Fett und Tee, die in der kalten Nacht erstarrt ist.«

Einmal schenkt Yongden Bauersleuten, bei denen sie nächtigen, eine Rupie, damit sie dafür etwas Gutes zu essen kaufen. Der beglückte Gastgeber zieht los und ergattert eine ganz besondere Spezialität, die freilich europäischen Gaumen nicht mundet. Als er nach zehn Minuten mit einem großen Paket zurückkommt, verbreitet sich in der Hütte ein grausiger Gestank von Verwesung. Alexandra erkennt in dem Mitgebrachten einen Schafsmagen, doch das eigentlich Abstoßende ist dessen Inhalt: »Wenn die Tibeter ein Tier schlachten, haben sie die grässliche Gewohnheit, die inneren Organe wie Nieren, Herz und Leber in seinen hohlen Magen zu legen. Sie nähen ihn wie einen Sack zu und lassen seinen Inhalt Tage, ja Wochen und Monate lang verwesen. [...] Er hat das abscheuliche Zeug auf den Fußboden gelegt und wühlt mit seinen Händen in der klebrigen Masse. Drei Kinder, die auf einem Haufen Lumpen schlafend lagen, sind aufgewacht, hocken um den Vater herum und sehen ihm mit gierigen Augen zu. [...] Die Frau hackt auf einem Baumstumpf das Aas in Stücke, und fällt etwas dabei auf die Erde, so stürzen die Kinder wie die jungen Hunde darüber her und verschlingen es roh.«

Selbst Alexandra David, die mittlerweile ziemlich abgehärtet ist, wird das zu viel: Sie schützt Unwohlsein vor und verkriecht sich in einer Ecke, während Yongden gezwungen ist, eine Schale von dem Zeug zu vertilgen, und sich dann satt erklärt. »Allein die anderen fallen gierig über den Schmaus her, lecken sich die Lippen und schmatzen bei dem unverhofften Fest. Als mich endlich der Schlaf überfällt, tafelt die Familie noch immer geräuschvoll weiter.«

Die Hölle auf Erden

Obwohl es im Gebirge bereits geschneit hat, wagen die beiden den Aufstieg. Einmal rutscht Yongden aus und stürzt einen Abhang hinab. Blutend und mit verstauchtem Fuß bleibt er liegen. Alexandra David steigt in die Schlucht hinab. Es gelingt ihr, den Gefährten zu bergen und ihn nach oben zu schleppen. Sie kann Yongden noch bis zu einer Erdhöhle zerren, dann verlassen die Kräfte auch sie. Alexandra beschließt, nach Hilfe zu suchen. Sie lässt Yongden ohne Verpflegung in der Höhle zurück und macht sich auf den Weg durch das verschneite Gebirge. Irgendwann stößt sie auf eine verlassene Hütte, in der sie etwas Kuhdung findet, den sie aufliest. Dem Zusammenbruch nahe, durchnässt und durchfroren, kehrt sie nach neunzehn Stunden um. Einige Zeit sucht sie vergebens nach der Erdhöhle und glaubt bereits alles verloren. Endlich kann sie den Unterschlupf ausfindig machen. Mit dem Kuhdung nähren sie ein kleines Feuer, wärmen sich auf und erhitzen etwas Wasser mit den letzten Teebröseln. Da sich Yongdens Fuß am nächsten Tag besser anfühlt, nehmen beide ihren Marsch wieder auf und wandern mehrere Tage lang durch menschenleeres, verschneites Gebirge. Sie ernähren sich von etwas Schinkenfett und einer in Wasser ausgekochten Ledersohle. Beinahe froh sind sie, als sie nach ein paar Tagen einigen Vertretern des Volks der Popa begegnen, die zwar als Räuber und Kannibalen verschrien sind, ihnen aber, da sie Alexandra und Yongden für Zauberer halten, bereitwillig zu essen und zu trinken geben. Ein anderes Mal werden die Wanderer jedoch so hart von Räubern bedrängt, dass Alexandra in Notwehr ihren Revolver zieht und einem der Angreifer einen Streifschuss verpasst.

So schleppen sie sich weiter, Woche um Woche, Monat um Monat. Yongden hat Fieber, zeitweise Wahnvorstellungen. Einmal muss Alexandra den im Fieber Tobenden gewaltsam niederringen, um zu verhindern, dass er ins Freie stürmt und einen Abgrund hinunterstürzen könnte. Endlich, nach vier Monaten der Hölle auf Erden, des Hungers und der ständigen Lebensgefahr, sehen sie an einem Tag im Februar 1924 am Horizont Lhasa mit dem Potala, dem Klosterpalast des Dalai-Lama.

Endlich, zwölf Jahre nach ihrem gescheiterten ersten Versuch, ist Alexandra David am Ziel ihrer Wünsche: »Je näher wir kamen, desto höher erhob sich vor uns der Potala, schon konnten wir die eleganten Umrisse seiner vielen goldenen Dächer unterscheiden. Sie hoben sich strahlend vom blauen Himmel ab, und von ihren scharf nach oben eingebogenen Ecken schienen Funken zu sprühen, als ob die ganze Burg, der Stolz Tibets, eine Flammenkrone trüge.«

Als wollte sich diese Vision nochmals verflüchtigen, zieht ein Sandsturm auf. Mühsam, kaum die Hand vor Augen sehend, kämpfen sie sich die letzten Kilometer voran und erreichen schließlich ein Stadttor. Eine Frau bietet den abgerissenen Pilgern ein Kämmerchen in einer Herberge an. Endlich können sie sich satt essen und ausruhen. Yongden flüstert seiner Mutter zu: »Lha gyalo! Die Götter siegen!« Sie sind zwar am Ziel, müssen aber weiterhin achtgeben, nicht als ausländische Eindringlinge erkannt zu werden.

Es ist die Zeit des tibetischen Neujahrsfestes, die Stadt ist voller Pilger aus nah und fern. Alexandra David und Yongden besichtigen den Potala mit seinen zahllosen Gängen, Tempeln, Kapellen, Zeremonienräumen, Galerien, Schulen und Amtsstuben, sie beobachten die Prozessionen durch die Stadt und das Treiben auf dem Markt. Einmal wird der Dalai-Lama in einer Sänfte durch die Straßen getragen. Alexandra hat ihn vor rund zwölf Jahren in Sikkim gesprochen, aber jetzt darf sie sich nicht zu erkennen geben, denn sie hat sein Verbot, Tibet zu betreten, missachtet. Immer wieder fürchtet Alexandra, als »Philing«, als Ausländerin erkannt und verhaftet zu werden. Einmal wird tatsächlich ein Polizist auf sie aufmerksam. Rasch spielt sie die Rolle der etwas verrückten alten Bäuerin aus der Provinz, und der Gesetzeshüter lässt kopfschüttelnd von ihr ab.

Zwei Monate lang bleiben Alexandra und Yongden in Lhasa, dann treten sie den Rückweg an. Zurück, das heißt, auf kürzestem Weg über den Himalaja nach Sikkim und weiter nach Indien. Die Französin hat genug gesehen, um mehrere Bücher füllen zu können. Die beiden könnten auch nicht länger bleiben, denn sie sind schwer krank und ausgezehrt. Da sie die weite Strecke nicht mehr zu Fuß bewältigen können, mieten sie sich zwei Maultiere. Dann ziehen sie los. Alexandra wirft einen letzten Blick zurück: »Lhasa, wie es da in der Ebene am Fuß des goldgekrönten, riesigen Potala lag, wirkte auf mich wie Sukhavati, das ›Westliche Paradies‹. Es war ein unvergessliches Schauspiel und hätte allein schon genügt, um mich für alle Ermüdung und für die unzähligen Gefahren zu entschädigen, denen ich mich um seinetwillen ausgesetzt hatte.«

Eine französische Heldin

Damals ist Alexandra David beinahe sechsundfünfzig Jahre alt. Sie ist so krank, dass sie fürchtet, nicht mehr lange zu leben. Doch ahnt sie nicht, dass sie ein weiteres Mal nach Asien gelangen wird und gerade einmal etwas mehr als die Hälfte ihres Lebens hinter sich hat.

Wenige Wochen später überschreiten sie die Grenze zu Sikkim, ohne unterwegs belangt worden zu sein. Im britischen Einflussgebiet wird ihnen bewusst, dass sie die ganze Zeit von englischen Agenten und chinesischen Handlangern beobachtet worden sind. Die Reise Alexandra Davids auf das Dach der Welt war so geheim also nicht.

Die Briten erweisen sich zwar als Gentlemen und nehmen die beiden abgerissenen und kranken Pilger großzügig auf, dennoch bestehen sie darauf, dass Alexandra Indien verlässt. Auch Philippe in Tunis dringt brieflich darauf, dass sie endlich zurückkommt und wieder ihre Rolle als Ehefrau spielt.

Im Winter 1924/25 reist Alexandra über Kalkutta nach Bombay, dort besteigt sie zusammen mit Yongden ein Schiff nach Spanien. Anfang Mai 1925 erreichen sie Valencia. Von dort aus geht es weiter nach Paris, wo die Presse sich auf sie stürzt. Alexandra David gilt als Heldin. Sie genießt die Interviews und

Auftritte und gibt bereitwillig – und manchmal etwas ausge-schmückt – Auskunft über ihren langen Weg zum Dach der Welt.

Eines kann und will sie auf keinen Fall mehr: sich in ihr altes Dasein als Hausfrau, Gattin und bürgerliche Dame fügen. Es beginnt ihr drittes Leben, es sind Jahre und Jahrzehnte des Schreibens und der Studien. Vor Weihnachten 1925 trifft sie sich mit Philippe auf »neutralem Boden« in einem Hotel in Marseille. Die Grenzen sind klar gezogen: Philippe will nicht nach Frankreich, Alexandra nicht nach Tunis. Zudem ist Phi-lippe Néel eifersüchtig auf den jungen Mann, den seine Frau aus Tibet mitgebracht hat. Die Eheleute trennen sich im Streit – um sich in den nächsten Jahren wieder vorsichtig einander an-zunähern.

In den folgenden Jahren schreibt Alexandra David Dutzende von Büchern über ihre Reisen und ihre Erkenntnisse zum Bud-dhismus. Ihre Bücher werden in zahlreiche Sprachen übersetzt und zumindest in Frankreich Bestseller. In ihrem Vaterland er-fährt sie auch offizielle Ehren: So wird sie zum Ritter der fran-zösischen Ehrenlegion geschlagen.

Sie kauft ein großes Haus mit Garten in Digne in der Pro-vence, das sie »Samten Dzong« (»Festung der Meditation«) nennt und in dem sie bis zu ihrem Tod lebt.

Mit neunundsechzig Jahren bricht sie erneut mit ihrem treuen Yongden auf, um China und Tibet zu bereisen. Doch als sie im Reich der Mitte sind, bricht der Zweite Weltkrieg aus. Sie gera-ten zwischen die Fronten von japanischen und chinesischen Truppen, von Nationalisten und Maoisten. Alexandra und Yong-den ziehen sich vor den Kämpfen immer weiter in die westchi-nesische Provinz zurück. Noch einmal will Alexandra David auf das Dach der Welt. Sie kommt jedoch nicht weiter als bis in das chinesisch-tibetische Grenzgebiet. In einer französisch-katho-lischen Missionsstation harrt die bereits im achten Lebensjahr-zehnt Stehende mehrere Jahre aus. 1941 erhält sie die Nach-richt vom Tod ihres Mannes Philippe. Im Jahre 1946 schließlich gibt sie auf und kehrt – ohne Lhasa noch einmal gesehen zu haben – über Kalkutta nach Frankreich zurück.

Drei Jahre später besetzen die Rotarmisten Tibet. In den folgenden Jahren werden über sechstausend Klöster und heilige Stätten zerstört, etwa 1,2 Millionen Tibeter verlieren ihr Leben, rund hunderttausend fliehen nach Indien, darunter auch der junge XIV. Dalai-Lama, dessen Vorgänger Alexandra David rund vierzig Jahre zuvor in Sikkim kennengelernt hat.

Die Weise von Samten Dzong

Zurück in Frankreich, macht sich Alexandra David erneut ans Bücherschreiben. Sie gilt als Ikone der Orientalistik, ihr Haus wird zur Pilgerstätte für Buddhisten, Esoteriker, Neoromantiker, Hippies und Aussteiger jeglicher Art. Bereitwillig empfängt sie Besucher und plaudert mit ihnen. Ihr Geist bleibt bis zuletzt hellwach. Interessiert nimmt die einstige Anarchistin die Studentenrevolten von 1968 zur Kenntnis.

Dennoch vereinsamt sie immer mehr. Die Freunde und Gefährten von ehemals sterben: 1941 ihr Ehemann Philippe, den sie trotz aller Gegensätzlichkeiten immer als Freund betrachtet hat – nicht nur seiner finanziellen Freigebigkeit wegen. Und 1955 stirbt ihr Adoptivsohn Yongden, der die letzten Jahre – entwurzelt und aus seiner Kultur gerissen – zunehmend dem Alkoholismus verfiel. Alexandra David hat ihn stets mehr als unreifen Diener denn als ebenbürtigen Mann betrachtet, ihn bisweilen sogar geschlagen.

Natürlich hat die Französin auch Feinde: So behauptet die Orientalistin Jeanne Denys, die einige Zeit bei Alexandra David in Digne wohnt und sich dann mit ihr überwirft, in ihrem von Rache und Neid durchtränkten Buch *Alexandra David-Néel au Tibet. Une supercherie dévoilée (Alexandra David-Néel in Tibet. Die Aufdeckung einer Täuschung)* (1972), Alexandra David sei nie in Tibet gewesen, sondern nur eine Hochstaplerin. Peinlicher Unsinn und Beispiel dafür, wie der Hass Menschen blind machen kann.

Doch das sind Einzelfälle. Alexandra David ist und bleibt

eine Ikone, von vielen Menschen in Europa und Asien gleichermaßen verehrt und geliebt. Zu ihrem hundertsten Geburtstag veranstaltet die Stadt Digne einen Festakt, an dem die Jubilarin eher widerwillig teilnimmt, denn sie scheut den großen Auflauf. Stattdessen sitzt sie noch Tag für Tag und Nacht für Nacht – sie kommt mit wenigen Stunden Schlaf aus – an ihrem Schreibtisch über diversen Buchprojekten (sie liest noch ohne Brille) und lässt wenige Monate vor ihrem Tod ihren Reisepass verlängern. Aus gutem Grund, plant sie doch allen Ernstes eine Reise: Gemeinsam mit ihrer Haushälterin und Vertrauten Marie-Madeleine Peyronnet will sie mit dem Zug über Berlin, Warschau und Moskau durch Russland und Sibirien bis Wladiwostok fahren und von dort mit dem Schiff über den Pazifik nach Amerika …

Der Tod kommt diesen waghalsigen Plänen zuvor. Alexandra David-Néel stirbt am 8. September 1969, wenige Wochen vor ihrem hundertsten Geburtstag. Vor ihrem Tod gestand sie ihrer Vertrauten: »Gottvater hat zu mir gesprochen. Er hat ein großes Licht in meiner Seele entzündet, und ich habe die Nichtigkeit all dessen gesehen, was einmal ich selbst war.«

Die lange Lebensreise Alexandra Davids war damit zu Ende. Ihr Leichnam wurde verbrannt, einige Jahre später brachten Freunde die Urnen Alexandra Davids und Yongdens nach Indien und streuten beider Asche in den Ganges – wie die große Orientalistin und Weltreisende es gewünscht hatte.

11 Agatha Christie (1890–1976)
Mit dem Orientexpress nach Bagdad

Zu Beginn der Katharsis steht die Katastrophe. Das Jahr 1926 wird für die im sechsunddreißigsten Lebensjahr stehende Kriminalautorin Agatha Christie zu einem Schluss- und Wendepunkt, aber auch zu einem Neubeginn, einem Aufbruch in eine ihr bis dahin unbekannte Welt. In jenem Jahr stirbt ihre Mutter. Deren Tod reißt eine große Lücke in Agathas Leben. Das Elternhaus, die Villa Ashfield in der Grafschaft Devon, wo Agatha und ihre beiden Geschwister Margaret und Louis eine glückliche Kindheit verbracht haben, kann nicht gehalten werden und wird verkauft. Zudem gesteht Agathas Mann, Oberst Archibald Christie, ein Verhältnis mit seiner Golfpartnerin Nancy Neele. Für Agatha Christie, die 1920 ihren ersten Kriminalroman *Das fehlende Glied in der Kette (The Mysterious Affair at Styles)* mit der Hauptfigur des Detektivs Hercule Poirot geschrieben hat und inzwischen mit weiteren Romanen gute Erfolge verbuchen konnte, bedeutet das eine Katastrophe. Gedemütigt, tief verletzt und in völliger Verwirrung verlässt sie das Haus und taucht unter. Die Sache gelangt an die Öffentlichkeit. Zeitungsreporter wittern eine spektakuläre Story, vielleicht gar Mord an der Kriminalautorin. Die Polizei sucht mit Fahndungsbildern und Spürhunden im ganzen Land nach Agatha Christie, doch sie bleibt unauffindbar. Erst elf Tage später wird sie sichtlich verwirrt im Hydropathic Hotel in Harrogate/North Yorkshire entdeckt. Die konsultierten Ärzte diagnostizieren einen temporären Gedächtnisverlust als Folge eines Nervenzusammenbruchs. Auch nach ihrer Genesung wird Agatha Christie die Erinnerung an jene elf Tage nie ganz wiedererlangen.

Viele Jahre später, 1978, griff der Regisseur Michael Apted das Verschwinden der berühmten Autorin auf und spann seine eigene Geschichte darum. In dem Film *Das Geheimnis der Agatha Christie* wird das Opfer Agatha Christie (gespielt von Vanessa Redgrave) zur Täterin uminterpretiert und der nervlich bedingte Verlust der Erinnerung zu einem Kriminalfall von kühlem Kalkül: Dem Journalisten Wally Stanton (Dustin Hoffman) gelingt es, Agatha Christie in einem Hotel aufzuspüren, wo sie sich unter dem Namen der Geliebten ihres Mannes einquartiert hat. Es beginnt eine zarte Liebesgeschichte zwischen beiden. Währenddessen bereitet die fantasiebegabte Kriminalautorin einen Mord an ihrer Rivalin Nancy Neele vor ...

Die Wirklichkeit ist weniger blutrünstig, aber keineswegs weniger romantisch und abenteuerlich. Agatha Christie erlangt nach jenen geheimnisumwitterten elf Tagen ihre Gesundheit wieder und »rächt« sich auf ihre eigene Weise: Sie verlässt ihren Mann, lernt bald darauf die große Liebe ihres Lebens kennen und beginnt zudem eine lebenslange Affäre mit – dem Orient.

Um sich von den Strapazen jenes schlimmen Jahres 1926 zu erholen, plant sie nach der Scheidung von ihrem Mann 1928 einen Urlaub in der Karibik. Doch es kommt etwas dazwischen, und ganz spontan bucht Agatha Christie im Reisebüro Thomas Cook in London eine Fahrt mit dem Orient-Express nach Bagdad. Es wird ihre erste Reise ins geschichtsträchtige und legendenverbrämte Zweistromland, die Begegnung mit einer anderen Welt, mit alten und neuen Kulturen und mit den Lieben ihres Lebens.

Ein rollendes Hotel

Die Geschichte des Orient-Express reicht zurück ins Jahr 1883. Damals startete der erste Zug von Paris über Stuttgart, München, Wien und Budapest nach Belgrad und Varna am Schwarzen Meer. Von dort ging es per Schiff nach Konstantinopel, damals Hauptstadt des Osmanischen Reichs und seit jeher das Tor zum Orient. Im Laufe der Jahre und Jahrzehnte gewann der Zug an Ansehen, die Compagnie Internationale des Wagons-Lits (Internationale Schlafwagengesellschaft) übernahm den Express und bot über Thomas Cook die Fahrten an. Die Züge mauserten sich in der Folge zu rollenden Hotels. Und auch an den einzelnen Stationen unterhielt die Gesellschaft Hotels für Passagiere, die die Fahrt unterbrechen wollten. Das Reisen mit dem Orient-Express entwickelte sich zu einer Angelegenheit der Hautevolee, des Adels und des reichen Bürgertums. Die Schlafwagen waren überwiegend mit gehoben und bequem eingerichteten Einzelkabinen und wenigen »Doubles« ausgestattet. Im Speisewagen wurde Haute Cuisine geboten, die Ausstattung entsprach einem Erste-Klasse-Restaurant.

Kein Wunder, dass sich der Orient-Express immer größerer Beliebtheit erfreute, trotz mancher Pannen oder vielleicht gerade deswegen: In der Anfangszeit mussten die Fahrgäste in Bulgarien in einen gewöhnlichen Zug umsteigen, der sie nach Varna brachte. Wiederholt blieb der Zug im Winter in den tief verschneiten Gebirgszügen des Balkans liegen. Auch wurden hin und wieder Gleise unterspült. In die Schlagzeilen kam der Zug, als er im Winter 1929 neunzig Kilometer nördlich von Istanbul in Schneewehen stecken blieb und die Rettungskräfte fünf Tage brauchten, um sich dorthin durchzukämpfen, während ausgehungerte Wölfe um die Waggons schlichen. Nicht jeder Fahrgast mag solche Vorkommnisse goutiert haben, aber es gab auch einige, für die selbst das unvorhergesehene Abenteuer zum besonderen Flair des rollenden Hotels gehörte – und zur willkommenen Abwechslung im sonst langweiligen Einerlei einer wohlsituierten und gesicherten Existenz.

Auch der Orient-Express blieb nicht von den Zeitläuften verschont: Während des Ersten Weltkriegs ließen die Achsenmächte ihn auf ihrem Territorium weiterfahren, über Wien, Budapest und Sofia nach Konstantinopel. Nach dem Krieg drangen die Siegermächte darauf, den Renommierzug nicht mehr durch Deutschland und Österreich rollen zu lassen. Er wurde offiziell in Simplon-Orient-Express umbenannt, der von London über Dover (mit Schiffspassage über den damals noch nicht untertunnelten Ärmelkanal) nach Paris fuhr, von dort über Dijon, den Simplon-Pass, Mailand, Venedig, Triest und weiter nach Belgrad. Die bereits unter den Osmanen mit deutscher Unterstützung gebaute Bahnlinie von Konstantinopel durch Kleinasien nach Aleppo und von dort durch Syrien, Kurdistan und das Zweistromland nach Bagdad wurde nach dem Ersten Weltkrieg ausgebaut, Lücken in den Streckenabschnitten wurden geschlossen. Dieser Taurus-Express wurde gemeinhin als Teil des Orient-Express gesehen und häufig auch so genannt. 1940 konnte man endlich »in einem Zug« – nur noch unterbrochen durch die Fährpassagen durch die Straße von Calais und den Bosporus – von London bis Basra am Persischen Golf reisen. Zudem zweigte in Aleppo eine Linie südwärts ab, durch den Libanon und Palästina nach Kairo in Ägypten. Auch diese Verbindung erfreute sich bei den zahlreichen Freunden der alten ägyptischen Kultur großer Beliebtheit.

Der Orient – Liebe auf den ersten Blick

Als Agatha Christie im Herbst 1928, noch erschöpft von den Aufregungen und Enttäuschungen der vergangenen beiden Jahre, im Zug nach Konstantinopel sitzt und die Landschaften an sich vorbeiziehen sieht, fällt manches von ihrer verwundeten Seele bereits ab. Die heilende Wirkung des Reisens setzt rasch ein, der Übergang von der vertrauten Welt des Abendlandes in die geheimnisvolle und sehnsuchtstrunkene des Morgenlandes übt auf Agatha Christie einen unwiderstehlichen Zauber aus. Einige Jahre später erinnert sie sich: »Der Orient-Express ist mir ohne Zweifel der liebste von allen. Ich liebe sein Tempo Allegro con Fuoco zu Anfang, das Schütteln und Rattern in der wilden Hast, Calais und den Okzident hinter sich zu lassen; es vermindert sich auf dem Weg nach Osten zu einem Rallentando, bis es in einem unverkennbaren Lento endet.«

Als Agatha Christie in Konstantinopel, das 1930 in Istanbul umbenannt wird, angekommen ist, überfordern sie die Größe der Stadt, ihr quirliges Leben, das Licht und die fremden Gerüche beinahe. Sie mietet sich einen Dienstmann, der sie sicher zur Fähre am Bosporus bringt. Am asiatischen Ufer angekommen, geht es weiter zum Bahnhof Haydarpaşa. Dort besteigt sie den Taurus-Express, der sie in die noch unbekannte Welt Kleinasiens entführt. »Der Übertritt von Europa nach Asien«, erinnert sie sich noch im Alter, »geschah fast unmerklich, aber ich hatte das Gefühl, als ob die Zeit hier weniger Bedeutung hätte. Gemächlich zuckelte der ›Express‹ die Küste des Marmarameeres entlang und kletterte dann in die Berge hinauf – es war unbeschreiblich schön. Ganz andere Leute saßen jetzt im Zug, aber es fällt mir schwer zu sagen, worin der Unterschied bestand. Ich hatte keine Berührung mit meinen Mitreisenden, aber ich beschäftigte mich weit intensiver mit allem, was rund um mich vorging. Wenn wir an einem Bahnhof hielten, sah ich aus dem Fenster und bestaunte die bunt gekleideten Landleute, die sich auf den Bahnsteigen drängten, und die seltsamen Speisen, die den Passagieren in den Waggon hinaufgereicht wurden. In große Blätter eingeschlagen, gab es Spieße mit Fleischstücken, Eier in verschiedenen Farben, Gerichte aller Art.«

Der Orient-Express passiert das Kilikische Tor, einen grandiosen Gebirgspass, von dem Agatha Christie noch viel später schwärmt: »Es war ein Augenblick erhabener Schönheit, und ich habe ihn nie vergessen. Ich sollte diesen Pass noch oft und in beiden Richtungen überqueren [...]. Langsam versank die Sonne hinter den Bergen und ich war glücklich, dass ich gekommen war – von Dankbarkeit und Entzücken erfüllt.«

Agatha Christie tritt mit ihrer Reise in eine neue Welt ein und gleichzeitig in eine neue Phase ihres Lebens. Das Mittel hierzu ist der Orient-Express. Sie ahnt nicht, dass sie dreißig Jahre lang beinahe alljährlich für mehrere Monate den Nahen Osten besuchen wird, bis zu ihrem achtundsechzigsten Lebensjahr. Der Orient wird sie verzaubern und verwandeln und auch ihr Werk nachhaltig beeinflussen. Aber sie wird nicht nur Ideen, Anregungen und Kraft aus der morgenländischen Welt ziehen, sondern ihrerseits viel Energie und Zeit im Zweistromland und in Syrien investieren – als Hobbyarchäologin. Das wiederum wird sich auf ihre Bücher auswirken. »Die Archäologie«, so formulierte es der Krimiautor und Kritiker Robert Barnard in seinem Buch *A Talent to Deceive* (1980), »ist ungefähr die einzige Arbeit, die in einem Christie-Roman im Ernst betrieben wird.«

Über Aleppo in Syrien, wo Agatha Christie von Kopf bis Fuß von Wanzen zerstochen wird, die »hungrig über die saftigen Reisenden« herfallen, gelangt sie nach Damaskus. Dort will sie sich erst einmal erholen: »Vor dem Stationsgebäude entdeckte ich einen modernen Omnibus mit der Aufschrift: Orient Palace Hotel. Ein würdevoll blickender Chauffeur in Livree nahm sich meiner und meines Gepäcks an, und zusammen mit ein oder zwei anderen völlig verwirrten Reisenden stieg ich in den Bus und wurde ins Hotel gefahren, wo ein Zimmer für mich reserviert war. Es war ein überaus prächtiges Hotel mit großen, glitzernden Marmorhallen, aber mit so schwachem elektrischen Licht, dass man kaum die nächste Umgebung ausmachen konnte.«

Drei Tage später macht sie sich auf den Weg nach Bagdad. Da die Bahnstrecke noch nicht durchgehend befahrbar ist, nimmt sie den Reisebus durch die Wüste: »Die achtundvierzigstündige Fahrt war ebenso fesselnd wie unheimlich. Ich hatte das seltsame Gefühl, von einer Leere nicht so sehr umgeben als vielmehr eingeschlossen zu sein. [...] die herrlichen Farben der Wüste – schillernde Rosa-, Aprikosen- und Blautöne – und die scharfe, würzige Luft – ein wunderbares Zusammenspiel, das mich in Ekstase versetzte. Die tiefe Stille, die selbst von Vogelzwitschern nicht gestört wurde, der Sand, der mir durch die Finger rieselte, die aufgehende Sonne [...] danach hatte ich mich gesehnt. Was konnte einem das Leben mehr bieten?«

Sie gelangt zum Euphrat, überquert eine Pontonbrücke und sieht die ersten Palmenhaine. Auf einer zweiten Pontonbrücke geht es über den Tigris, und endlich ist sie in Bagdad mit seinen von türkisblauen Kuppeln gekrönten Moscheen. Sie glaubt sich in die Märchen von Tausendundeiner Nacht versetzt, ist fasziniert und abgestoßen zugleich. Staunend bewundert sie den Reichtum der Moscheen und der alten Paläste, die Üppigkeit des Warenangebots auf dem Basar, sieht gleichzeitig aber auch die schreiende Armut der breiten Bevölkerung, den Schmutz in den Gassen, und erfährt von Unbildung und Analphabetismus. Ihr Verhältnis zum Orient ist ambivalent und wird es bleiben: »Sie waren alle sehr nett zu mir. Die Leute waren liebenswürdig und zuvorkommend – und ich schämte mich meines Gefühls des Eingeschlossenseins. [...] Ich merkte sehr bald, dass im Nahen Osten nichts so ist, wie es zu sein scheint. Man muss die eigenen Lebenserfahrungen und Verhaltensweisen ins Gegenteil verkehren und Beobachtungen und Wahrnehmungen neu interpretieren.«

Agatha Christie ist ein Kind ihrer Zeit, erzogen nach den Grundsätzen und Wertevorstellungen der Viktorianischen Ära, aufgewachsen in großbürgerlichen, wohlhabenden Verhältnissen. Diese Prägung wird sie nicht ablegen, zumal sie mit ihren Romanen, die sie zur erfolgreichsten Autorin aller Zeiten machen – schätzungsweise gehen rund zwei Milliarden Exemplare ihrer Bücher über die Ladentische der Welt –, so viel verdient, dass sie ein Leben in materieller Sorglosigkeit führen kann. Dennoch wird sie sich anderen Kulturen gegenüber nie überheblich zeigen, sondern ist von tiefem Respekt und dem Willen geleitet, das Andersartige zu verstehen. Doch die »typisch« englischen Vorstellungen von der Besonderheit ihrer eigenen Lebenswelt wird sie nie ablegen.

Ein junger Mann

Weit stärker als vom modernen Orient zeigt sich Agatha Christie von den frühen Kulturen des Zweistromlandes fasziniert. Bagdad ist daher nur Zwischenaufenthalt, sie will weiter nach

Ur, in die sumerische Hauptstadt des 3. Jahrtausends vor Christus, die am unteren Euphrat liegt. Dort graben seit einiger Zeit der englische Archäologe Leonard Woolley und seine Frau Katharine. Die Autorin aus London ist nicht die einzige Touristin, die die Ausgrabungen bereist. »Die Besucher wurden in Gruppen herumgeführt, man zeigte ihnen das Nötigste und versuchte, sie so schnell wie möglich wieder loszuwerden«, erinnert sich Agatha Christie. »Ich aber wurde als geehrter Gast empfangen [...]. Dass ich so aufgenommen wurde, war allein der Tatsache zuzuschreiben, dass Katharine Woolley [...] eben erst eines meiner Bücher, nämlich *Alibi*, gelesen hatte. Sie war so begeistert davon, dass sie mir den Status einer V.I.P. zuerkannte.«

Agatha Christie lernt das Leben und die Arbeit im Camp der Archäologen kennen und schätzen: »Ich verliebte mich in Ur mit seinen herrlichen Abenden, der in geheimnisvolle Schatten gehüllten Zikkurat und dem unendlichen Sandmeer, das ständig seine zarten Farben wechselte. Es machte mir Freude, die Arbeiter zu beobachten, die Vorarbeiter, die kleinen Jungen mit ihren Körben, die Handlanger – die ganze Technik, das Tun und Treiben. Der Zauber der Vergangenheit nahm mich gefangen. Die Sorgfalt, mit der Töpfe und Krüge ans Tageslicht geholt wurden, erfüllte mich mit dem sehnsüchtigen Verlangen, selbst Archäologin zu sein. Wie bedauerlich war es doch, dachte ich, dass ich immer ein so leichtfertiges Leben geführt hatte.«

In jenen Wochen reift in Agatha Christie der Entschluss, hierher zurückzukehren und bei den archäologischen Ausgrabungen mitzuhelfen. Mehr noch: Die schriftstellerische Karriere, die erst vor wenigen Jahren verheißungsvoll begonnen hat, soll dazu dienen, ihr den materiellen Freiraum für die Archäologie zu verschaffen. Mit diesem Vorsatz im Herzen und einer Einladung Katharine Woolleys, im nächsten Jahr wiederzukommen, reist Agatha Christie im Orient-Express zurück nach London. Eine wichtige Begegnung blieb ihr in jenen Wochen des Jahres 1929 freilich versagt: Der junge Archäologe Max Mallowan (1904–1978) ist wegen einer Blinddarmentzündung ab-

wesend. Erst als Agatha Christie im Jahr darauf nach Ur zurückkehrt, lernt sie den vierzehn Jahre Jüngeren kennen. Die beiden
verlieben sich, und Max Mallowan begleitet Agatha sogar nach
England, als sie überstürzt ihren Aufenthalt abbrechen muss,
um zu Rosalind, ihrer erkrankten Tochter aus erster Ehe, zu eilen.

Noch im selben Jahr, am 11. September 1930, heiraten Agatha Christie und Max Mallowan. Die Autorin veröffentlicht
zwar weiterhin unter dem beim Publikum eingeführten Namen
»Christie«, doch in der Öffentlichkeit Londons und des Orients
tritt sie nun als »Mrs. Mallowan« auf, als bescheidene Frau an der
Seite ihres Mannes, der in den folgenden Jahrzehnten zu einem
der bekanntesten Archäologen Großbritanniens werden wird.

Von nun an begleitet Agatha Christie ihren Mann bis 1958
Jahr für Jahr zu den Ausgrabungen in den Irak und nach Syrien,
unterbrochen nur vom Zweiten Weltkrieg. Meist dauert der
Aufenthalt mehrere Monate, vom Frühling bis in den Sommer
hinein.

Ein Schreibtisch in der Wüste

In jenen Jahren empfängt Agatha Christie von der Welt der Araber und Kurden, aber auch durch die Beschäftigung mit alten,
untergegangenen Kulturen viele literarische Anregungen. Der
Roman *Mord im Orient-Express* (*Murder on the Orient Express*,
1934) spielt in dem berühmten historischen Zug und fängt den
Glamour reicher Touristen ein. Direkt im Zweistromland sind
der Kriminalroman *Mord in Mesopotamien* (*Murder in Mesopotamia*, 1936) und der Thriller *Sie kamen nach Bagdad* (*They
Came to Baghdad*, 1951) angesiedelt; der Kriminalroman *Der
Tod wartet* (*Appointment with Death*, 1938) spielt in Jordanien.
Und von der Beschäftigung mit dem modernen und alten Ägypten zeugen die Bücher *Tod auf dem Nil* (*Death on the Nile*, 1937)
und *Rächende Geister* (*Death Comes as the End*, 1945). Diese
Romane hat Agatha Christie zum Teil unter einfachsten Bedingungen im Ausgrabungscamp konzipiert.

»Einmal«, gesteht sie in ihrer Autobiografie, »musste ich mit C[ampbell]. T[hompson]. [dem Ausgrabungsleiter von Ninive] einen Strauß ausfechten. Er gab am Ende höflich nach, aber ich fürchte, ich sank in seiner Achtung. Es ging einzig und allein darum, dass ich mir im Basar einen Tisch kaufen wollte. Ich konnte meine Kleider in Orangenkisten aufbewahren, ich konnte auf Orangenkisten sitzen, konnte eine Orangenkiste als Nachttisch verwenden, aber was ich haben musste, wenn ich arbeiten wollte, das war ein solider Tisch, auf den ich meine Schreibmaschine stellen konnte, und der mir Platz für meine Beine bot. Es war nicht die Rede davon, dass C.T. für den Tisch zahlen sollte – *ich* wollte ihn mir kaufen –, aber er verachtete mich, weil ich bereit war, Geld für etwas auszugeben, das er nicht für unbedingt nötig hielt. Für mich aber war der Tisch unbedingt nötig. Das Bücherschreiben, argumentierte ich, war meine Arbeit, und dazu brauchte ich nun einmal meine Werkzeuge: eine Schreibmaschine, einen Bleistift und einen Tisch, an dem ich sitzen konnte. C.T. gab nach, aber es bedrückte ihn zutiefst. Ich bestand nämlich auf einem soliden Tisch – nicht bloß ein Ding mit einer Platte und vier Beinen, das schon wackelte, wenn man es nur schief ansah –, und der kostete die unerhörte Summe von zehn Pfund. Ich glaube, er brauchte gute vierzehn Tage, um mir diesen extravaganten Luxus zu verzeihen.«

Die literarischen Niederschläge vermitteln nur ein unzureichendes Bild von der Hingabe, mit der sich Agatha Christie dreißig Jahre lang für archäologische Ausgrabungen interessiert und persönlich eingesetzt hat. Bereits 1931 schließt sie mit Campbell Thompson einen Vertrag, der es ihr erlaubt, an den Arbeiten in Ninive teilzunehmen, allerdings auf eigene Kosten und eigene Gefahr. Denn dorthin wechselte Max Mallowan, der sich mit den Woolleys nicht mehr gut verstand, und Agatha Christie wollte gerne an der Seite ihres jungen Ehemannes sein. Aber nicht »nur« als seine Frau, sondern auch als seine Assistentin: Sie beaufsichtigt die arabischen und kurdischen Grabungsarbeiter und gibt im Camp dem Küchen- und Zimmerpersonal Anweisungen. Bereits in England hat sie auf Anraten ihrer Tochter einen Zeichenkurs besucht, aber bald eingesehen, dass ihr Talent völlig unzureichend ist, wenn es um das Abzeichnen von archäologischen Fundstücken geht. Also schafft sie sich zwei Fotoapparate an, eine Nikon und eine Leica, und absolviert einen Fotokurs. Bald ist sie in der Lage, Grabungen und Fundgegenstände fotografisch zu dokumentieren, die Filme selbst zu entwickeln und meist vor Ort, in unzureichenden Verschlägen, die ihr als Dunkelkammern dienen müssen, Abzüge anzufertigen. Und sie dreht 1938 und 1952/57 zwei Filme, in denen sie das Leben im Grabungscamp für die Nachwelt dokumentiert.

Zudem scheut sie sich nicht, selbst Hand bei den Grabungen anzulegen, und ersinnt mit ihrem gesunden englischen Hausfrauenverstand eine Methode, die wertvollen, zerbrechlichen und korrosionsgefährdeten Gegenstände aus Stein, Ton, Elfenbein und Metall schonend zu säubern und bis zu ihrem Eintreffen im British Museum in London gegen äußere Einflüsse zu schützen: »Ich hatte meine eigenen Werkzeuge: ein Holzstäbchen zum Nagelreinigen. Eine sehr feine Stricknadel, einmal auch einen Zahnbohrer, den mir ein Zahnarzt geschenkt hatte – und einen Tiegel Gesichtscreme, die sich ausgezeichnet dazu eignete, behutsam den Schmutz aus den Sprüngen zu entfernen, ohne das bröckelige Elfenbein zu beschädigen. Es kam zu einem solchen Ansturm auf meine Gesichtscreme, dass ich nach ein paar Wochen nichts mehr für mein armes Gesicht hatte!«

Im Laufe der Jahre ist das Ehepaar Mallowan an den Ausgrabungen in Ninive, Arpachiyah, Chagar Bazar, Tell Brak und Nimrud – alle im Nordirak und im nordöstlichen Syrien gelegen – führend beteiligt. Einmal macht Max Mallowan seiner Frau das Kompliment: »Ist dir eigentlich klar, dass es in ganz England kaum eine Frau gibt, die so viel über prähistorische Töpferei weiß wie du?« Doch Agatha Christie weist solches Lob von sich. Sie will im Camp in zweiter Reihe stehen und ihrem Mann und dem Team die Arbeit erleichtern: »Ich war nie eine Wissenschaftlerin in dem Sinn, dass ich mich für Gesteinsschichten und Pläne interessiert hätte. […] Ich gebe offen zu, dass mein Interesse den Gegenständen gilt, die aus der Erde kommen und Zeugnis ablegen vom handwerklichen Können und von der Kunstfertigkeit der Alten.«

Die Seele des Grabungsteams

Stolz ist sie auf ihren Mann, der 1966 mit *Nimrud and Its Remains* sein Hauptwerk vorlegt. Augenzwinkernd meint Agatha Christie: »Er hat zehn Jahre daran gearbeitet und immer gefürchtet, er könnte nicht lange genug leben, um es zu Ende zu bringen. Das Leben ist so ungewiss, und unerfreuliche Dinge wie Koronarthrombose, Hypertonie und wie diese modernen Leiden alle heißen, scheinen ständig auf der Lauer zu liegen – insbesondere bei den Männern. Aber es ist alles gutgegangen. Das Buch ist sein Lebenswerk. Ich bin stolz auf ihn und freue mich mit ihm. Es kommt mir wie ein Wunder vor, dass wir beide, jeder in seinem Fach, erfolgreich waren.«

Agatha Christies Hauptwerk waren und blieben ihre Romane, Erzählungen und Bühnenstücke. Ihre wahre Leidenschaft aber – weil es ein Hobby war und keine Profession – wurde die Archäologie: »So lebten wir dahin – Max mit seiner archäologischen Arbeit und seiner Begeisterung, und ich mit meiner schriftstellerischen Tätigkeit, der ich immer berufsmäßiger und daher mit stets geringerer Begeisterung nachging.«

Selbstverständlich war sie stolz auf das Erscheinen eines neuen Buches, aber das Gefühl, etwas wiederentdeckt zu haben, das jahrtausendelang in der Erde geschlummert hatte, erfüllte sie mit Freude und Glück – auch weil sie als gläubige Christin etwas Immerwährendes, Überzeitliches darin erblickte, die Idee vom Menschen: »Wenn man die wunderbaren Dinge sieht, die Menschen mit ihren Händen geformt haben, ist man stolz, der menschlichen Rasse anzugehören. Sie müssen Schöpfer gewesen sein, diese Menschen – sie müssen ein wenig Anteil gehabt haben an der Heiligkeit des allmächtigen Schöpfers, der die Welt schuf und alles, was in ihr war, und sah, dass es gut war. Aber er schuf nicht alles. Er ließ ungetan die Dinge, die von

Menschenhand gefertigt werden sollten. Die Menschen sollten in seine Fußstapfen treten, denn sie waren nach seinem Ebenbild gemacht worden, und sie sollten sehen, was sie machten, und sehen, dass es gut war. Der Stolz auf das Geschaffene ist etwas Außergewöhnliches.«

Agatha Christie war in all den Jahrzehnten in den Camps so etwas wie die Seele des Grabungsteams. Die Archäologin Joan Oates lebte als junge Frau einige Zeit in Bagdad und erlebte Mallowans Camp in Nimrud. Sie beschreibt die vielfältigen Aufgabenbereiche der berühmten Autorin: »Agatha war auch in der Medizin gut bewandert, weil sie während des Ersten Weltkriegs als Apothekergehilfin gearbeitet hatte. Sie hatte ihre eigenen Lieblingsmittel, unter ihnen die sehr wirksame Kombination von Kaolin (Porzellanerde) und Kognak, die sie jüngeren Mitgliedern generös verabreichte, wenn sie von Durchfall niedergestreckt wurden.«

Das Ehepaar Mallowan weiß auch trotz der einfachsten Verhältnisse im Camp in gut englischer Weise zu repräsentieren: »Max und Agatha zogen sich immer zum Abendessen um, und die anderen erschienen wenigstens etwas sauberer als vorher. [...] Die Abende auf den Ausgrabungen wurden durch kurzweilige mathematische Spiele belebt, wobei nur wenige von uns mit ihr Schritt halten konnten. Es gab auch eine gut ausgestattete Bibliothek, die ihr Verleger jedes Jahr durch neue Büchersendungen erweiterte. [...] Wetten niemals abgeneigt, richtete Agatha einmal pro Saison ihre Aufmerksamkeit auf das ›Grand-National-Pferderennen‹, dessen Ergebnisse, selbstverständlich mit der Verspätung von einigen Tagen, in der *Times* erschienen, die sie regelmäßig abonnierte [...].«

Da die Schriftstellerin Wert darauf legt, als Gast in keiner Weise den Grabungsetat zu belasten, hat sie sich im Expeditionshaus auf eigene Kosten einen kleinen Raum einrichten lassen, in dem sie ihre Kleider, Fotoausrüstung, Bücher, Schreibmaschine und die Manuskripte unterbringt. »Hier«, so Joan Oates, »versuchte sie sich vor den vielen Besuchern zu verstecken, die sich bedauerlicherweise mehr für ihre Anwesenheit als für die Archäologie interessierten. In diesem Raum begann sie mit dem Schreiben ihrer Autobiographie.«

Selbst mitten in der Wüste gelingt es Agatha Christie, ihre typisch englische Begeisterung für Florales zu stillen. Im regenreichen Frühjahr nutzt sie die kurze Vegetationsperiode, um auf den rasch erblühten Feldern ringsum die schönsten Blumen zu pflücken und zu Sträußen zu binden, wie Joan Oates berichtet: »Wilde Tulpen, Schwertlilien, Anemonen und Mohnblumen gehörten zu den schönsten. Auch die Vögel interessierten sie, vor allem die äußerst bunten Bienenspechte und Tümmlertauben.«

»Ohne Agatha«, resümiert Joan Oates noch Jahrzehnte später voller Hochachtung und Liebe, »wäre Nimrud nicht dasselbe gewesen. Diejenigen von uns, die dort waren, erinnern sich mit tiefer Zuneigung an sie.«

Der Einbruch der Moderne

Der Zweite Weltkrieg unterbricht die archäologischen Grabungen. Agatha Christie verbringt jene Jahre in Hampstead/London und Wallingford/Oxfordshire, während Max Mallowan bei der Armee in Kairo und Tripolis stationiert ist. Erst 1948 können die Mallowans wieder in den Irak reisen, diesmal mit dem Flugzeug – die Zeiten haben sich geändert, wie Agatha Christie wehmütig erkennen muss: »Diesmal gab es keinen Orient-Express! Es war nicht mehr die billigste Art zu reisen – und es gab auch keine direkten Wagen mehr. Diesmal flogen wir – und machten uns mit der eintönigen Routine einer Flugreise vertraut. Dass man auf diese Weise viel Zeit sparte, war nicht zu leugnen – man flog von London nach Bagdad, und damit war alles erledigt. In den ersten Jahren übernachtete man noch da und dort unterwegs, aber es war, das konnte man deutlich erkennen, der Beginn eines strengen und freudlosen Terminplans, der sich durch außerordentliche Langeweile und beträchtliche Kosten auszeichnete.«

Das Feuer archäologischer Begeisterung lodert indes fort:

Max Mallowan und Agatha Christie graben in Nimrud bei Mosul in und bei der großen Zikkurrat und tragen viel zum Verständnis der assyrischen Kultur bei. Wie vor dem Krieg ist die Ausstattung des Camps bescheiden und verlangt von den Archäologen Improvisationstalent und Mut zum Abenteuer:

»Als wir im nächsten Jahr wiederkamen, waren wir sehr stolz auf unser Haus. Es bestand aus einer Küche, einem großen Ess- und Wohnzimmer, einem Zeichenbüro und einem Abstellraum für unsere Funde. Wir schliefen in Zelten. Ein oder zwei Jahre später bauten wir an: ein kleines Büro mit einem Schreibtisch und einem Fenster, durch das am Zahltag die Löhne ausgezahlt wurden; auf der anderen Seite war ein Arbeitstisch für den Inschriftenforscher. [...] und schließlich die gewohnte Hundehütte, in der die Fotografin [d.i. Agatha Christie] ihre Tätigkeit ausüben durfte. Hin und wieder wurden wir von furchtbaren Sandstürmen überrascht. Wir eilten unverzüglich ins Freie und hielten mit aller Kraft die Zelte fest, während sämtliche Mülleimerdeckel davonflogen. Am Ende brachen die Zelte mit lautem Geknatter zusammen und begruben regelmäßig einen von uns unter sich.«

Mit den zweifelhaften »Segnungen« der Moderne kann sich Agatha Christie nicht anfreunden. Der Orient ist für sie auch ein Ort des Rückzugs in eine archaische Welt, die von der westlichen Zivilisation schließlich doch überrollt wird. »Es war eine schöne Zeit«, meint sie rückblickend, »wir hatten unseren Spaß, doch wurde das Leben mit jedem Jahr komplizierter, anspruchsvoller und städtischer. Wegen der vielen großen Aufschüttungen verlor der Grabhügel selbst seine frühere Schönheit. Dahin war jene unschuldige Schlichtheit, als noch Muttergestein aus dem mit Hahnenfuß übersäten grünen Gras hervorstand.«

Auch die Veränderungen in Bagdad, wo sie zwischen den Grabungsphasen im Haus der British School of Archaeology wohnt, sieht sie mit gemischten Gefühlen: »Unglaublich, wie diese Stadt gewachsen ist. Die meisten modernen Bauten sind abstoßend hässlich und für das Klima völlig ungeeignet. In der heißesten Zeit des Tages geht man nicht mehr in den kühlen *sirdab* hinunter; [...] Mag sein, die sanitären Einrichtungen sind jetzt besser – schlechter könnten sie gar nicht werden –, aber ich bezweifle es. [...] Schöne elegante Badezimmer mit Einrichtungen, die nicht funktionieren, wirken ganz besonders frustrierend auf den Benutzer.«

Besonders wertvoll sind ihr neben den archäologischen Entdeckungen die Begegnungen mit den Menschen. Als sie einmal nach Mosul kommt, hält ein Verkehrspolizist an der Kreuzung für sie den ganzen Verkehr auf und begrüßt sie herzlich als »Mama«. Sie erkennt den Polizisten allerdings nicht gleich wieder, bis er ihr erklärt, er habe vor vielen Jahren im Grabungscamp als Küchenjunge gearbeitet. Für solche Zusammentreffen ist die weltberühmte Autorin besonders dankbar. Noch im hohen Alter, als sie krank ist und nicht mehr in den Orient reisen kann, erinnert sie sich voller Rührung: »Wie gut ist es, solche Freunde zu haben! Warmherzige, einfache Menschen; sie verstehen es, das Leben zu genießen, sie können so gut über alles lachen, und sie sind außerordentlich gastfreundlich. [...] Wie sehr habe ich diesen Teil der Welt geliebt! Ich liebe ihn immer noch und werde ihn immer lieben.«

Agatha Christies Lebensreise endet am 12. Januar 1976 in Wallingford. Ihr Mann Max Mallowan folgt ihr am 19. August 1978 nach.

12 Thea Rasche (1899–1971)
»The Flying Fräulein«

Es ist das Jahr 1929. Im kalifornischen Los Angeles haben sich zwanzig Fliegerinnen versammelt, um den weltweit ersten Frauenwettflug zu starten. In Etappen soll es quer durch den amerikanischen Kontinent bis nach Cleveland am Eriesee gehen. Nach dem Zielort wird das Rennen offiziell »Cleveland Women's Air Derby« genannt. Die von Männern dominierten amerikanischen Presseredaktionen verunglimpfen das geplante Rennen allerdings von Anfang an als »Powder Puff Derby«, als »Puderquastenrennen«. Als bei einem Zwischenstart in Pecos/Texas eine der Sportlerinnen mit ihrem Flugzeug tödlich verunglückt, ist das Anlass für die Presse, weniger schockiert als vielmehr hämisch auf das Ereignis zu reagieren: »Frauen haben abschließend bewiesen, dass sie nicht fliegen können.« Die Fliegerin Edda Gardner meint hierzu in ihrer Autobiografie: »Was für ein Quatsch! […] Ich erinnere mich nicht, jemals als Reaktion auf einen Unfall eine Schlagzeile wie diese gelesen zu haben.«

Trotz des tödlichen Unfalls wird das Rennen fortgeführt. Einzige Deutsche unter den Fliegerinnen ist die damals dreißigjährige Thea Rasche. Sie kommentiert den Wettflug von Los Angeles nach Cleveland in ihren Erinnerungen: »Die Augen ganz Amerikas, der ganzen Welt waren auf uns gerichtet. Gerade weil wir Frauen waren, wollten und mußten wir beweisen, daß es uns ernst war mit unserer Fliegerei. Wir wollten mit unserem Flug zeigen, daß das Fliegen kein Spiel mit dem Tod, sondern durchaus sicher ist. Es sollte ein Werbeflug sein. Schon aus diesem Grunde galt es sportlich zu fliegen, aber völlig überflüssige Abenteuer zu vermeiden. […] Tag für Tag mußten wir zwei bis drei Städte anfliegen und jedes Mal Riesenempfänge, Ehrenlunchs und Banketts über uns ergehen lassen.«

Thea Rasche war neben Elly Beinhorn die damals bekannteste Fliegerin Deutschlands. Bei den Amerikanern hieß sie schlicht »the Flying Fräulein«. Ihr Mentor, der berühmte Kunstflieger Ernst Udet prägte das Wortspiel »die rasche Thea«. Respektvoll äußert er sich noch 1940 über die einstige Schülerin und Kollegin: »Thea Rasche ist eine Frau, die wirklich fliegen kann. Vielleicht die einzige, die keine Konkurrenz zu fürchten hat. Ich selbst habe schon einige Französinnen und auch Amerikanerinnen fliegen gesehen, aber es kann wirklich keine an Thea Rasche heran. Überhaupt ist sie ein Kavalier von einer Frau. Von Herzen gern bin ich eine Arbeitsgemeinschaft mit ihr eingegangen.«

Diese Eloge vermittelt vielleicht ein geschöntes Bild, denn unumstritten und unangefochten war Thea Rasche nie. Sie war die erste deutsche Kunstfliegerin nach dem Ersten Weltkrieg, aber gerade als Pionierin hatte sie auch mit Ablehnung, Hohn, Spott und Zurücksetzung zu kämpfen. Und sie war eine »heillose« Idealistin und flog um des Fliegens willen. Anders als andere Pilotinnen verstand sie es nicht, ihren Sport gewinnbringend zu vermarkten. Ihre Versuche, ökonomisch in Amerika Fuß zu fassen, wirken naiv und hilflos, denn sie machte sich Feinde in der deutschen Außenpolitik und der heimischen Flugzeugwirtschaft. Und selbst als sie 1933 der NSDAP beitrat – wohl, um sich eine Lobby für ihre Fliegerei zu sichern –, tat sie das nicht aus politischer Überzeugung, sondern aus naivem Opportunismus. Sie blieb indes glücklos, vielleicht zu ihrem persönlichen Glück, nämlich ihrer moralischen Integrität. Doch zeigte sie in den 1930er und 1940er Jahren insofern Größe, als sie jeglichen Vereinnahmungsversuchen durch die Nationalsozialisten widerstand. So ist Thea Rasches aufregendes und tragisches Leben nicht nur Widerspiegelung eines Stücks Sporthistorie, sondern auch ein Lehrstück deutscher Geschichte und nicht zuletzt auch eine Geschichte weiblicher Durchsetzungskraft größten Widerständen zum Trotz.

Thea Rasche wird am 12. August 1899 im westfälischen Unna als Kind einer gutbürgerlichen, reichen Familie geboren. Der Vater ist Direktor der Essener Aktien-Brauerei. Thea hat noch zwei Brüder, die jedoch beide im Ersten Weltkrieg ums Leben kommen. Theas Mutter verfällt daraufhin in Depressionen, und Vater Rasche legt seine Hoffnungen und Erwartungen notgedrungen in die Tochter: Sie soll so bald wie möglich einen Mann nach Wahl des Vaters heiraten, damit die Brauerei von der Familie weitergeführt werden kann. Doch Thea erweist sich als widerspenstig und findet früh Gefallen am Reisen. »So kannte ich«, erinnert sie sich, »schon vor dem Krieg die Schweiz, Holland, Belgien, Frankreich und England. Das hatte mich vielleicht ein wenig ›international denkend‹ gemacht.«

Sie gehört zu der Generation junger Frauen, die nach dem Ende des Kaiserreichs, dem eine patriarchalische Gesellschaftsform zugrunde lag, ihren eigenen Weg gehen möchten, beruflich wie privat. Das kann Vater Rasche lange nicht akzeptieren, widerstrebt es doch seinen eigenen Plänen. »Ich sehnte mich«, schreibt Thea Rasche, »nach einer Tätigkeit, einem Beruf, der mich ganz ausfüllte, einer Arbeit, die mir ersetzte, was ich verloren. Da begannen die Kämpfe mit meinem Vater. Er sah den einzigen Beruf eines jungen Mädchens im ›Heiraten‹. Jede Selbständigkeit war ihm verhaßt.«

Sie besucht eine Landwirtschaftsschule in Miesbach in Oberbayern, um später ein Gut bei Lünen in Westfalen, das der Vater verpachtet hat, zu übernehmen. Als die Mutter krank wird, bricht Thea die Ausbildung ab und kehrt ins Elternhaus zurück. Wenig später geht sie gegen den Willen des Vaters nach Hamburg und bringt sich notdürftig als Schreibkraft durch. Da sie es sich nicht leisten kann, ihr Zimmer zu heizen, wird sie schwer krank: »Wochenlang kämpfte ich mit dem Tode: Diphtherie mit Erstickungsgrippe, als Folge davon einen anständigen Herzknacks.«

Erneut muss sie zu ihren Eltern zurückkehren. Inzwischen

hat der Vater einen Wunschschwiegersohn gefunden. Thea willigt zunächst in die Hochzeit ein, um dann – für alle überraschend – eine halbe Stunde vor der anberaumten Trauung im Mai 1923 in Berlin einen Rückzieher zu machen. Der Skandal ist perfekt: »Vater war so böse, daß er mich ohne einen Pfennig Geld in Berlin sitzen ließ. Ich verkaufte kurzerhand meinen Schmuck, ging durch Vermittlung eines bekannten Stinnes-Direktors auf das 7000 Morgen große Stinnes-Gut Jühnsdorf bei Berlin und habe mich dort in einem verantwortungsvollen Aufgabenbereich nach langer Zeit wieder einmal restlos glücklich gefühlt.«

Als die Mutter ein weiteres Mal erkrankt, macht sich Thea wieder auf nach Essen, zurück ins Elternhaus. Der Vater versucht nun, den Willen der Tochter zu brechen, indem er sie wie eine Gefangene hält und ihr verbietet, das Haus zu verlassen.

Die erste deutsche Kunstfliegerin

Der Zufall kommt Thea Rasche zu Hilfe. Als die Eltern ein paar Monate später verreisen, nimmt sie eine Einladung von Bekannten aus Münster an, die eine Flugschule betreiben. Dort erhält sie erste Stunden, wenig später nimmt sie Unterricht in Hamburg bei den damals bekanntesten deutschen Kunstfliegern Paul Bäumer und Ernst Udet. Zudem begeistert sie sich für das Segelfliegen und reist dafür in die Rhön, zur Wasserkuppe, dem »heiligen Berg des Segelflugsports«. Bäumer und Udet erkennen schnell die außergewöhnliche Begabung der jungen Frau. Doch die Hürden sind hoch: Die Ausbildungskosten sind für Flugschülerinnen weit höher als für ihre männlichen Kollegen, je nach Schulung müssen Frauen bis zu zweieinhalb Mal so viel bezahlen. Dennoch gelingt es Thea Rasche, das Geld aufzubringen, freilich unter Entbehrungen: »Der arme [Fluglehrer] hatte diesmal seine liebe Not mit mir: Anstatt beim Rückenflug und Rolling [eine Kunstflugfigur] auf die Steuerung und die liebe Erde zu achten, zählte ich lieber im Geiste mehr meine

Groschen und dachte nur: ›Kannst du dir wohl heute Mittag noch ein warmes Essen erlauben? Reicht's noch für die Hotelrechnung?‹ Nicht gerade die richtigen Gedanken für ein Training!«

Im März 1925 erwirbt sie den »A2-Sportflugschein«, im November 1925 als erste deutsche Frau den Kunstflugschein. In jenen Monaten und Jahren tritt sie wiederholt in ganz Deutschland bei öffentlichen Flugtagen auf, Veranstaltungen, die damals von Tausenden Menschen besucht werden. Im Herbst 1926 nimmt sie als einzige Frau unter dreiunddreißig Männern am Großflugtag in Berlin-Tempelhof teil und wenig später als einzige Frau unter achtundzwanzig Männern am Industrierennen in Essen, wo sie in ihrer Klasse den ersten Preis und in der Gesamtwertung den zweiten Preis erringt.

Selbst der bis dahin widerständige Vater lenkt nun ein und schenkt ihr ein Flugzeug, einen von Udet konstruierten Flieger vom Typ U 12 mit dem Namen »Flamingo«, damals der beste Flugzeugtyp für den Kunstflug, der in den Bayerischen Flugzeugwerken (BFW) in Augsburg gebaut wird. Eine eigene Maschine zu besitzen, ist zu jener Zeit unabdingbare Voraussetzung für Kunstflieger. Auch deshalb scheitern etliche angehende Kunstflieger und -fliegerinnen, kostet um 1930 ein Flugzeug je nach Typus und Sitzanzahl doch zwischen fünftausend und zehntausend Mark. Die jährlichen Unterhaltskosten – Versicherung, Start- und Landegebühren, Instandhaltung, Treibstoff, Unterstellgebühren etc. – betragen weitere zweitausend bis viertausend Mark pro Jahr. Dennoch steigt die Zahl der Motor- und Segelfliegerinnen in den 1920er-Jahren, bleibt aber in sehr überschaubarem Rahmen: 1925 erwirbt in Deutschland nur eine einzige Frau – Thea Rasche – den Sportflugschein, 1926 keine einzige, 1927 sind es zwei, 1928 neun, im Jahre 1934 wird wegen der wachsenden Gruppe der Segelfliegerinnen die Höchstzahl von sechzehn Lizenzerwerberinnen erreicht. Danach stürzen die Zahlen wieder ab – der Sportflug ist mit dem Weiblichkeitsideal der Nationalsozialisten nicht mehr vereinbar. Zudem bleibt vor und nach 1933 der eigentliche Wachstumssektor des Flugbetriebs, die Verkehrsfliegerei, Pilotinnen verschlossen.

Für Fliegerinnen gibt es also nur begrenzte und bescheidene Möglichkeiten, ihr Können unter Beweis zu stellen. Thea Rasche versucht, dieses Manko anfangs durch die Teilnahme an aufsehenerregenden Rennen und Flugschauen wettzumachen. Podium hierzu sind ihr die Vereinigten Staaten von Amerika. Dort ist der Andrang von Pilotinnen weit höher: Bis zum Jahre 1930 gibt es in den USA zweihundertsiebzig Sportfliegerinnen – gegenüber knapp dreizehntausend Piloten freilich ebenfalls eine verschwindend geringe Zahl.

Star in Amerika

Nachdem sich Thea Rasche durch ihre Siege bei den Flugtagen in Berlin und Essen einen Namen gemacht hat, wagt sie 1927 den Sprung nach Amerika. Mit ihrer »Flamingo« fliegt sie zunächst nach Berlin, wo sie auf einer Feier im Hotel Adlon den amerikanischen Flieger Clarence Chamberlin kennenlernt. Der hat Anfang Juni 1927, wie auch kurz zuvor Charles Lindbergh (im Mai 1927), den Atlantik von West nach Ost überflogen. Im April 1928 wird dies in umgekehrter Richtung dem Deutschen Hermann Köhl gelingen. In Berlin erfährt Thea Rasche von einer amerikanischen »Zeitungsente«, wonach behauptet wird, sie wolle ähnlich wie Lindbergh und Chamberlin den Atlantikflug wagen. Darauf meint sie burschikos: »Warum nicht, Angst habe ich nicht! Wenn ich eine Maschine hätte, aber ich habe leider keine.« Die »Flamingo« nämlich ist für solch lange Strecken nicht geeignet.

Von Berlin fliegt sie weiter nach Paris. Dort wird sie von den bekannten Piloten Richard Byrd, Louis Blériot und Charles Levine empfangen. Dann geht es über den Ärmelkanal nach Southampton. Dort zerlegt sie die »Flamingo« (solche Arbeiten, aber auch die gängigen Wartungen und Reparaturen führt Thea Rasche stets selbst aus) und lässt die Teile an Bord des Frachters

»Leviathan« schaffen. Kaum in New York angekommen, wird die Fliegerin von der Presse als »Flying Fräulein«, »Queen of Aces«, »Fräulein Wonder« und »Aristocrate of the Air« gepriesen und von fliegereibegeisterten Damen und Herren zu diversen Empfängen eingeladen. Sie lernt Charles Lindbergh, Orville Wright und die damals wohl beste amerikanische Fliegerin Amelia Earhart kennen, von der sie zunächst jedoch wenig angetan ist, und beweist auf Flugschauen ihr Können und ihren Wagemut. »Ich starte«, erinnert sie sich, »brause über die Riesenstadt, über die Wolkenkratzer und fliege zur Freiheitsstatue. Ein paar Loopings über diesem Wahrzeichen der Neuen Welt, eine halbe Stunde Kunstflüge über der Stadt selbst, dann geht es zurück nach Roosevelt-Field. Der Empfang ist dort im wahrsten Sinne des Wortes überwältigend. Ich werde fast erdrückt vor lauter Begeisterung, muss tausend Hände schütteln, tausend Fragen zur gleichen Zeit beantworten.«

Die Presse lobt Thea Rasche sogar als »Best Ambassador of Germany« und erweist ihr damit eine Ehre, wie sie ihr in der Heimat nie zuteil wird. In Deutschland wird man ihr stattdessen gerade wegen ihrer amerikanischen Auftritte mangelnden Patriotismus vorwerfen und sie auch deswegen schneiden und benachteiligen.

Von solchen Intrigen und Kabalen ahnt Thea Rasche damals noch nichts. Sie ist berauscht von Amerika, seinen Bewohnern, der Freundlichkeit und unverstellten Aufgeschlossenheit, mit der man ihr, einer Deutschen, begegnet. Nachdem sie bei einem Kunstflugwettbewerb in Providence bei Boston den ersten Platz belegt hat, wird sie als erste Frau zum Mitglied des Militärfliegerclubs »Quiet Birdman« ernannt.

Doch dieser erste Amerika-Besuch ist auch mit einem Missgeschick verbunden: Bei einem Schauflug mit der »Flamingo« tritt ein Problem mit dem Motor auf. Thea Rasche muss notlanden, dabei geht das Flugzeug irreparabel zu Bruch. Sie selbst erleidet eine Gehirnerschütterung und einen Schock, erholt sich aber rasch wieder. Trotz dieser Havarie gilt Thea Rasche in Amerika als die legendärste Fliegerin der Saison und wird in

Washington sogar von US-Präsident Calvin Coolidge empfangen. Zudem erhält sie Sponsorenangebote: Nachdem Lindbergh den Atlantik überquert hat, soll sie nun als erste Frau ebenfalls diese Herausforderung wagen. Freilich, so die Bedingung, müsse sie dazu die amerikanische Staatsbürgerschaft annehmen. »Plötzlich«, erinnert sie sich, »wurde ich dauernd von Inspektoren des Departements of Commerce beobachtet, und ich hörte von Fliegeroffizieren, daß ein Gesetz bestehe, das allen ausländischen Fliegern jede Verdienstmöglichkeit nimmt.«

Thea Rasche lehnt die Naturalisation ab. Sie hängt an Deutschland und möchte nicht um des Erfolges und Ruhmes willen ihre Heimat aufgeben. »Viele Angebote sind mir gemacht worden«, schreibt sie 1928. »Ich lehnte vorläufig alles ab, um meine endgültigen Entschlüsse in Deutschland zu fassen. Viele Berichte über meine Amerikareise waren vollkommen entstellt. Ich habe nichts weiter vorgehabt, als deutschen Sportgeist hinüberzubringen und zu zeigen. Mein sehnlichster Wunsch bleibt der Ozeanflug. […] Nur in der Heimat wollte ich den endgültigen Entschluß für meine nächste Zukunft fassen.«

Gerade in Deutschland dankt man ihr diese Einstellung am allerwenigsten. Zwar schreibt die *Kölnische Zeitung* nach Thea Rasches Rückkehr von ihrer ersten Amerikareise noch enthusiastisch: »Sie war die Frau der Saison, volkstümlicher in ›Gottes eigenem Staate‹ als alle Ton-Film-Stars und Kanalbezwingerinnen zusammen.« Doch bereits wenig später wird sich die Stimmung in Deutschland gegen sie wenden.

Die Idee, den Atlantik zu überfliegen, lässt Thea Rasche indes nicht los. Sie kehrt nach Deutschland zurück und versucht, dort Sponsoren für das waghalsige Unternehmen zu gewinnen. Anders als in Amerika sieht man in Deutschland die Fliegerei aber nicht als patriotischen Sport an, zumal wenn das Flugzeug von einer Frau gesteuert wird. Die Regierung lehnt jede Unterstützung ab. Thea Rasche gelingt es immerhin, fünfzehntausend Mark an Spenden zu sammeln. Das genügt zwar noch nicht, dennoch fährt sie erneut nach Amerika, um das Wagnis eines

Atlantikflugs vorzubereiten. Sie kann die Millionärin Fifi Stillman für die Idee begeistern. Mit deren Unterstützung kauft sie sich ein neues Flugzeug vom Typ Bellanca. Schlechtes Wetter und schließlich eine amtliche Verfügung, die der Deutschen den Start untersagt, vereiteln allerdings ihren Atlantikflug. Fifi Stillman und andere Sponsoren wenden sich daraufhin von Thea Rasche ab. Zudem kommt ihr eine Konkurrentin zuvor: Amelia Earhart hat als Kopilotin von Wilmer Stultz im Juni 1928 als erste Frau den Atlantik überflogen!

Das »Powder Puff Derby«

Enttäuscht bricht Thea Rasche die Reise ab und kehrt nach Deutschland zurück, wird jedoch von der Presse geschnitten. Man wirft ihr vor, aus Feigheit nicht gestartet zu sein. Als sie von ihren einstigen Geldgebern in Amerika wegen arglistiger Täuschung verklagt wird, veräußert sie ihr Flugzeug, kauft ein Schiffsticket und fährt erneut in die Vereinigten Staaten, wo sie den Prozess gewinnt. Das nützt ihr freilich wenig, kann sie doch nicht einmal das Geld für die Rückfahrt aufbringen. Da erfährt sie von dem geplanten Flugrennen für Pilotinnen, dessen Route von Los Angeles quer durch den Kontinent nach Cleveland führen soll. Sie ist begeistert – von der Idee und der öffentlichen Resonanz, die der Frauenflugsport in Amerika findet: »Auch die Frauenfliegerei hatte seit 1927 gewaltige Fortschritte gemacht. Damals war ich fast die einzige Fliegerin der Welt, jetzt hatten schon hundert Amerikanerinnen ihren Flugzeug-Führerschein gemacht, und sie konnten hier in den Vereinigten Staaten, im Gegensatz zu Europa, ohne Behinderung durch den Amtsschimmel die gleichen Prüfungen bestehen und den gleichen Schein erwerben wie jeder Flieger. Amerika ist das Land der Frauen, und die amerikanischen Fliegerinnen wollten durch die Veranstaltung eines ersten Luftderbys für Fliegerinnen in den Vereinigten Staaten ihren Anteil an der weiteren Entwicklung der Fliegerei auch öffentlich unter Beweis stellen. [...] Die amerikanischen Flugzeugfirmen rissen sich um die bekanntesten Fliegerinnen.«

Ein weiteres Mal findet Thea Rasche einen Sponsor, diesmal ein Flugzeugunternehmen, das ihr eine Maschine bereitstellt und für die laufenden Unkosten aufkommen will. Mit dem Pullman fährt sie nach Los Angeles und inspiziert das ihr zur Verfügung gestellte Flugzeug: Enttäuscht stellt sie fest, dass es sich um eine sogenannte »Motte« mit gerade einmal neunzig Pferdestärken handelt. Die Maschinen ihrer amerikanischen Konkurrentinnen verfügen hingegen über zweihundert Pferdestärken und mehr. Dennoch wagt Thea Rasche am 13. August 1929 den Start in Santa Monica bei Los Angeles, gemeinsam mit neunzehn anderen Pilotinnen aus den Vereinigten Staaten und Australien, darunter so bekannte Flugpionierinnen wie Amelia Earhart und Ruth Elder. Es lockt das ungeheure Preisgeld von dreitausend Dollar für die Gesamtsiegerin und je eintausend Dollar für jeden Etappensieg. Thea Rasche macht sich keine falschen Hoffnungen, mit ihrer »Motte« zu siegen: »Ich konnte höchstens die Trophäe für das Flugzeug mit dem schwächsten Motor und der besten Zeit in dieser Gruppe erringen. Aber ich würde dabei wieder etwas hinzulernen, und das war wichtiger!«

Die Tagesetappen werden festgelegt. Die Route geht über San Bernardino und Calexio in Kalifornien nach Yuma, von dort weiter nach Phönix/Arizona, Tucson, Douglas, El Paso/Texas, Pecos nach Midland, und weiter ostwärts über die Great Plains bis nach Cleveland am Eriesee, eine Gesamtstrecke von rund 5200 Kilometern. Der Flug ist nicht nur ein Wettstreit der Konkurrentinnen und ein Wettlauf gegen die Zeit, sondern auch ein Kampf gegen technische Mängel und die Widrigkeiten des Wetters.

Als Thea Rasche im südkalifornischen Gebirge durch ein enges Tal fliegt, stottert der Motor. Unter sich erblickt sie eine Wiese: »Beim Ausschweben entdeckte ich plötzlich, daß die Wiese von zahlreichen Wassergräben durchzogen ist, will noch einmal Gas geben, um mir nach Möglichkeit doch noch einen günstigeren Platz zu suchen, da setzt in der Kurve der Motor

völlig aus, und mir bleibt keine andere Wahl mehr, als aus Baum-
höhe mit Rückenwind in dieses Grabengewirr hineinzulanden.
Und richtig, beim Ausrollen erwische ich solch einen Graben,
das arme Fahrgestell – das erste, das ich in sechs Jahren ›rasiere‹.«

Doch sie hat Glück im Unglück, von einer nahen Farm eilen
Leute zu Hilfe. Als Thea Rasche Brennstofffilter, Vergaser und
Benzinleitungen untersucht, findet sie darin Sand, Gummi und
Metallstückchen und vermutet Sabotage: »Aber daß keines der
Mädels seine Hand dabei im Spiele hatte, das ist für mich selbstverständlich. Wir wurden alle von einer einzigen Ölgesellschaft
versorgt, vielleicht hatte eine der Flugzeugfirmen ein besonderes Interesse daran, eine unbequeme Konkurrenz auszuschal-
ten.«

Im nahen Farmhaus gibt es zum Glück ein Telefon. So kann
Thea Rasche aus der Flugzeugfabrik in Lowell/Massachusetts
ein neues Fahrgestell bestellen, das bereits acht Stunden später
von einem Flugzeug gebracht wird. »[…] die ganze Nacht über
wurde gearbeitet, und am nächsten Morgen um 6 Uhr startete
ich bereits wieder«, erinnert sie sich.

Weiter geht es nach Yuma/Arizona. Trotz aller Widrigkeiten
ist Thea Rasche begeistert, vom Fliegen und von dem, was sie
unter sich erblickt: »Stunde um Stunde flog ich über trostlose,
wildschöne Einsamkeit dahin, mannshohe Kakteen bildeten das
einzige Grün, das sich dem Auge hier bot, selbst die großen
Flußbetten waren fast alle ausgetrocknet. Endlich Yuma. […]
So fand ich endlich einen kleinen, dreieckigen Platz im tiefsten
Sande, rings umgeben von Hochspannungen und Telephonlei-
tungen. Das sollte der Flugplatz sein?«

Sie setzt zur Landung an. Als das Flugzeug steht, »erschienen
Menschen, alles schrie und gestikulierte wild durcheinander,
und da mußte ich zu meinem Schreck erfahren, daß dies gar
kein Flugplatz, sondern nur eine kleine Shell-Niederlage war.
Der ›richtige‹ Flugplatz lag fünf Meilen entfernt.«

Also startet sie erneut, schafft es, zwischen den Telefondräh-
ten hindurchzuzielen, und landet wenige Minuten später am
richtigen Ort – als Letzte der Staffel. Immerhin hat sie das Etap-

penziel erreicht. Ähnlich abenteuerlich geht das Derby auch weiter. Mehrmals ziehen Sandstürme auf, die das Flugzeug beuteln und es beinahe zum Absturz bringen. Einmal, hinter Phönix, muss Thea Rasche vor einer Gewitterwand umkehren, »schwefelgelbe Blitze zucken von allen Seiten – ein Durchfliegen bedeutet Selbstmord«. Sie landet in Phönix, »da bricht das Unwetter auch schon los und tobt sich stundenlang über Stadt und Flugplatz aus. Ein Gutes hatte dieses Unwetter doch gehabt, ich konnte wenigstens wieder einmal ordentlich baden und mich in einem Bett ausstrecken.«

Eine der Fliegerinnen, Marvel Crosson, verunglückt tödlich. Drei weitere Pilotinnen scheiden aus, als ihre Maschinen durch Unfälle auf der Startbahn und durch ein Feuer im Gepäckraum havarieren. Dennoch brechen die Fliegerinnen das Rennen nicht ab, dafür sind die Preisgelder zu hoch. Trotz aller sportlichen Konkurrenz herrscht unter den Frauen aber auch ein Gefühl von Solidarität und Fairness: Als die Organisatoren des Rennens im Vorfeld die Etappenziele ändern und bekanntere Städte wählen wollten, die jedoch über schlechtere Landeplätze verfügten, traten die Fliegerinnen gemeinsam in einen Streik, bis die Verantwortlichen nachgaben.

Thea Rasche ist ein zweites Mal vom Ausscheiden bedroht, diesmal nicht durch einen Sabotageakt an der Maschine, sondern durch behördliche Willkür: »In Wichita bekomme ich plötzlich Startverbot! Die Lizenz meines Flugzeuges sei abgelaufen. Das hätte man in Washington auch acht Tage früher merken müssen, als ich mein Startgeld zahlte, wie kann da die Lizenz abgelaufen sein?«

Die Pilotinnen protestieren voller Entrüstung – bis sich herausstellt, dass das Ganze ein »Irrtum« gewesen sei. Alle atmen auf, das Rennen geht weiter: über Kansas City, St. Louis/Missouri, Terra Haute/Indiana, Cincinnati/Ohio und Columbus nach Cleveland.

Eine Schwierigkeit besteht darin, die jeweilige Flugstrecke einzuhalten und das nächste Etappenziel zu finden. So wird eine der Pilotinnen disqualifiziert, weil sie den Landeplatz in

Cincinnati nicht finden konnte. Denn es gibt noch keine elektronischen Orientierungssysteme, und das Benutzen von Kartenmaterial während des Flugs stellt für die allein fliegenden Pilotinnen ein waghalsiges Unterfangen dar. Thea Rasche orientiert sich gern an Flussläufen, die sie sich vor jeder Etappe auf der Karte einprägt. Immer wieder nutzen ihre Konkurrentinnen mit ihren schnelleren Flugzeugen diese Fähigkeit der Deutschen, was mitunter ein seltsames Bild ergibt. »Zu spaßig hat es oft ausgesehen«, berichtet Thea Rasche, »wenn die großen und schnellen Maschinen mit ihren 200 PS sich an meine kleine Kiste anhängten, wenn sie den Weg verloren hatten und nun im Zickzackflug und großen ›Bögen‹ um meine Maschine herumkurvten, um mit mir ›Schritt halten‹ zu können.«

Als Thea Rasche am 20. August 1929 in Cleveland landet, ist sie zwar nicht Erste – Siegerin ist die Amerikanerin Louise Thaden – und somit nicht Gewinnerin des Preisgeldes, aber man bringt ihr in der Presse und der Öffentlichkeit dennoch Anerkennung und Bewunderung entgegen. Wieder wird sie als »Queen of Aces«, als »Königin der Asse« gepriesen. Im Rückblick erinnert sie sich an die Kameradschaftlichkeit, die bis zum Schluss trotz der Wettbewerbssituation unter den Teilnehmerinnen herrschte: »Endlich am Ziel! 13 Mädels von den gestarteten 20 hatten den Flug über 5200 km vollendet. Ein guter Prozentsatz! Eigentlich waren sie wohl alle ›Siegerinnen‹. [...] Es wurde in den seltsamsten Kostümen geflogen. Einige Fliegerinnen, die in Kabinenflugzeugen saßen, sahen aus, als ob sie gerade vom 5-Uhr-Tee kämen, selbst das kokette Hütchen und die weißen Handschuhe fehlten nicht. Andere waren im Reitdreß oder in Golfanzügen, und ein Teil steckte schließlich in echten dreckigen und speckigen Fliegerkombinationen. Aber ganz gleich, welches Kostüm sie auch trugen, alle waren tapfer, lustig und hilfsbereit gewesen. Das letzte Stückchen Eis und Proviant wurde geteilt, und der Kompaßkurs mit seinen Mißweisungen wurde denen verraten, die ihn nicht selbst errechnen konnten.«

»Der Prophet gilt im eigenen Lande nichts.« Dieses Sprichwort trifft auch auf Thea Rasche zu. Als sie nach Deutschland zurückkehrt, wird sie von der Presse kaum noch wahrgenommen. Der Ruhm des »Powder Puff Derby« hat sich offenbar nicht bis in die Alte Welt verbreitet. Die Wirtschaftskrise – ausgelöst am 24. Oktober 1929 durch den Börsensturz am »Schwarzen Freitag« – macht Thea Rasches Pläne für Flüge nach Südamerika zu den Quellen des Amazonas und nach Zentralasien und China zunichte. Zudem ist nach kurzer Blüte offenbar die Zeit der Kunst- und Sportfliegerei vorbei: Zu den Flugschauen kommt kaum noch Publikum, der Flug als Spektakel wurde von anderen Novitäten abgelöst. Auch ist die Zeit der Flugpionierleistungen nach den geglückten Atlantiküberquerungen durch Charles Lindbergh, Clarence Chamberlin und Hermann Köhl passé, und schließlich interessiert sich die Wirtschaft nicht mehr für die waghalsigen Flugleistungen Einzelner, sondern nur noch für den anwachsenden lukrativen Sektor der Verkehrsfliegerei. Die aber ist Pilotinnen nach wie vor versperrt. Erst 1986 werden die ersten »Kapitäninnen« bei der Deutschen Lufthansa ausgebildet. Enttäuscht schreibt Thea Rasche: »Keine Ölgesellschaft, kein noch so geriebener Manager hätte jetzt noch das Geld für ein derartiges Unternehmen aufbringen können. [...] jetzt hatte einzig und allein nur noch die Verkehrsfliegerei das Wort!«

Sie kämpft dennoch weiter und versucht, sich irgendwie finanziell über Wasser zu halten, absolviert Reklameflüge, etwa für die Kosmetikfirma Pfeilring, und wirft – ebenfalls als Werbeveranstaltung – über deutschen Ostseebädern Flugblätter ab. Über diese Flüge mit einer kleinen »Klemm«-Maschine schreibt sie mit dem Humor der Verzweiflung: »Die Bedingungen sind zeitgemäß, und so kann ich mir nur die billigste Maschine chartern, die gerade zu haben ist, eine kleine Klemm-Salmson. Und mit dieser zwitschere ich nun mal wieder in der Gegend herum – ›zwitschern‹ ist allerdings reichlich optimistisch ausgedrückt: einmal fliegt mir in der Luft ein Ventil weg, zweimal setzt mir der altehrwürdige Salmson aus, und so wird es gerade ein Springen von Notlandeplatz zu Notlandeplatz. Es ist ein heiteres Reklamefliegen, ich bereichere dabei meine geographischen Kenntnisse ganz außergewöhnlich, denn nun kenne ich wenigstens jeden gerade noch für eine Notlandung in und um Berlin geeigneten Platz, in den man eine kleine Klemm noch mit List und Tücke hineinmogeln kann.«

Immerhin wird sie Vizepräsidentin der WIAA – Women's International Association of Aeronautics – und plädiert – vergebens – für den Abbau juristischer Hindernisse bei der Zulassung von Pilotinnen. Doch Thea Rasches Stern ist nach 1930 im Sinken begriffen. Im Frühjahr 1933 muss sie sogar ihr auf Kredit gekauftes Flugzeug verkaufen, da sie die Raten nicht mehr begleichen kann. Wieder kommt es zum Konflikt mit dem Vater, der nur kurzzeitig auf die erfolgreiche Fliegerin stolz war, sie aber nun, in ihrer nicht selbst verschuldeten Pechsträhne, unter Druck setzt. Er begleicht die noch ausstehenden Raten, nimmt ihr aber im Gegenzug das Versprechen ab, nie mehr zu fliegen.

Comeback als Chefredakteurin

Thea Rasche geht auf diesen Deal notgedrungen ein. Und sie wird im Mai 1933 Mitglied der NSDAP. Allerdings sind keine Äußerungen von ihr überliefert, die eine geistige Nähe zum Nationalsozialismus beweisen würden. Es scheint eher, als hätten die finanzielle Not und ein gewisser Opportunismus die Fliegerin zu diesem Schritt bewogen. Zunächst zahlt sich die Parteimitgliedschaft aus: Thea Rasche wird Ende 1933 Chefredakteurin der Zeitschrift *Deutsche Flugillustrierte*. Auch in dieser Position meidet Thea Rasche jegliche politische Äußerung, zeigt sich aber als glühende Verfechterin der Kunst- und Sportfliegerei und setzt einen Schwerpunkt auf das Thema Frauen im Flugsport. Zudem unterhält sie weiterhin Kontakte zu ausländischen Kolleginnen – entgegen den national geprägten Vorgaben des Propagandaministeriums. Sie erreicht mit »ihrer« Zeitschrift sogar die Pilotinnen in den Vereinigten Staaten von Amerika. Die einstige Konkurrentin Amelia Earhart schreibt ihr am 2. Juli 1934 in einem Brief: »Ich habe mit großem Genuss Ihre Zeitschrift gelesen, und ich denke, Sie vollbringen damit eine glänzende Arbeit für die Frauen. Für uns hier ist es so schwer, die Fährte dessen, was Frauen in anderen Ländern in der Fliegerei vollbringen, nicht zu verlieren. Deswegen begrüßen wir eine schöne, detaillierte Zeitschrift wie die Ihrige. Ich hoffe, es gelingt Ihnen, bald wieder in die Vereinigten Staaten zu kommen. Die Pilotinnen hier erinnern sich alle an Sie mit großer Zuneigung.«

Es steht außer Frage, dass solche Kontakte zu amerikanischen Fliegerinnen Thea Rasches Position geschwächt und sie bei den gleichgeschalteten politischen und wirtschaftlichen Verbänden suspekt gemacht haben. Ihr Parteibuch mag sie dabei vor Schlimmerem bewahrt haben, doch bleibt das Spekulation.

Noch einmal nimmt Thea Rasche an einem spektakulären Flugrennen teil – zumindest als Passagierin: 1934, zum hundertjährigen Jubiläum des australischen Bundesstaates Victoria und der Stadt Melbourne, wird das »Internationale Flugzeugrennen für den Frieden« ausgelobt, das von England rund um den Globus nach Australien führen soll. Da Thea Rasche nicht das Geld für ein eigenes Flugzeug aufbringen kann, will sie zumindest als Begleiterin und Berichterstatterin daran teilnehmen. Wenig diplomatisch – denn die braunen Machthaber halten von solch einem internationalen Friedensrennen naturgemäß nichts – wendet sie sich an die niederländische Fluggesellschaft KLM und erhält tatsächlich einen Platz in einer Douglas DC-2 namens »Uiver«.

Begeistert nimmt sie als Fluggast an dem Rennen teil, genießt an Bord der Passagiermaschine den Komfort mit freundlichem Servicepersonal und einem eigenen Koch und schreibt unterwegs anschauliche Berichte für die Leser ihrer Zeitschrift. Die Route führt von Mildenhall bei Cambridge über Marseille, Rom, Athen nach Aleppo in Syrien und weiter über Bagdad und Karachi nach Allahahbad in Indien, von dort über Rangun und

Bangkok nach Singapur und über Batavia (dem heutigen Jakarta) nach Darwin in Nordaustralien, von dort über Charleville nach Melbourne.

Am Zielort werden alle Teilnehmer des Rennens begeistert begrüßt. Sie werden sogar im Parlament mit einem Lunch empfangen, zu dem auch sämtliche Minister der australischen Regierung erschienen sind, zudem Vertreter der australischen Luftfahrt, der Industrie und der Behörden. Für Thea Rasche wird zudem ein Ehrenlunch von der Vereinigung der australischen Fliegerinnen gegeben, und auch der »Women-Working-Club« lädt die berühmte Pilotin aus Deutschland ein: »Vom einfachsten Fabrikmädchen bis zur Studentin, der Ärztin bis zur Verkäuferin, der Journalistin und dem Sportgirl ist hier alles vertreten. Nach meinem Vortrag – es waren ein paar hundert Frauen anwesend – mußte ich mich von jeder einzelnen küssen lassen […].«

Thea Rasche ist die einzige Frau, die – wenngleich nur als Passagierin – an dem Rennen teilgenommen hat. Man feiert sie, als hätte sie selbst das Rennen gewonnen. In diesem Glücksrausch entschließt sie sich, da sie ohnehin schon »auf der anderen Seite« des Erdballs ist, nach Los Angeles weiterzufliegen. Und tatsächlich ist es dort so, wie Amelia Earhart in ihrem Brief beteuert hat: Man erinnert sich warmherzig an das »Flying Fräulein from Germany« und veranstaltet ihr zu Ehren Empfänge und Bälle. Thea Rasche hält Vorträge über das Flugrennen nach Melbourne und wird, als sie weiter zur amerikanischen Ostküste reist, sogar von der Präsidentengattin Eleanor Roosevelt ins Weiße Haus eingeladen. Zudem wird sie Ehrenmitglied der International Aero Educational Research Organisation von Pasadena/Kalifornien, Mitglied der Civil Air Patrol und erhält von den amerikanischen Fliegerinnen einen Pokal mit der Inschrift »Wings around the world for peace – won by Thea Rasche 1934« überreicht.

Hochgeehrt kehrt Thea Rasche per Schiff nach NS-Deutschland zurück. Es ist wie ein Sprung ins kalte Wasser, ein Erwachen aus Blütenträumen: Sie wird vom Auswärtigen Amt, das solch eine eigenmächtige Tournee für Frieden und internationale Verständigung als Affront versteht, grob abgemahnt. Zudem wird ihr sofort bei der Ankunft in Hamburg mitgeteilt, dass die *Deutsche Flugillustrierte* wegen eines Überangebotes an Flugzeitschriften – so die offizielle Begründung – eingestellt wird. Thea Rasche, in politischen Belangen ziemlich naiv, konstatiert enttäuscht und verbittert: »Gerade in der Zeit des Aufbaues, des ständigen Ansteigens der Auflage, im Augenblick der Gründung der neuen deutschen Luftwaffe und nach Anbahnung all der neuen Beziehungen im Ausland traf mich dieser überraschende Beschluß wie ein Keulenschlag. […] Die Arbeit von anderthalb Jahren wurde so mit einem Federstrich illusorisch gemacht.«

Es bleibt ihr nur der Rückzug, der vom Schicksal gnädig ermöglicht wird: Thea Rasches Vater stirbt in jenem Jahr und hinterlässt ihr ein geschmälertes Erbe, da er penibel alle Ausgaben für ihren Flugsport von der Erbmasse abgezogen hat. Zunächst nimmt Thea Rasche das Fliegen wieder auf, macht den Segelflugschein und erwirbt das Leistungsabzeichen im Segelflug. Auch absolviert sie wieder Motorflüge, kann aber nicht mehr an die frühere Popularität anknüpfen. In Zeiten der Reglementierung des Sportlebens durch die Nationalsozialisten werden Thea Rasches Aktivitäten genauestens überwacht. Nur einmal erhält sie ein dubioses Angebot, zu den Olympischen Spielen von 1936 in Berlin, die dem Ausland ein weltoffenes Deutschland vorgaukeln sollen. Reichssportführer Hans von Tschammer und Osten bietet ihr an, vor den Spielen Propagandaflüge zu absolvieren, um das Image des Regimes zu verbessern. Doch die Fliegerin lehnt ab und schützt Krankheit vor. In ähnlicher Weise laviert sie bis 1945, ohne dass die Partei sie je in Beschlag nehmen kann.

Enttäuscht wird sie 1938 durch den »Zuverlässigkeitsflug der deutschen Sportfliegerinnen«, an dem sie teilnimmt. Die Fliegerinnen werden vom NSFK – Nationalsozialistisches Fliegerkorps – »einberufen« und dürfen nur Maschinen mit fünfzig Pferdestärken fliegen, die Männer hingegen solche mit hundertfünfzig Pferdestärken. Und während die männlichen Piloten bei ähnlichen Veranstaltungen in allerlei Geschicklichkeits- und Geschwindigkeitsprüfungen ihr Können unter Beweis stellen, dürfen die Frauen – vereinfacht gesagt – nur zeigen, dass sie einigermaßen sicher starten, fliegen und landen können. Thea Rasche echauffiert sich: »Unsere Aufgabe war leider nicht sehr schwer. [...] Da es ein Zuverlässigkeitsflug war und kein Rennen, war die Erreichung der verschiedenen Zwischenlandeplätze der Zeit nach gleichgültig.«

1939 verkündet sie schließlich öffentlich das Ende ihrer Flugsportkarriere. Im Krieg schlägt sich Thea Rasche als Mitarbeiterin eines Fotolabors durch. Dennoch erhält sie noch ein paar Mal offizielle Angebote des Propagandaministeriums, Vorträge für die Wehrmacht und die Organisation »Kraft durch Freude« zu halten oder auch als Referentin in der Amerika-Abteilung des Ministeriums zu arbeiten. Thea Rasche lehnt all diese verlockenden Angebote ab – obwohl sie Parteimitglied ist. Die Zensurbehörden üben im Gegenzug Druck auf sie aus und verhindern jahrelang die Veröffentlichung der Autobiografie der Fliegerin. Erst 1941 kann das Buch *Und über uns die Fliegerei* – mit Jahreszahl 1940 – im Berliner Schützen-Verlag erscheinen, erfährt aber kaum Resonanz. Andere Manuskripte der Pilotin bleiben unveröffentlicht.

Die Fliegerei war für Thea Rasche immer ein Sport und als solcher Ausdruck des friedlichen Wettkampfs der Menschen und Nationen. Dies war mehr als nur ein Lippenbekenntnis. Bereits 1928 schrieb sie: »Die Fliegerei ist international – wie eine große Familie sind die Flieger aller Nationen. Für uns gibt es keine Grenzen. Kameradschaft verbindet uns alle, einer hilft dem anderen. Überall, wo ich war, begegnete ich der größten Ritterlichkeit und Freundschaftlichkeit. Ob in Frankreich, Belgien, England, Amerika oder Deutschland – *ein* Geist erfüllt uns alle: völkerversöhnend verbindet uns die Fliegerei!«

All das – ihren Idealismus, ihre Beziehungen nach Amerika und Australien, ihre erfolgreiche Verweigerung gegenüber dem Regime – kann Thea Rasche nach 1945 in ihrem Entnazifizierungsverfahren geltend machen. Beruflich fasst sie jedoch nicht mehr richtig Tritt. Sie arbeitet unter anderem als Fotografin, Journalistin und Vertreterin in der chemischen Industrie. 1969 kann sie nochmals nach Amerika reisen, da Fliegerinnen für sie Geld gesammelt haben, um ihr die Teilnahme am »All Women's Air Derby« zu ermöglichen. Noch einmal erinnert sich Thea Rasche an das legendäre »Powder Puff Derby« vierzig Jahre zuvor und sieht mit Genugtuung, dass immer mehr Frauen sich für den Flugsport begeistern. Zuletzt lebt sie in ihrem Elternhaus in Essen und stirbt verarmt am 25. Februar 1971.

Lange Jahre war es still um ihre Person, bis man sich nach der Jahrtausendwende zunehmend ihrer und der anderen Flugpionierinnen erinnerte. 2008 ernannte der Rat der Stadt Essen Thea Rasches Ruhestätte auf dem Friedhof in Essen-Bredeney zum Ehrengrab.

13 Leni Riefenstahl (1902–2003)
Mythos Afrika

Zu Beginn steht eine Fotografie: zwei junge, muskulöse, nackte Männer vom Stamm der Nuba im Sudan. Der eine trägt den anderen, einen siegreichen Kämpfer, auf seinen Schultern. Dessen Brust ist stolz geschwellt, er schaut in die Ferne, über den Fotografen hinweg. Im Hintergrund sind andere Nuba-Männer zu sehen, bewaffnet mit Schilden und Speeren, Zuschauer des eben ausgefochtenen rituellen Kampfes. Das Bild stammt von dem amerikanischen Fotografen George Rodger, der im Frühjahr 1949 die von der Zivilisation nahezu unverfälscht lebenden Stämme der Nuba besuchte. Fotoserien Rodgers erschienen noch im selben Jahr in den Zeitschriften *Weekly Illustrated* und *Stern*, zwei Jahre später auch in *National Geographic*.

1956 blättert die Filmregisseurin Leni Riefenstahl in einer älteren Nummer des *Stern* und stößt auf die Fotografie der beiden jungen Nuba. Sie ist wie elektrisiert. »Sie [die Aufnahme] zeigte«, erinnert sie sich, »einen Nuba-Ringkämpfer, der von seinem Freund getragen wurde. Die künstlerische Gestaltung des Bildes, verbunden mit der Ausdruckskraft der schwarzen Nuba, faszinierte mich so sehr, daß ich nicht mehr aufhörte, mich für diesen Stamm zu interessieren. Diese Bild veränderte mein Leben. Meine Sehnsucht, die sich bislang auf Afrika ganz allgemein gerichtet hatte, konzentrierte sich von nun ab auf die Nuba [...]. Vielleicht gab es die von mir gesuchten Nuba gar nicht mehr, vielleicht jagte ich einem Phantom nach? Aber der Wunsch, diese Nuba vielleicht doch noch zu finden, ließ mir keine Ruhe – er wurde zu einer fixen Idee.«

Es ist, will man der Regisseurin Glauben schenken, ein Erweckungserlebnis, wie sie es schon mehrfach in ihrem Leben hatte. Leni Riefenstahl ist zum damaligen Zeitpunkt vierundfünfzig Jahre alt, ein Alter, in dem andere stolz oder zufrieden auf ihr bisheriges Lebenswerk blicken, es abzurunden trachten, es aber auch nicht in Frage stellen. Bei der Regisseurin ist das anders: Sie befindet sich in der größten Krise ihres Lebens. Dass sie einmal einhundertundein Jahre alt werden wird, kann sie zu diesem Zeitpunkt nicht ahnen. Aber sie weiß, dass sie nochmals neu beginnen muss, wenn sie nicht verbittern will. Beruflich hat sie mehrere Leben hinter sich. Und *Fünf Leben* wird schließlich auch eine Bildbiografie heißen, mit der die Achtundneunzigjährige im Jahre 2000 nochmals an die Öffentlichkeit tritt.

Doch damals, 1956, droht die agile, wendige, arbeitswütige Frau zu zerbrechen. Denn sie gilt als Mitläuferin und geistige Täterin der NS-Herrschaft – die Meinungen hierüber gehen auseinander. Vier Entnazifizierungsprozesse hat sie nach dem Zweiten Weltkrieg bestehen müssen, drei Mal wurde sie als unbelastet eingestuft, einmal als Mitläuferin. Obgleich sie offiziell mit einem »blauen Auge« davonkam, sieht die sensibilisierte Presse in den 1950er-Jahren Riefenstahls Rolle anders: Mehrfach wird über ihre Beziehungen zu Hitler, Goebbels und anderen NS-Größen berichtet, immer wieder weist man auf die Verbindung ihrer für das Regime gedrehten Filme zur faschistischen Ideologie hin. Leni Riefenstahl selbst weist diese Vorwürfe zeitlebens zurück. Sie sieht sich als Opfer böswilliger Pressekampagnen, als unpolitische Künstlerin, deren Arbeit rein ästhetischen Vorgaben und Ideen diente. Bei ihrer Verteidigung und Argumentation verstrickt sie sich in Widersprüche, bleibt Antworten schuldig.

Nach dem Zweiten Weltkrieg ist sie eine stigmatisierte Figur. Einstige Freunde und Kollegen wenden sich von ihr ab – auch weil sie selbst in NS-Machenschaften verstrickt waren und ihre neu aufgenommene Karriere in der jungen Bundesrepublik nicht gefährden wollen. Leni Riefenstahl, einst Ikone des Propagandafilms, wird zum Dämon des Mitläufertums stilisiert. Damit wurde ihr insofern Unrecht getan, als diese Betrachtungsweise die Tatsachen vergröberte und verkürzte und Riefenstahls künstlerisch-innovative Leistung außer Acht ließ. Damals war die historische Distanz noch nicht groß genug für eine differenzierte Betrachtung. Die politische Korrektheit forderte ihre Opfer, auch und gerade weil die Gesellschaft der jungen Bundesrepublik etlichen einstigen NS-Größen Unterschlupf, Auskommen, Karriere und gesellschaftliches Ansehen bot.

Leni Riefenstahl, die nach 1945 vergeblich versucht hat, wieder ins Filmgeschäft zu kommen und über ein Dutzend Exposés erfolglos bei Filmgesellschaften und Produzenten eingereicht hat, beschließt, als sie die Fotografie der Nuba-Kämpfer entdeckt, ihrer Arbeit und damit ihrem Leben eine neue Wendung zu geben. Afrika wird für sie fast ein halbes Jahrhundert lang zum Land der Verheißung, zum Mythos, zweifelsohne auch zur Projektionsfläche idealer Wünsche und Vorstellungen. Der Mythos Afrika erhält in Leni Riefenstahls Ideenwelt ein Eigenleben. Und wie immer in ihrem langen Leben wird nicht das Objekt ihrer Kunst im Mittelpunkt stehen, sondern sie selbst. Diese Feststellung soll nicht ihre fotografische Leistung schmälern, die Leni Riefenstahl in den 1970er-Jahren in mehreren Bänden vorgelegt hat. Aber *eines* war Leni Riefenstahl sicher nicht: die Ethnologiepionierin, als die sie sich vor der Öffentlichkeit darstellte. Die Nuba-Stämme wurden bereits seit 1939 von dem Ethnologen Siegfried F. Nadel beschrieben und fotografiert. Solch eine wissenschaftsgeschichtliche Differenzierung war der Fotografin und Regisseurin egal. Ihre Liebe zu Afrika diente einer geistigen Verjüngung. Zudem wollte sie das Image der NS-Mitläuferin ablegen. Doch das gelang ihr nur zum Teil. Kritiker warfen ihren Fotobänden mitunter einen faschistischen Körperkult vor.

Mit solchen Fragen nach der Nähe ihrer Ästhetik zur NS-Ideologie konnte oder wollte sich Leni Riefenstahl nicht aufhalten, als sie endlich, im Jahre 1962, im Flugzeug nach Afrika saß, um sich auf die Suche nach den Nuba zu machen ...

Leni Riefenstahl schien mehrere Leben zu haben, jedenfalls besaß sie mehrere Talente. Gleichwohl ging es ihr wie vielen begabten Frauen, die zu Beginn des 20. Jahrhunderts aufwuchsen: Es gab zwar bereits Wege der beruflichen Ausbildung, aber sie zu beschreiten, war keineswegs selbstverständlich.

Dies ist auch im Werdegang Leni Riefenstahls zu erkennen: Sie wird am 22. August 1902 in Berlin-Wedding geboren. Ihre Eltern gehören dem bürgerlichen Mittelstand an. Der Vater ist ein Selfmademan und betreibt ein Heizungs- und Installationsgeschäft, das sogar hochmoderne Lüftungsanlagen und Zentralheizungen anbietet. Wenige Jahre nach Leni kommt noch der Bruder Heinz zur Welt. Die Familie hält sich in der Freizeit gerne in ihrem Garten am Zeuthener See, südlich von Berlin, auf. Dort lernen die Geschwister schwimmen, rudern, segeln, Tennis spielen, im Winter gehen sie zum Schlittschuhlaufen. Leni besucht nach der Volksschule das »Kollmorgensche Lyzeum«, das sie 1918 mit der mittleren Reife abschließt. Es ist das Jahr des Zusammenbruchs des Kaiserreichs und der Ausrufung der Republik. Doch der geistige Weg zu einer freiheitlichen, pluralistischen und demokratischen Gesellschaft ist weit. Der Wegfall alter Autoritäten wirkt auf viele Menschen eher verunsichernd und wird nicht zuletzt vierzehn Jahre später dem Nationalsozialismus den Weg ebnen.

Vater Riefenstahl tut sich mit der neuen Zeit und veränderten Ansichten über Freiheit und Emanzipation ebenfalls schwer. Die beruflichen Ambitionen seiner Tochter kann er nicht gutheißen. Sie nimmt – zunächst heimlich – Tanzstunden. Als der Vater davon erfährt, droht er nicht nur der Tochter, sondern auch seiner Frau – mit der Scheidung. Leni wird ein Jahr lang auf ein Mädchenpensionat nach Thale im Harz geschickt, damit ihr dort die Flausen ausgetrieben werden. Vergebens. Schließlich lenkt der Vater ein und bringt sie sogar persönlich zur Tanzschule der russischen Ballerina Eugenie Eduardowa, allerdings mit den wenig ermutigenden Worten: »Ich bin überzeugt, daß du nicht begabt bist und auch nie über den Durchschnitt hinauskommen wirst, aber du sollst später nicht sagen, ich hätte dein Leben zerstört.«

Er soll sich täuschen. Mit eiserner Disziplin, die Leni Riefenstahl auch in späteren Jahren noch unter Beweis stellt – ihr Biograf Mario Leis nennt sie eine »Karrierekampfmaschine« –, trainiert die Elevin nicht nur klassischen Tanz bei der Russin, sondern auch modernen Ausdruckstanz bei Jutta Klamt und Mary Wigman. Sie alle attestieren der Schülerin eine große Begabung. Freilich nützt Talent allein wenig, wenn man nicht über die nötigen Beziehungen verfügt. Leni Riefenstahl hat das erkannt und zeitlebens verstanden, Kontakte herzustellen und zu nutzen. Und sie hat sich selten gesträubt, auch intime Verbindungen einzugehen, wenn sie von Vorteil waren.

Bereits zu Beginn ihrer ersten Karriere nutzt sie solch einen Kontakt. Sie geht eine Liaison mit dem jüdischen Bankier Henry Sokal ein, der ihr Auftrittsmöglichkeiten in München und Berlin verschafft und für die anfallenden Kosten aufkommt. An das Münchner Solo-Debüt im Oktober 1923 erinnert sich Leni Riefenstahl gerne: »Schon mein erster Tanz, ›Studie nach einer Gavotte‹, löste beträchtlichen Beifall aus. Den dritten Tanz mußte ich bereits wiederholen, und dann steigerte sich der Beifall immer mehr, bis meine Zuschauer bei den letzten Tänzen nach vorne kamen und Wiederholungen forderten.«

Die Presse ist ebenfalls voll des Lobes. Die *Münchener Neuesten Nachrichten* vom 25. Oktober 1923 urteilen: »Nichts aber ist im Tanze der schönen, biegsamen Gestalt, was den sympathischen Gesamteindruck trüben konnte; keine aufdringliche Mache, keine billige Effektsucht.«

Als Max Reinhardt auf die Debütantin aufmerksam wird, engagiert er sie für ein paar Vorstellungen am Deutschen Theater. Selbst Vater Riefenstahl muss sich und der Tochter nun eingestehen, dass er ihr Unrecht getan hat. Freilich sind in Leni Riefenstahls Memoiren diese Erfolge einseitig dargestellt. Denn nicht alle Kritiker sind damals von der Tänzerin begeistert. Die *Münchener Zeitung* vom 26. Oktober 1923 meint: »Aber [sie] verbaut [...] sich die höchste Kunstleistung, indem sie in der Region der Gefühligkeit verharrt.« Gefühligkeit, ein Begriff, der, zum Pathos gesteigert, in ihren Filmen der 1930er-Jahre eine wichtige Rolle spielen wird.

Der Film *Der heilige Berg*

Im Winter 1923/24 tourt Leni Riefenstahl durch Deutschland, Österreich und die Schweiz. Nach wenigen Monaten bricht ihre vielversprechende Karriere ab, denn die Tänzerin verletzt sich am Knie. Glaubt man ihren – allerdings geschönten und effektheischenden – Erinnerungen, hat sie auf dem Weg zum Arzt wieder ein »Erweckungserlebnis«: An einem Junitag 1924 steht sie in der U-Bahn-Station Nollendorfplatz in Berlin. Da fällt ihr Blick auf ein Plakat, das für den Film *Berg des Schicksals* des Regisseurs Arnold Fanck wirbt. »Eben noch«, so Leni Riefenstahl, »von traurigen Gedanken über meine Zukunft gepeinigt, starrte ich wie hypnotisiert auf dieses Bild, auf diese steilen Felswände, den Mann, der sich von einer Wand zur anderen schwingt.«

Sofort humpelt sie zum nahe liegenden Kino und sieht sich den Film an, eine Liebes- und Schicksalsgeschichte, gedreht – das ist für damalige Verhältnisse neu – nicht zwischen Pappmascheekulissen eines Studios, sondern in der überwältigenden Bergwelt der Dolomiten. »Berge und Wolken, Almhänge und Felstürme zogen an mir vorüber – ich erlebte eine mir fremde Welt. Noch nie hatte ich solche Berge gesehen, ich kannte sie nur von Postkarten, auf denen sie leblos und starr aussahen. [...] Je länger der Film dauerte, desto stärker fesselte er mich. Er erregte mich so sehr, daß ich, noch ehe er zu Ende war, beschlossen hatte, diese Berge kennenzulernen.«

Sie will jedoch weniger die Berge kennenlernen als vielmehr den Regisseur Arnold Fanck, der nicht nur als Begründer des Genres des an authentischen Schauplätzen gedrehten Bergfilms gilt, sondern auch als ein innovativer Mann, der neue Drehtechniken, neues Filmmaterial und moderne Kameras zum Einsatz brachte.

Mit ihrem Verehrer und Geldgeber Sokal reist Leni Riefenstahl sofort nach Südtirol, an den Karersee, wo Fancks Filmteam sich aufhält. Sie trifft den Regisseur nicht an, dafür aber den Schauspieler Luis Trenker. Die junge Frau setzt ihren ganzen Charme ein, und Trenker arrangiert ein Treffen mit Fanck in einem Café am Kurfürstendamm in Berlin. Leni Riefenstahl weiß offenbar den Regisseur zu bezirzen. Bereits tags darauf lässt sie ihr lädiertes Knie operieren, um für einen Dreheinsatz im Hochgebirge fit zu sein. Drei Tage später, behauptet die Diva in ihren Memoiren, sei Fanck an ihrem Krankenhausbett erschienen und habe ihr das Drehbuch für einen neuen Bergfilm überreicht, *Der heilige Berg*: Er habe das Skript eigens für sie verfasst und biete ihr die Hauptrolle an.

Zwischen Leni Riefenstahl und Arnold Fanck entwickelt sich eine fruchtbare Zusammenarbeit. Es ist Riefenstahls »zweites Leben«, eine Karriere als Filmschauspielerin. Sie agiert in Fancks Filmen *Der heilige Berg, Der große Sprung, Die weiße Hölle vom Piz Palü, Stürme über dem Montblanc* und *Der weiße Rausch*, die 1926 bis 1931 in die Kinos kommen. Dabei weiß sie neben ihrem schauspielerischen Talent auch ihre sportlichen Fähigkeiten einzusetzen: Behände wie eine Gämse kraxelt sie durch die Felsen, sie fährt Ski und muss sich für eine dramatische Sequenz sogar von einer Lawine begraben lassen, denn Stunts gibt es zur damaligen Zeit noch nicht. Und auch ihre persönlichen Reize nützt Leni Riefenstahl für ihr berufliches Fortkommen, hat sie doch in jener Zeit intime Beziehungen zu Fanck, Trenker und dem einen oder anderen Kameramann, was das Miteinander am Set nicht einfach gestaltet, Leni Riefenstahl aber unabdingbar macht.

Ihre eigentliche schauspielerische Leistung ist – wie Jahre zuvor ihre tänzerische – umstritten. Einige Kritiker sehen in der sportlichen Darstellerin eher eine notwendige Staffage zur eigentlichen Heldin der Filme, der dramatischen Bergwelt. Die *Berliner Morgenpost* vom 19. Dezember 1926 etwa urteilt über

Riefenstahls Leistung in *Der heilige Berg* recht harsch: »Schauspielerisch konnte Leni Riefenstahl nichts geben. Auch sah sie wenig vorteilhaft aus. Ihre Hopserei ist streckenweise kaum zu ertragen.« Und auch der angesehene Kritiker und Filmhistoriker Siegfried Kracauer durchschaute die Machart von Fancks Filmen, sah sich aber gleichwohl von ihnen umgarnt: »Dieser von Dr. Arnold Fanck in anderthalb Jahren geschaffene Film ist eine gigantische Komposition aus Körperkultur-Phantasien, Sonnentrottelei und kosmischem Geschwöge. Selbst der abgehärtetste Routinier, den die alltäglichen Gefühlsfaseleien nicht mehr berühren, findet sich hier aus dem Gleichgewicht gebracht.«

Dieses Urteil besticht umso mehr, als Kracauer schon sechs Jahre bevor Leni Riefenstahl mit ihren Filmen einer faschistischen Ästhetik frönt, ebendieses Konglomerat auch in den Bergfilmen der 1920er-Jahre ausmacht. Die NS-Ästhetik kam nicht aus dem Ungefähren, sie hatte ihre Vorläufer in diversen Körperkultur- und Reformbewegungen, die seit dem Jahrhundertbeginn zahlreiche Anhänger fanden.

Triumph des Willens

Für Leni Riefenstahl sind die Jahre unter der Film- und Lebensregie von Arnold Fanck auch insofern von Bedeutung, als sie ihr »drittes Leben« vorbereiten: das der Filmregisseurin. Am Set lernt sie nicht nur zu hopsen und zu kraxeln, sie darf bisweilen selbst die Kamera führen und erfährt viel über Regiearbeit, Dreh- und Schneidetechnik, Organisation, Produktion und Vermarktung eines Films. 1931 wagt sie den Schritt in die Selbstständigkeit und gründet die Produktionsfirma L.R. Studiofilm. Geldgeber ist wieder einmal Henry Sokal (der wenige Jahre später vor den Nationalsozialisten, denen Riefenstahl dient, ins Ausland flüchten muss).

Die Regisseurin dreht den symbolschwangeren Märchenfilm *Das blaue Licht* – auch er spielt in unwirtlichen Gebirgsgegenden. Sie selbst übernimmt die weibliche Hauptrolle der Hexe Junta, die die Grotte der blauen Kristalle bewacht. Junta ist Femme fatale und Opfer zugleich – ähnlich wie Leni Riefenstahl im wirklichen Leben. Aus Liebe zu einem Mann verrät Junta das Geheimnis der Grotte. Der wiederum gibt leichtfertig das Geheimnis an die Bewohner eines Gebirgsdorfes weiter. Die Grotte, Symbol der Reinheit und überirdischen Schönheit, wird daraufhin ausgeraubt, das Göttliche von den Menschen entehrt und zerstört. Junta findet den Tod im Gebirge.

Der Film *Das blaue Licht* erntet bei seiner Uraufführung im März 1932 zwar viel Lob von der Kritik, vor allem wegen seines Einsatzes neuester Filmtechniken, die Leni Riefenstahl von Fanck abgeschaut und weiterentwickelt hat, doch spielt er an den Kinokassen bei Weitem nicht das ein, was sich die Regisseurin und ihr Team erhofften. Der Gewinn ist mäßig und geht zu großen Teilen an Sokal, der das Projekt finanziert hat (worüber sich Produzent und Regisseurin später zerstreiten werden). Doch in der Filmbranche gilt der Name Riefenstahl nun etwas, und auch das Publikum wird immer öfter mit diesem Namen konfrontiert.

Vor allem *ein* Kinofreak jener Jahre, der erklärtermaßen auch ein Fan von Fritz Lang und seiner Frau, der nationalsozialistisch gesinnten Drehbuchautorin Thea von Harbou ist, findet Gefallen an der monumentalen, heroischen Ästhetik von Riefenstahls Bergfilmen: Adolf Hitler. Bereits in *Der heilige Berg* habe er Leni Riefenstahl bewundert, bekennt er.

Als *Das blaue Licht* in die Kinos kommt, ist Hitler bereits auf dem Weg an die Macht. Ein Dreivierteljahr später wird seine Partei bei den Reichstagswahlen stärkste Kraft, er selbst am 30. Januar 1933 zum Reichskanzler ernannt. Doch die NSDAP muss ihre Position noch kräftigen, nach innen wie nach außen. Dazu bedarf es der Propaganda. Die besitzt zwar in dem bösgenialischen Joseph Goebbels einen führenden Kopf, aber in der Umsetzung von Hitlers und Goebbels' Ideen mangelt es bisweilen an Kreativität und Handwerk, auch in der Filmbranche. Die bis dahin gedrehten Propagandafilmchen der Partei wirken hölzern und verkrampft, sie besitzen keine Ausstrahlung und können niemanden mitreißen.

Hitler erkennt intuitiv das künstlerische Potenzial Leni Riefenstahls. Bereits am 23. Mai 1932 – noch vor Hitlers Machtergreifung – kommt es zu einem ersten Treffen zwischen dem Politiker und der Regisseurin in Horumersiel an der Nordsee. Nach Riefenstahls Erinnerung habe Hitler ihr nicht nur angeboten, offizielle Regisseurin der Partei zu werden, was sie laut ihrer politisch korrekten Autobiografie von 1987 mit den Worten abgelehnt habe, sie sei nicht an Politik interessiert. Der Führer habe sie auch zu küssen versucht, was sie jedoch zurückgewiesen habe, woraufhin er zu einer korrekt-ritterlichen Haltung zurückgekehrt sei. Was auch immer an jenem lauen Maiabend »passiert« ist: Leni Riefenstahl wurde und blieb Hitlers Lieblingsregisseurin.

Sie dreht und produziert von 1933 bis 1938 fünf Filme für das nationalsozialistische Regime: zunächst *Sieg des Glaubens* (1933) und *Triumph des Willens* (1935) – beides Filme über Reichsparteitage – und *Tag der Freiheit – unsere Wehrmacht* (1935), eine pathetische Zurschaustellung des Heeres- und Waffenpotenzials Deutschlands, vier Jahre, bevor dieses in einem Angriffskrieg eingesetzt wurde. Besonders *Triumph des Willens* gilt bis heute bei Filmhistorikern als das technisch und künstlerisch brillanteste Werk Riefenstahls, trotz seines Sujets. Die Regisseurin hat ihr Handeln später mit ihrer angeblich unpolitischen, nur am Ästhetischen interessierten Haltung verteidigt. Zudem sei sie nie Mitglied der NSDAP gewesen. Doch das entbindet Leni Riefenstahl nicht ihrer moralischen Verantwortung. Sie galt als künstlerische Propagandistin ersten Ranges, für die sich Hitler und Goebbels persönlich einsetzten, die ihr allein für *Triumph des Willens* einen Etat von dreihunderttausend Reichsmark und einen Stab von einhundertsiebzig Mitarbeitern zubilligten. Zudem verfolgten Riefenstahls Filme eine Absicht und waren auf diese hin konzipiert: die ästhetische Verherrlichung eines totalitären Regimes, das sich bereits in seinen Anfängen als menschenverachtend und verbrecherisch zeigte.

Hinzu kamen die beiden Filme zur Olympiade 1936 in Berlin: *Fest der Völker* und *Fest der Schönheit* (beide 1938 uraufgeführt), die die Fassade der friedlichen und weltoffenen Spiele in spektakulären Bildern aufrecht hielten und gerade in der Darstellung makelloser junger Körper und choreografierter Massenszenen eine faschistische Ästhetik feierten und die Spiele vor dem kritischen Ausland schönzufilmen versuchten.

Zudem dreht Leni Riefenstahl 1940/41 nach Motiven der gleichnamigen Oper von Eugène d'Albert den Film *Tiefland*, der allerdings erst 1954 in die westdeutschen Kinos kommt. Die melodramatische, kitschbeladene Story wäre heute nicht mehr der Erinnerung wert, wenn die Regisseurin nicht Roma-Kinder und -Jugendliche aus dem KZ-Außenlager Maxglan im Salzburger Land als Statisten selbst ausgesucht hätte. Die Kinder wurden mit Bussen nach Mittenwald in Oberbayern gebracht, wo die Filmkulissen eines »spanischen Dorfes« errichtet worden waren. Leni Riefenstahl selbst behauptete später, die Roma seien ihre »besonderen Lieblinge« gewesen, sie habe sie nach dem Krieg alle wiedergesehen. Das ist schlicht eine Lüge und eine schlechte dazu. Viele der Kinder, die man nach Beendigung der Dreharbeiten wieder zurück nach Maxglan brachte, wurden später in den Vernichtungslagern in Polen umgebracht. Dieser Konfrontation mit der historischen Wahrheit verweigerte sich Hitlers Star-Regisseurin bis zuletzt.

Leni Riefenstahls Karriere wäre nach dem Krieg endgültig beendet gewesen, hätte sie nicht erneut eine erstaunliche Wandlung vollzogen: von der Filmregisseurin zur Fotografin.

»Wesen von einem anderen Stern«

Im Jahre 1962 macht sich Leni Riefenstahl als Begleiterin einer Expedition der Nansen-Gesellschaft nach Afrika auf, um die Stämme der Nuba »zu finden«, wie sie schreibt. In Wahrheit verzeichnete damals jeder ethnografische Atlas deren Siedlungsgebiet. Doch es geht Riefenstahl weniger um die ethnologische Darstellung der Kultur der Nuba – dazu fehlt ihr der wissenschaftliche Kontext. Das Auge der Kamera soll vielmehr – wie auch in ihren Olympiafilmen – die körperliche Ästhetik wiederfinden und wiedergeben, die sie selbst einige Jahre zuvor in einem Beitrag des *Stern* in einer Fotografie George Rodgers entdeckt hat. Es ist eine Ästhetik des jungen, kraftvollen, schönen Körpers, und wenn man Riefenstahls Bildbände über die Nuba betrachtet, fällt auf, wie sehr sie die Themen Armut, Krankheit und Alter ausblendet. Nicht von ungefähr warfen ihr einzelne Kritiker auch darin eine faschistische Sichtweise vor.

Afrika und die Nuba sind für Leni Riefenstahl von Anbeginn Projektionsflächen. Die Beschäftigung mit Afrika reicht indes noch weiter zurück. Leni Riefenstahl liest Ernest Hemingways Buch *Die grünen Hügel Afrikas* (dt. 1954) und ist davon hingerissen: »Besonders stark blieb ein Satz in mir haften, den Hemingway in der ersten Nacht, die er in Afrika in seinem Zelt verbrachte, in sein Tagebuch schrieb: ›Als ich nachts aufwachte, lag ich lauschend da, bereits voller Sehnsucht, nach Afrika zurückzukehren.‹ War diese von Hemingway so hinreißend beschriebene Atmosphäre nur die Vision eines genialen Erzählers, oder gab es dort wirklich etwas, wo man freier atmen und glücklicher sein konnte?«

Die Zauberworte sind gefallen: Freiheit und Glück. Leni Riefenstahl macht sich zu einem Zeitpunkt nach Afrika auf, als sie beruflich gescheitert ist (sie hat wenige Jahre zuvor sogar ein Filmprojekt über den Sklavenhandel in Afrika aufgeben müssen) und sich auch gesellschaftlich an den Rand gedrängt sieht. Die »Suche« nach den Nuba wird zur Suche nach den Ursprüngen des Menschen fern der abendländischen Zivilisation und auch zur Suche nach dem Selbst.

Auf dem Weg von Khartoum südwärts, mit einem Geländewagen über staubige Pisten, wird ihr beinahe alle Hoffnung genommen. Ein örtlicher Polizeichef meint: »Ich glaube, Sie kommen 10 Jahre zu spät. Früher konnten Sie diese Nuba-Athleten überall in den Nubabergen sehen, aber jetzt, wo Straßen gebaut werden, Baumwolle gepflanzt wird und Schulen eingerichtet werden, hat sich das Leben der Nuba verändert. Sie tragen Kleider, arbeiten auf Plantagen und haben mehr und mehr ihr früheres Stammesleben aufgegeben.«

Der Polizeichef sollte nicht ganz unrecht haben. Einige Jahre darauf, als Leni Riefenstahl erneut in den Sudan fährt, wird sie tatsächlich Nuba-Stämme wiedersehen, deren Kultur innerhalb kurzer Zeit durch die Berührung mit der westlichen Zivilisation zerstört und verfälscht worden ist. Aber im Jahre 1962 hofft sie, noch nicht zu spät zu sein. Es ist ein Wettlauf mit der Zeit und ein Kampf mit den Wegverhältnissen:»Wir waren ungefähr eine Woche unterwegs, bis wir Kadugli erreichten. Auch hier konnten wir keine Informationen über die Nuba, die wir suchten, erhalten. Unsere Hoffnung war auf dem Nullpunkt angelangt. Trotzdem wollten wir die Suche noch nicht aufgeben. Waren die Wege bis hierher schon sehr schwierig gewesen, so wurden sie von nun an noch unangenehmer. Unsere Wagen zwängten sich durch hohes Gras. Steinblöcke und uralte Bäume gaben der Landschaft einen romantischen Charakter. Die Berge schienen immer näher zusammenzurücken.«

Die Strapazen lohnen sich:»Da sahen wir zum ersten Mal an den Bergen Rundhäuser, die wie Vogelnester an den Felsen klebten – es konnte sich nur um Nubahäuser handeln. Wir fuhren näher an die Berghänge heran, wo ein hochbeinig gewachsenes junges Mädchen eine Rute schwang. Es war unbekleidet, nur eine rote Perlenschnur schmückte den schwarzen Körper.«

Am 16. Dezember 1962 hat Riefenstahl zum ersten Mal Kontakt zu einem der rund fünfzig Nuba-Stämme, den Masakin-Qisar, denen sie auch den ersten ihrer Fotobände widmet. Die Fotografin und ihr kleines Team werden von den Dorfbewohnern freundlich aufgenommen. Bereits kurz nach der Ankunft bietet sich Leni Riefenstahls Augen ein unvergesslicher Anblick:»Tausend oder zweitausend Menschen wogten im Licht der untergehenden Sonne auf einem freien, von vielen Bäumen umgebenen Platz. Eigenartig bemalt, phantastisch geschmückt, wirkten diese Menschen wie Wesen von einem anderen Stern.

Hunderte von Speerspitzen tanzten gegen den glutroten Sonnenball.«

Dann das unfassbare Glück: Die Fotografin wird Zeugin eines Ringkampfes: »In der Mitte der Menge hatten sich große und kleine Kreise gebildet, in denen sich Ringkampfpaare gegenüberstanden, die sich lockten, die kämpften und tanzten und als Sieger auf den Schultern aus dem Ring getragen wurden, genauso, wie ich es auf dem Rodgerbild gesehen hatte. Ich war betäubt und wußte nicht, was ich zuerst fotografieren sollte. Alles, was ich sah, war so fremdartig, seltsam und ungeheuer faszinierend. Aber nicht nur das Optische erzeugte diese erregende Spannung, sondern auch das Akustische. Ein pausenloses Trommeln, darüber das helle Trillern von Frauenstimmen und die Schreie der Menge. Bald befand ich mich mitten unter ihnen, Hände streckten sich mir entgegen, Gesichter lachten mich an, ich spürte bald, daß ich mich unter guten Menschen befand.«

Die Erinnerung der Fotografin mag geschönt sein, reale Beobachtungen vermengen sich sicherlich mit Projektionen. Jedenfalls legt Leni Riefenstahl Verwunderung und Bestürzung rasch ab und nutzt die folgenden Monate, um die Nuba im Alltag und bei ihren Festen ausgiebig zu fotografieren: Sie dokumentiert die Ringkämpfe junger Männer, Jünglinge beim Musizieren auf einer einfachen Leier, junge Frauen und Mädchen in ihrem Festschmuck, die Hütten der Nuba, Männer beim Hüten der Rinder, Frauen und Männer in der Mittagsruhe, beim Festschmaus, beim Tanz, das rituelle Tätowieren und das Schließen von Blutsbrüderschaft, Frauen bei der Körperpflege, einen Medizinmann bei einer rituellen Handlung… Und sie fotografiert die karge und doch pittoreske Landschaft der Nuba-Berge und die Steppenbrände in den Monaten der Trockenzeit.

Mit reicher Ausbeute kehrt Leni Riefenstahl im Herbst 1963 nach Deutschland zurück, muss aber zu ihrem Entsetzen feststellen, dass von zweihundertzehn Filmen rund hundertdreißig durch falsche Belichtung verdorben sind. Sie veröffentlicht eine Auswahl der Aufnahmen in diversen Zeitschriften und hält Diavorträge. Als sie genug Geld beisammen hat, macht sie sich im Dezember 1964 erneut auf den Weg, gemeinsam mit einem Fahrer und einem Assistenten. Diesmal beabsichtigt sie, einen Film über die Nuba zu drehen. Bereits nach vier Wochen muss sie die Dreharbeiten jedoch unterbrechen und nach Deutschland eilen, da ihre Mutter gestorben ist. Vier Wochen später ist sie wieder bei den Masakin-Qisar, fotografiert und filmt die Initiation eines Knaben, das Tätowierungsritual und die Ringkämpfe. Als sie im April 1965 erneut nach Deutschland zurückkehrt, muss sie abermals bestürzt feststellen, dass das empfindliche Filmmaterial durch unsachgemäßes Entwickeln ruiniert worden ist.

Doch sie gibt nicht auf. Afrika und die Nuba sind ihr längst zur fixen Idee geworden. Gemeinsam mit dem Kameramann Horst Kettner – er wird ihr Lebensgefährte – bricht sie im Dezember 1968 erneut zu den Masakin-Qisar auf, wird diesmal aber schwer desillusioniert. Sie ist zu spät, innerhalb weniger Jahre wurde dieser Landstrich von dem islamischen Regime in Khartoum missioniert und »zivilisiert«. Die Nuba tragen schamhaft Kleidung, trinken aus Plastikflaschen, tragen Sonnenbrillen und haben eine Reihe ihrer Bräuche und Rituale, unter anderem die Ringkämpfe, aufgegeben. »Es war«, so Riefenstahl, »aussichtslos, auch nur eine der verlorenen oder verdorbenen Filmaufnahmen zu wiederholen.«

Sie macht das Beste aus dem nicht verdorbenen Fotomaterial. Noch 1969 erscheinen im *Stern* einige Bilder als Titelstory. Es ist für die Fotografin Leni Riefenstahl der Durchbruch, der Beginn einer späten Karriere und zugleich die gesellschaftliche Wiederanerkennung. Selbst in Großbritannien, Frankreich und den Vereinigten Staaten nimmt man wohlwollend bis begeistert die Fotografien zur Kenntnis. Leni Riefenstahl veröffentlicht daraufhin im Jahre 1973 ihren ersten Fotoband über die Nuba unter dem Titel *Die Nuba – Menschen wie von einem anderen Stern.* Auch diese Publikation findet große Anerkennung – von einzelnen Kritiken, die darin eine Wiederholung faschistischer Bildästhetik sehen, abgesehen.

Grund genug für Riefenstahl und Kettner, im Dezember 1973 nochmals nach Afrika zu reisen. Diesmal besuchen sie die abgelegener lebenden Nuba von Kau, die sich damals noch ihre traditionelle Lebensweise bewahrt haben. Auch die Riten und Bräuche dieses Stammes will Riefenstahl künstlerisch dokumentieren, bevor sich die Zivilisation ausbreitet. 1976 erscheint ihr Bildband *Die Nuba von Kau*. Besonders haben es ihr wieder die Ringkämpfer angetan, die am ganzen Körper von Öl glänzen und zudem Armbänder mit eingenähten Messingklingen tragen: »Alles geht so schnell, daß ich den Vorgängen kaum folgen kann. Zuerst schlagen sich die beiden Kämpfer mit den Stöcken. Diese Schläge werden mit einer so unheimlichen Wucht ausgeführt, daß sie einen Schädel, eine Hand oder ein Bein zertrümmern könnten [...]. Dieser Kampf mit den Stöcken ist von ganz kurzer Dauer – nur wenige Sekunden –, dann fliegen die Stöcke in die Luft und die beiden Gegner sind ineinander verkrallt. Sie versuchen, durch ihre Kampftechnik zu verhindern, daß sie von dem gefährlichen Schlag mit dem Messer getroffen werden.«

Die Fotografin ist fasziniert von der gewalttätigen Szene: »Einer von ihnen ist blutüberströmt. Das Blut fließt aus einer starken Kopfwunde. Während die Schiedsrichter versuchen, die beiden Kämpfer festzuhalten, sehe ich, wie ein Mann dem Verwundeten Sand in die Wunde streut und ihm ein Palmenblatt um den Kopf bindet, um das Blut zu stillen, das dem Kämpfer über das Gesicht läuft [...]. Mit keiner Miene verrät er seine starken Schmerzen.«

Ebenso hat es Leni Riefenstahl die fantasiereiche Art angetan, wie sich Männer und Frauen zu Festlichkeiten schminken und tätowieren: »Mit Federn und Perlen geschmückt, frisch eingeölt und mit originellen Mustern bemalt, schritten sie [die jungen Männer] langsam an den tanzenden Mädchen vorbei, diese mit keinem Blick streifend. Sie setzten sich in der Nähe der Tanzenden auf Steine [...]. Im Schatten eines Hauses saß ein junger Mann. So etwas Unglaubliches hatte ich noch nie gesehen. Er hatte sich den Körper phantastisch bemalt – wie ein Leopard.

Am auffallendsten aber war seine Gesichtsbemalung. Auf der einen Gesichtshälfte war ein stilisierter Strauß gezeichnet, die andere mit abstrakten Ornamenten bemalt, schwarz auf gelbem Grund. Zu meiner Überraschung ließ er sich ohne zu protestieren fotografieren. Dann stand er lässig auf und ging in die Hütte. Ich war sprachlos.«

Auch der Band von 1976 wird ein Verkaufserfolg, erntet viel Lob, aber auch wieder Kritik. Susan Sontag zieht in ihrem Essay *Faszinierender Faschismus* eine Linie in der Ästhetik von den Bergfilmen der 1920er-Jahre und Propagandafilmen der NS-Zeit zu den Aufnahmen der Nuba.

Leni Riefenstahls Beschäftigung mit Afrika hat damit noch kein Ende. Noch mehrmals bereist sie die ostafrikanischen Länder und besucht erneut die Nuba, aber auch die Massai und andere Völker und veröffentlicht die Bildbände *Mein Afrika* (1982) und *Afrika* (2002).

Selbstinszenierung vor Korallen

Vielleicht auch um ihre Kritiker bloßzustellen und sie bis zur Sprachlosigkeit zu überraschen, vollzieht Leni Riefenstahl eine weitere berufliche Wendung. Es ist ihr fünftes Leben: Sie belegt 1973 unter dem Nachnamen ihres ersten Ehemannes Peter Jacob und mit falscher Altersangabe (sie macht sich zwanzig Jahre jünger, was angesichts ihrer guten körperlichen Konstitution und ihres immer noch blendenden Aussehens niemandem auffällt) einen Tauchkurs in Kenia und besteht die Prüfung erfolgreich – immerhin ist sie schon siebzig Jahre alt! Es falle ihr, meint sie, leichter, sich mit Schnorchel, Flossen und Sauerstoffflasche unter Wasser zu bewegen, als Treppen zu steigen. Besonders von der Unterwasserwelt vor Ostafrika ist die Fotografin fasziniert: »Ich konnte mich nicht satt sehen. Die Vielfältigkeit der Fische, ihre unglaublichen Farben, die Reichhaltigkeit der Formen und die phantastischen Zeichnungen und Ornamente, die die Fische zierten, verwirrten mich.«

Sie veröffentlicht zwei Bildbände über die bunte Unterwasserwelt: *Korallengärten* (1978) und *Wunder unter Wasser* (1990). Zudem dreht sie nochmals einen Film, der 2002 – in ihrem hundertsten Lebensjahr – Premiere hat: *Impressionen unter Wasser.* Erneut sind Publikum und Kritiker begeistert und verblüfft, und in gewissem Sinne auch erleichtert, diesmal nicht die Frage nach unterschwelligen faschistischen Anleihen stellen zu müssen. Mit gewisser Schadenfreude meint sogar Leni Riefenstahl, sie sei gespannt, ob Susan Sontag diesmal schreiben würde, sie würde »auch die Fische noch wie SA-Männer fotografieren«. Der Filmhistoriker Enno Patalas verrät: »Susan Sontag, als ich ihr das erzählte, fand das gar nicht komisch.«

Wenngleich man der Künstlerin in ihren letzten Werken keine ästhetisch-politischen Fehlleistungen mehr nachsagen konnte und wollte, wurde Kritik an ihrer Selbstdarstellung in *Impressionen unter Wasser* laut: In dem knapp dreiviertelstündigen Film taucht sie rund dreißig Mal in ihrem Taucheranzug auf, inszeniert zur Filmmusik der Amerikaner Giorgio Moroder und Daniel Walker. Selbst die faszinierend schöne Unterwasserwelt der Korallen und Fische wird Folie für Leni Riefenstahls melodramatische Selbstinszenierung. Die Mittel, die bereits in *Triumph des Willens* suggestiv eingesetzt wurden und wirkten, konnte sie bis zum Schluss effektvoll und in ihrem persönlichen Sinne weiterverwenden.

Am 8. September 2003 fanden die fünf Leben Leni Riefenstahls ein Ende. Sie starb im Alter von hundertundein Jahren in ihrem Haus in Pöcking am Starnberger See.

14 Katharine Hepburn (1907–2003)

African Queen und die abenteuerliche Geschichte
des Dampfschiffs »Graf Goetzen« (»Liemba«)

Los Angeles im Herbst 1950. Die Theatertruppe des Cort The-
atre aus New York gastiert in der Stadt an der amerikanischen
Westküste. Shakespeares Stück *Wie es euch gefällt* steht auf dem
Programm. Mit von der Partie: Katharine Hepburn in der Rolle
der Rosalind. Die dreiundvierzigjährige Schauspielerin befindet
sich in einer Phase der Neuorientierung. Ihre letzten Filme
Adam's Rib (Ehekrieg) und *State of the Union (Der beste Mann)*,
in denen sie an der Seite ihres Geliebten Spencer Tracy spielte,
waren eher Achtungserfolge. Und die zuvor gedrehten Filme
Song of Love (Clara Schumanns große Liebe) und *Dragon Seed
(Drachensaat)* wurden von der Kritik gar als »Abscheulichkeit«
und »gequälter Job« vernichtend beurteilt. Auch deshalb kehrt
die Schauspielerin nach achtjähriger Pause wieder auf die
Bühne zurück, an den Ausgangspunkt ihrer Karriere.

In jenen Wochen an der Westküste genießt Katharine Hepburn ihr Leben: Die Aufführungen sind erfolgreich und stärken
ihr Selbstvertrauen. Sie genießt das milde kalifornische Klima
und das sonnige Wetter, wohnt am Summit Drive, im Haus der
Freundin Irene Mayer Selznick, und lässt sich verwöhnen. »Ihr
Butler hieß Farr«, erinnert sich Katharine Hepburn, »und seine
Frau Ida war die Haushälterin. Die beiden waren Engel. Außerdem gab es dort noch die Köchin Emily. Sie war ziemlich tem-
peramentvoll, und ich verbrachte täglich mindestens eine halbe
Stunde damit, mit ihr über die Mahlzeiten zu sprechen. Sie war
eine wunderbare Köchin. Von der Suppe bis zum Dessert – eine

Wonne. Das war ein großes Glück für mich – ich esse nämlich für mein Leben gern.«

Auf private Partys der in der Stadt versammelten Prominenz geht Katharine Hepburn hingegen nicht. Sie meidet den Hollywood-Klüngel, das oberflächliche »How do you do«. Menschenscheu ist sie nicht, aber sie umgibt sich lieber mit einer Handvoll echter Freunde, als sich seichtem und intrigantem Geschwätz auszuliefern.

Viel Zeit verbringt die begeisterte und gute Schwimmerin hingegen am Meer. Eine Fotografie zeigt den Star am Steuer eines offenen Cabriolets, neben ihr die Freundin und Gastgeberin Irene Mayer Selznick, am Strand von Los Angeles. Katharine Hepburns Gesicht ist durch einen großen Sonnenhut halb beschattet. Lächelnd wendet sie sich einem farbigen Mann, vielleicht ein Strandhändler, zu. Die Szenerie atmet Lebensfreude und Heiterkeit, das offene Cabrio, Katharine Hepburns Sonnenhut und der Strand mit dem Meer im Hintergrund suggerieren Weite, Freiheit und Lust auf Abenteuer.

Ein seltsames Angebot

Das Abenteuer klopft in jenen Wochen tatsächlich an Katharine Hepburns Tür, und zwar in Form eines Päckchens. Darin enthalten: ein Brief des Filmproduzenten Sam Spiegel und ein Buch, der Roman *The African Queen* des damaligen Erfolgsautors Cecil Scott Forester (1899–1966). Katharine Hepburn erinnert sich: »Ich las es. Was für eine Geschichte!«

Sam Spiegel hat die Filmrechte für das Buch erworben. Der als schwierig geltende Regisseur John Huston, mit dem Katharine Hepburn bis dahin noch nie zusammengearbeitet hat, soll die Dreharbeiten übernehmen. Was Katharine Hepburn nicht weiß: Bereits sei einem Jahr sind Produzent und Regisseur auf der Suche nach der idealen Besetzung für die beiden Hauptfiguren. Bette Davis und David Niven hätten die Rollen eigentlich übernehmen sollen, aber beide haben einen Rückzieher gemacht. Katharine Hepburn ist damals aus Sicht der Produzenten also eher zweite Wahl. Sie sollten sich täuschen. Der Film *African Queen*, der 1951 in die Kinos kam, wurde ein Kassenerfolg und darüber hinaus einer der großen Klassiker der Filmgeschichte. Auch Katharine Hepburns Karriere brachte man zu einem Gutteil mit diesem Film in Verbindung.

Ein Glücksfall war auch die Besetzung der zweiten Hauptrolle mit Humphrey Bogart. Katharine Hepburn und er waren am Set das ideale Paar: beide etwas raubeinig, mit harter Schale, aber weichem Kern, beide herrlich uneitel und wenig selbstverliebt, ganz in ihren Rollen aufgehend, ohne sich selbst als Stars in den Vordergrund spielen zu wollen. Der Regisseur John Huston urteilte: »Einer forderte die Vorzüge des anderen heraus. Die Kombination aus beiden Darstellungen brachte den Humor dramatischer Situationen zum Vorschein, wovon ursprünglich keiner von uns eine Ahnung hatte.«

Katharine Hepburn sagte später über den Kollegen und Freund: »Bogart war ein echter Mann, er hatte nichts Feminines an sich. Er wusste – besser als jeder andere –, dass er von Natur aus etwas Aristokratisches an sich hatte.« Und Bogart meinte über die Kollegin in seiner rauen, aber ehrlichen und herzlichen Weise: »Hepburn ist unangreifbar. Sie ist eine eingefleischte Exzentrikerin, und man kann nichts Aufgesetztes an ihr erkennen. Sie ist nicht hübsch, sondern eher wie ein nylonbedecktes Skelett. Sie ist auch nicht mehr jung, aber sie ist wirklich faszinierend und hat einen gewaltigen, außergewöhnlichen Sexappeal – eine große Herausforderung, der nicht jeder gutaussehende Kerl gewachsen ist.«

Katharine Hepburn weiß zum damaligen Zeitpunkt nicht, was sie bei dem Filmprojekt erwartet, denn trotz wiederholter Bitten überlässt man ihr – Nachlässigkeit oder Kalkül? – das Drehbuch zunächst nicht. Wenige Wochen später sitzen der Regisseur John Huston und der Skriptautor Peter Viertel bereits im Flugzeug nach Afrika, um am Drehort Vorbereitungen zu treffen.

»Ich ahnte Böses«, so Katharine Hepburn, »aber Bogie, der

schon öfter mit Huston zusammengearbeitet hatte, meinte: ›Mach dir keine Gedanken. Das macht er immer so.‹ ›Du meine Güte!‹, sagte ich. ›Du wirst schon sehen, es lohnt sich.‹«

Es sollte sich lohnen, für die Kinogeschichte, für das Publikum, für die Macher am Set. Aber der Film verlangte allen Beteiligten das Äußerste an Kraft, Konzentration, Geduld und Einsatz ab. Die Dreharbeiten erfolgten – von ein paar kürzeren Aufnahmen im Studio abgesehen – am »Originalschauplatz«, im Kongo und in Uganda. *African Queen* wurde für Katharine Hepburn und Humphrey Bogart das Abenteuer ihres Lebens, ein Abenteuer, das sie mit Witz und Chuzpe meisterten.

Ein Schiff wird durch den Urwald geschleppt

African Queen ist eine Geschichte, die tief in die Historie hinabreicht und ihren Ursprung in Papenburg im Emsland hat. Davon freilich weiß Katharine Hepburn nichts, als sie 1951 im Flugzeug nach Leopoldville (das heutige Kinshasa) im Kongo sitzt. Und auch der Drehort, der Ruiki River oberhalb von Stanleyville (Kisangani) ist siebenhundert Kilometer vom »eigentlichen« Schauplatz des Films entfernt, dem Tanganjikasee, der sich in einer Länge von sechshundertfünfzig Kilometern zwischen den heutigen Staaten Kongo, Burundi, Tansania und Sambia erstreckt.

Die Geschichte beginnt im Jahr 1913. Afrika ist unter den europäischen Kolonialmächten aufgeteilt. Am Tanganjikasee in Ostafrika grenzen die Interessenssphären aneinander: Der Kongo ist belgische Kolonie. Das östliche Ufer gehört zu Deutsch-Ostafrika, das südliche zum britischen Nord-Rhodesien. Der See ist die Lebensader der gesamten Region, aber auch die natürliche Grenze zwischen den Kolonien. Um die deutsche Position zu stärken, Präsenz auf dem See zu zeigen und eine Personenschifffahrt einzurichten, aber auch, um im Krisenfall militärisch eingreifen zu können, befiehlt Kaiser Wilhelm II. den Bau eines Passagier- und Frachtschiffs. Beauftragt wird die Meyer-Werft in

Papenburg, die daraufhin ein siebenundsechzig Meter langes und zehn Meter breites Dampfschiff baut, das nach dem Afrikaforscher und Gouverneur Gustav Adolf Graf von Götzen auf den Namen »Graf Goetzen« getauft wird.

Aber wie soll das Schiff zum Tanganjikasee kommen, der tausend Kilometer von der ostafrikanischen Küste entfernt liegt und keinen schiffbaren Abfluss hat? Die Ingenieure der Meyer-Werft, allen voran der Konstrukteur Anton Rüter, haben dieses Problem bedacht: Alles ist so gebaut, dass es demontiert und ebenso wieder zusammengeschraubt und -genietet werden kann. Im Jahre 1914 wird die fertige »Graf Goetzen« auf dem Werftgelände auseinandergebaut und in fünftausend säuberlich beschriftete Kisten verpackt, die ein Gesamtgewicht von eintausendzweihundert Tonnen haben. Die werden in Hamburg auf einen Frachter verladen und durch das Mittelmeer, den Suezkanal, das Rote Meer und den Indischen Ozean nach Daressalam gebracht, Sitz des deutschen Gouverneurs in Ostafrika. Mit an Bord sind drei kundige Schiffsbauer der Meyer-Werft: Hermann Wendt, Rudolf Tellmann und der Konstrukteur Anton Rüter. Von Daressalam werden die Kisten in Waggons der neu gebauten Mittellandbahn ins Landesinnere geschafft. Da die Bahnstrecke zum Tanganjikasee noch nicht fertiggestellt ist, müssen die Kisten das letzte Stück auf den Schultern Tausender einheimischer Träger durch Steppe und Urwald geschleppt werden.

Endlich ist die deutsche Niederlassung Kigoma am Ostufer des Sees erreicht. In den folgenden Monaten bauen zweihundertsiebzig afrikanische und indische Arbeiter unter der Leitung der Männer von der Meyer-Werft die »Graf Goetzen« wieder zusammen, wobei einhundertsechzigtausend Nieten eingeschlagen werden müssen. Am 5. Februar 1915 ist es endlich so weit: Die »Graf Goetzen« wird in Kigoma vom Stapel gelassen und nimmt ihre erste Fahrt über den Tanganjikasee auf, die »deutsche« Küste entlang bis nach Bismarckburg (das heutige Kasanga).

Die Spione der anderen europäischen Kolonialmächte haben die Kunde von den Deutschen, die ein Schiff durch den Urwald schleppen, zuverlässig nach London, Paris und Brüssel getragen. Dort hat man sich gewundert, gespottet oder bestenfalls mit den Achseln gezuckt. Doch mit Ausbruch des Ersten Weltkriegs hat sich die Sachlage verändert: Die deutschen Kolonien in Afrika wurden innerhalb weniger Monate von den Alliierten eingenommen, die schwachen deutschen »Schutztruppen« mussten sich der Übermacht beugen. Nicht so in Deutsch-Ostafrika: Zwar sind die Hauptstadt Daressalam und Teile der Kolonie bald von britischen Truppen besetzt, die deutschen Verbände unter General Paul von Lettow-Vorbeck aber haben sich tief ins Landesinnere zurückgezogen und liefern sich mit den Invasoren ein Katz-und-Maus-Spiel. Bis zum Kriegsende im November 1918 werden Lettow-Vorbeck und ein kläglicher Rest der deutschen Schutztruppe, gerade noch hundertdreiundvierzig Mann, im Urwald Ostafrikas ausharren und im März 1919 – nach kurzer Gefangenschaft – im Triumph nach Berlin zurückkehren, in die Hauptstadt der ersten deutschen Republik, wo man sie als unbesiegte Helden bejubelt.

Eine wichtige Rolle im Kampf gegen die feindlichen alliierten Truppen spielt in den Jahren 1915 und 1916 die »Graf Goetzen«. Sie wird nun nicht mehr als Passagier- und Handelsschiff eingesetzt, sondern mit zwei Geschützen von 10,5 und 3,7 Zentimetern Kaliberweite bestückt. Kapitän ist Anton Rüter. Die einst so belächelte »Graf Goetzen« ist unversehens zu einem kleinen, aber wirkungsvollen Kriegsschiff geworden, die den Tanganjikasee beherrscht und die Westflanke der deutschen Kolonie sichert. Die Briten hingegen haben nur zwei kleine Kanonenboote auf dem See stationiert, und die Belgier besitzen lediglich am Hafen von Albertville (dem heutigen Kalemie) zwei 8,5-Zentimeter-Geschütze, mit denen sie einzig diese Niederlassung decken können.

Die auf dem See unanfechtbare »Graf Goetzen« wird schließlich aus der Luft entscheidend getroffen: Am 10. Juni 1916 bombardieren belgische Flugzeuge das im Hafen von Kigoma liegende Schiff, wenige Tage später ein zweites Mal. Die »Graf Goetzen« ist beschädigt, sinkt aber nicht. Dennoch ist sie in Gefahr, den feindlichen Truppen in die Hände zu fallen. Um das zu verhindern, befiehlt Lettow-Vorbeck, der seine Truppen aus Kigoma abziehen will, um sich tiefer im Süden zu verschanzen, die »Graf Goetzen« zu versenken. Kapitän Rüter gehorcht schweren Herzens, allerdings erst nach ein paar Tagen. Zuvor hat Rüter »sein« Schiff innen und außen, in all seinen Bestandteilen, dick mit Fett einschmieren lassen. Erst dann öffnet er die Seeventile und lässt das von ihm konstruierte Schiff im Hafen von Kigoma auf Grund laufen.

Die lange Fahrt der »Liemba«

Die »Graf Goetzen« wurde vorsorglich von den eigenen Leuten versenkt. Das weiß Katharine Hepburn nicht, die fünfunddreißig Jahre später im Flugzeug nach Leopoldville sitzt, auf dem Weg zum Set für einen Film, dessen Handlung sie nur aus Foresters Roman kennt, aber noch nicht aus Peter Viertels Drehbuch. Sie weiß, dass es in *African Queen* auch darum geht, ein deutsches Kriegsschiff in die Luft zu jagen, aber das geschieht im filmischen Irgendwo Afrikas. Die Verbindung zum Tanganjikasee und zur »Graf Goetzen« jedenfalls ist ihr nicht bewusst. Das Filmgeschäft kennt Geschichten, aber nicht unbedingt die Geschichte.

Die bleibt auch mit der Versenkung der »Graf Goetzen« nicht stehen: Denn noch im selben Jahr 1916 gelingt es den heranrückenden Belgiern, die Kigoma eingenommen haben, den strategisch und logistisch wichtigen Dampfer zu heben. Das Schiff hat die Flutung unbeschadet überstanden, und bald laufen die Maschinen wie zuvor und die »Graf Goetzen« pflügt erneut durch den Tanganjikasee, der nun jedoch unter belgischer Kontrolle ist.

Der Erste Weltkrieg geht im November 1918 zu Ende, Lettow-Vorbeck und seine Resttruppe werden gefangen genommen, Deutsch-Ostafrika wird britisches Protektorat. Auch das Ostufer des Sees mit den Niederlassungen Kigoma und Kasanga (Bismarckburg) ist britisch. Und die »Graf Goetzen« wird es auch. 1920 gerät sie in Brand und sinkt erneut im Hafen von Kigoma. Die Briten benötigen lange, bis sie das Schiff heben können. Erst im Mai 1927 ist es so weit hergestellt, dass es erneut auf den See hinausfahren kann, dieses Mal unter dem Union Jack und unter dem neuen Namen »Liemba«.

Die »Liemba« hat auch den Zweiten Weltkrieg unbeschadet überstanden, doch der Zahn der Zeit nagte an ihr. Mehrmals wurde sie überholt, zuletzt im Jahre 1993 von einer dänischen Firma und mit Geld aus der Entwicklungshilfe. Damals wurden die alten Dampfmaschinen ausgewechselt und neue Dieselmotoren eingebaut. Im Wesentlichen blieb die »Graf Goetzen« alias »Liemba« jedoch unverändert: Sie bietet Platz für rund sechshundert Personen, es gibt zwei Passagierkabinen der VIP-Klasse, zehn Kabinen erster Klasse, neunundzwanzig zweiter Klasse, und im Unterdeck und auf Deck Platz für die Passagiere dritter Klasse und für etwa zweihundert Tonnen Fracht. Zudem verfügt die »Liemba« über einen Speisesaal, eine Bar und einen Kiosk. Die sanitären Einrichtungen sind außerhalb der Einzelkabinen dürftig, gerade einmal zwei Duschen und zwei Toiletten stehen für die dritte Klasse zur Verfügung. Die bedrängte und unzureichende Situation und Ausstattung tut der Beliebtheit der »Liemba« bis heute keinen Abbruch. Im Gegenteil: Sie stellt das einzige Verkehrsmittel auf dem Tanganjikasee dar, der sechshundertfünfzig Kilometer langen Lebensader Ostafrikas, und ist entsprechend überfüllt. Doch kaum einer der Passagiere und Besatzungsmitglieder dürfte von der langen, spannenden und künstlerisch folgenreichen Geschichte der »Liemba« wissen. Sicherlich kennen aber einige den Film *African Queen*.

Die Geschichte des Films spielt zu Beginn des Ersten Weltkriegs in Deutsch-Ostafrika. Die ältliche, prüde, sittenstrenge Rose Sayer (Katharine Hepburn) lebt mit ihrem Bruder, dem Methodistenpfarrer Samuel Sayer (Robert Morley), auf einer Missionsstation, die bei einer Strafexpedition durch deutsche Soldaten verwüstet wird. Der dadurch gebrochene und geistig verwirrte Pastor Sayer stirbt wenig später. Seine Schwester beerdigt ihn auf dem Gelände der Mission und steht nun vor dem Nichts. In dieser Situation kommt ihr ein Bekannter zu Hilfe, Charlie Allnutt (Humphrey Bogart), der »Kapitän« des Dampfboots »African Queen«, das auf dem Fluss umherschippert und für die Anrainer Botendienste übernimmt. Charlie ist ein desillusionierter, dem Alkohol verfallener Menschenfeind mit rauer Schale, aber weichem Kern, den zu zeigen er sich freilich scheut. Immerhin nimmt er die hilf- und orientierungslose Rose auf seinem Boot auf.

Die beiden scheinbar völlig gegensätzlichen Menschen nähern sich im Laufe der Zeit an. Die Spannung des Films resultiert nicht nur aus der äußeren Handlung vor dem Hintergrund des Kriegs, sondern auch aus den gewitzten Wort- und Machtkämpfen zwischen Rose und Charlie. Die strenge Methodistin macht dem Kapitän dessen Trunksucht zum Vorwurf und kippt die Ginvorräte über Bord. Der zeigt sich darüber verständlicherweise wenig »amused«, muss aber stillschweigend anerkennen, dass seine Passagierin keineswegs so verzagt und altjüngferlich ist, wie er zunächst glaubte. Sie hat es sich nämlich in den Kopf gesetzt, den durch Stromschnellen gefährlichen Fluss ganz hinunterzufahren, bis zum großen See, auf dem ein deutsches Kriegsschiff, die »Louisa« (deren Vorbild die »Graf Goetzen« ist), seine Runden dreht. Rose plant, das feindliche Schiff aus Rache zu versenken. Charlie hält das für Wahnsinn, dennoch gibt er der »toughen« Rose nach, zumal sich in ihm nicht nur Respekt regt, sondern allmählich auch Zuneigung. Denn die scheinbar verhärmte Missionsschwester erweist sich beim genaueren Hinsehen als begehrenswerte und schöne Frau.

Das ungleiche und sich doch so gut ergänzende, vom Schicksal zusammengeworfene Duo wird bald auch ein Liebespaar. Gemeinsam meistern sie Abenteuer und Schwierigkeiten: Sie mogeln sich an einer deutschen Stellung vorbei, überwinden mit Rose am Steuer die Stromschnellen, schweißen die beschädigte Schiffsschraube und mühen sich durch das labyrinthische, schilfbestandene Flussdelta, dessen Wasser mit Blutegeln verseucht ist.

Charlie ist von der tapferen, mutigen Rose hingerissen: »Ich werde nie vergessen, wie du ausgesehen hast, als wir durch die Fälle fuhren: aufrecht stehend, die Haare im Winde flatternd, das lebende Abbild einer großen Heldin.«

Endlich erreichen sie den See, auf dem das deutsche Kriegsschiff patrouilliert. Bereits zuvor haben Rose und Charlie die »African Queen« bewaffnet: Sie haben leere Sauerstoffflaschen mit Sprengstoff gefüllt, einfache Aufschlagzünder gebastelt und diese »Torpedos« durch zwei Löcher im Bug geschoben. So glauben sie den Kampf mit dem deutschen Schiff aufnehmen zu können. Doch dann kommen Sturm und starker Regen auf. Durch die Löcher im Bug dringt Wasser in das Schiff, so dass die »African Queen« manövrierunfähig wird und sinkt. Charlie und Rose klammern sich am Wrack fest, doch Rose geht im Wellengang verloren. Charlie wird von den Deutschen gefangen genommen, auf deren Schiff verhört und wegen Spionage zum Tod verurteilt. Unterdessen haben die Deutschen auch Rose aufgegriffen und an Bord gebracht. Auch sie wird verhört, und Rose erzählt aus Trotz von ihrem Vorhaben, das Schiff der Deutschen mit den selbst gebastelten Torpedos zu versenken, eine Geschichte, die den Deutschen recht unglaubhaft und lächerlich vorkommt. Dennoch wird Rose ebenfalls zum Tod durch den Strang verurteilt. Das Ende vor Augen, bittet Charlie den Kapitän, Rose und ihn zu trauen. Der kommt dem letzten Wunsch der Delinquenten nach. Als die frisch Vermählten unmittelbar darauf unter dem Galgen stehen und die Stricke bereits gestrafft werden, erschüttert plötzlich eine Explosion das Schiff. Es gerät in Brand und sinkt. Rose und Charlie entkommen schwimmend. Wrackteile, darunter eine Bugplanke mit dem Namen der »African Queen«, dümpeln im Wasser. Den beiden wird klar: Das Wrack ihres Dampfboots trieb auf das deutsche Schiff zu, rammte es, die »Torpedos« wurden gezündet und versenkten die »Louisa«!

So bunt und aufregend wie der Filmplot waren auch die Dreharbeiten. Katharine Hepburn war davon so nachhaltig beeindruckt und amüsiert, dass sie siebenunddreißig Jahre später ein Buch darüber schrieb mit dem launigen Titel *Wie ich mit Bogart, Bacall und Huston nach Afrika fuhr und beinahe den Verstand verlor.*

Zum Ruiki River

Katharine Hepburn fliegt im April 1951 von New York nach London, wo sie »ihre« Schneiderin kennenlernt, die ihr die Kostüme und Kleider für Afrika näht. »Sie erklärte uns«, so Katharine Hepburn, »dass die Stoffe, die wir verwendeten, unbedingt für feuchte Hitze geeignet sein mussten. Sie sollten möglichst knitterarm sein, Schmutz durfte an ihnen nicht zu leicht sichtbar sein, und man sollte ihnen nicht ansehen können, ob sie nass oder trocken waren.«

Mit allem Notwendigen ausgerüstet, fliegt sie im Mai nach Rom weiter, wo bereits Bogart und seine Frau Lauren Bacall warten. Katharine Hepburn wohnt unerkannt von der Öffentlichkeit ein paar Tage bei einer Freundin. Gemeinsam unternehmen sie in einem kleinen Fiat Fahrten durch das nächtliche Rom und hinaus nach Ostia Antica. Dann reist Katharine Hepburn noch nach Neapel, um Spencer Tracy, der sich dort gerade aufhält, zu treffen. Die beiden halten ihr Liebesverhältnis vor der Öffentlichkeit geheim, da Tracy katholisch und verheiratet ist und keinen Skandal möchte. So begleitet er Katharine Hepburn auch nicht in den Kongo, sondern fliegt wenig später nach London.

Tags darauf macht sich das Filmteam auf nach Leopoldville. Die Enge an Bord vermittelt bereits einen Vorgeschmack auf Afrika. »In der Maschine«, erinnert sich Katharine Hepburn, »gab es acht Betten [...]. Die Bogarts hatten das untere Bett und ich die Pritsche über ihnen. Unsere Truppe bestand aus ungefähr zwanzig Leuten; die anderen waren Fremde.«

Sie erreichen Leopoldville, die Hauptstadt des Kongo, damals noch belgische Kolonie. Gehetzt wirken Katharine Hepburns Erinnerungen noch Jahrzehnte später: »Hitze – Schwüle – eine Kompanie von Hobbyfotografen – alles platt wie ein Brett, auch die Stadt – [...] Hitze – Hotel [...] Fenster ohne Fensterscheiben [...] Moskitonetze über den Betten – gestrichene Zementböden – dunkle, nackte Badezimmer – pass auf die Insekten auf – pass auf das Wasser auf [...].«

Mit dem Flugzeug geht es weiter nach Stanleyville im Herzen des Kongo. Dort werden sie vom Drehbuchautor Peter Viertel erwartet, dem Sohn des exilierten österreichischen Lyrikers Berthold Viertel und dessen Frau, der Schauspielerin Salka Viertel. Er sei ein »verdammt guter Autor«, urteilt Katharine Hepburn über ihn. Peter Viertel bringt die Weltstars in das Hotel Pourquoi Pas direkt am Kongo-Fluss. Katharine Hepburn bekommt – im Gegensatz zu den Bogarts – kein schönes Zimmer zugewiesen, sondern eine dunkle Kammer im Erdgeschoss, zur Straße hin. In ihrer Rage weiß sie sich zu helfen: »Ich stellte fest, dass der Buchhalter und der Rechnungsprüfer, die schon eine ganze Zeit hier waren, ein schönes Zimmer neben den Bogarts hatten. Ohne eine Geste zu verschwenden, ohne einen Gedanken an sie und ihre älteren Rechte und natürlich ohne ein Wort an einen von ihnen – marschierte ich in ihr Zimmer ... warf ihre Sachen in Koffer und verfrachtete alles in mein Zimmer im Erdgeschoss. Dann brachte ich den Saustall mit Peter Viertels Hilfe in Ordnung und packte meine Siebensachen aus. Ich kam mir schuldig vor, aber nicht schuldig genug, um sie nicht zu vertreiben.«

Trotz der Unannehmlichkeiten ist Katharine Hepburn vom Leben in Stanleyville und auf dem Kongo, der Lebens- und Verkehrsader des Landes, fasziniert. Und sie liebt das weiche Wasser des Flusses: »Hier ist es wie Honig. Es ist das fabelhafteste Wasser, das es gibt. Schmutz verflüchtigt sich einfach. Unter Umständen muss man vorher Spinnen oder Ameisen aus der Badewanne fischen. Und fliegende Dinger, die vom Licht angelockt werden, oder Eidechsen fallen einem auf den Kopf [...]. Aber was spielt all das für eine Rolle, wenn das Wasser weich ist und eher spurlos an einem abläuft, als dass es einen nass macht? Phantastisch [...]. Sinnlich. Engelfinger streicheln dich.«

Vormittags macht sie mit Bogart und Bacall Einkäufe auf dem Markt oder Ausflüge mit einem gemieteten Motorboot auf dem Kongo. Nachmittags zieht sie sich in ihr Zimmer zurück und studiert das Drehbuch, das sie und die anderen Schauspieler endlich erhalten haben. Zunächst ist sie allerdings enttäuscht: »Ich fand es grauenvoll langweilig und schlief ein paar Mal darüber ein. Eine Katastrophe.« Ihre Meinung darüber wird sich jedoch bald ändern. Peter Viertel ist zu seiner Zeit einer der besten Drehbuchautoren Hollywoods. Zudem wird es ihr und Bogart gelingen, den Dialogen eine ganz unerwartete Dimension hinzuzufügen, etwas, so John Huston, was »im geschriebenen Text überhaupt nicht in Erscheinung« tritt.

Nach ein paar Tagen der Akklimatisierung (»alles geht langsam und gemächlich«) fahren sie per Dampflok weiter nach Ponthierville (Ubundu): »Die Bahngleise liefen mitten durch den Urwald. Wir hielten auf einigen Bahnhöfen und kauften Bananen. [...] Es wurde dunkel. Wir konnten zusehen, wie wir in einem Funkenregen weiterfuhren. Wunderschön. Die Wagendächer fingen alle paar Augenblicke Feuer. Der Dschungel kein einzigesmal, denn er ist viel zu feucht. Wir schliefen auf unseren Sitzen.«

In Ponthierville wartet ein Fahrer vom Set, der die Weltstars (selbst in dem verschlafenen Ort wird Katharine Hepburn von einem kleinen Mädchen ein Blumenstrauß überreicht) in einer Limousine der Filmgesellschaft United Artists nach Biondo fährt, das am Ruiki River liegt. Sie müssen auf einer Fähre den Fluss queren: »Diese Fähre. Diese Vollmondnacht. Die Zirpfrösche kreischen wie am Spieß. Die Sirene heult. Dann und wann brüllt ein Affe. Die Fähre war ein Floß auf mehreren riesigen Einbäumen mit einer Klapprampe, auf der die Autos an Bord fahren konnten und wieder an Land. [...] Wir überquerten den Ruiki, der hier fünfzig Meter breit war. Unser Camp war gut dreißig Kilometer weiter flussabwärts. [...] Wieder durch den Dschungel. Durch mehrere winzige Dörfer, die an große Kaffeepflanzungen grenzten. Man konnte seine Hand vor Augen nicht sehen, denn es war stockdunkel und unwirklich.«

Endlich kommen sie im Camp an und werden von John Huston, dem bärbeißigen Regisseur, in nonchalant rosarot kariertem Baumwollhemd und brauner Hose empfangen. Katharine Hepburn, von der Fahrt übermüdet und gereizt, fällt sogleich mit der Tür ins Haus: »Was ist nun mit dem Drehbuch? Ich hoffe bei Gott, wir können jetzt gleich darüber reden!« Sie bleibt damit ihrem Image treu, eine unverträgliche und besserwisserische Zicke zu sein – so jedenfalls geht in Hollywood das Geschwätz. Und so ist auch Hustons erster Eindruck von Katharine Hepburn, der er hier, im Herzen Afrikas, zum ersten Mal begegnet. Seine barsche und kurze Antwort: »Wir werden über das Drehbuch reden – Schatz!«

Dschungelromantik

So beginnt die Zusammenarbeit zwischen einem Star und einem bekannten Regisseur – nicht eben der beste Boden für ein gutes Gedeihen. Wider Erwarten rauft sich das Filmteam in den nächsten Wochen zusammen, trotz oder gerade wegen der äußeren Unzulänglichkeiten. Rasch schwinden alle Vorbehalte, alle Animositäten, alle Starallüren. Denn jeder begreift, was auf dem Spiel steht und welch ein guter Film aus diesem Sujet, diesem Drehbuch und dieser Besetzung entstehen kann.

Das Team haust in einfachsten Hütten aus Bambus und Palmwedeln, am Rande des Urwalds, Katharine Hepburn und die Bogarts in zwei nebeneinanderliegenden. »Ich schob meinen

Alu-Schiffskoffer unter das Fenster«, erinnert sich Katharine Hepburn, »unter dem rechten stand ein Bambustisch mit einer Emailleschüssel und einer Wasserkanne. Das Bett war gegenüber von der Tür, mit dem Kopfende an der nackten Wand. Ein winziger Nachttisch aus Bambus. Die Decke – oder vielmehr das Dach – lief zeltartig zu, und von der einen Spitze hing eine Glühbirne ins Schlafzimmer, und von der anderen hing eine Glühbirne auf die Veranda. Die Rückwand meiner Behausung grenzte an den Dschungel, da sie mich am Rand des Lagers untergebracht hatten.«

Die Schauspielerin ist nun nicht nur zufrieden, sie ist glücklich. In der Nähe befindet sich sogar eine Dusche, in der das Wasser allerdings nur becherweise herunterrinnt, und von ihrer Hütte aus hat sie einen schönen Blick auf das Camp und den Urwald – mehr braucht sie nicht. Vielleicht ist es nach all den Jahren des amerikanischen Luxus und des Hollywoodtrubels gerade diese Reduktion auf das Einfachste und Nötigste, was ihrer naturverbundenen Seele und ihrem sportlichen Geist entspricht. Auch das Eis zwischen Huston und ihr bricht, als sie ihn mit den Worten umarmt: »Es ist einfach perfekt – ich bete Sie an – ich könnte mein Leben lang hierbleiben.«

Sie macht es sich in ihrer Hütte bequem. Zudem hat sie einen eigenen, einheimischen Diener, der ihr die bescheidenen Wünsche – etwa Wasser zum Haarewaschen – erfüllt. Bald ist die Hütte »wohnlich« eingerichtet: »Ich hängte meine Sachen auf. Verteilte die Utensilien auf dem Frisiertisch. Stellte die Fotos von Mutter und Dad auf. Packte mein großes grünes Nadelkissen mit dem Spitzenbezug und der irischen Todesfee aus, das meine Schwester Peg gemacht hatte. Packte meine John-Frederick-Seife, meine Bücher, meine Uhr und meine Taschenlampe mit fünf Batterien aus.« Abends liest sie im Schein einer Funzel, was freilich ungebetene Gäste anlockt: »Nachtfalter und Käfer kamen zum Fenster hereingeflogen, weil es keine Scheiben hatte. Schwirrten um die Glühbirne und fielen tot auf das Moskitonetz über dem Bett. Ja, dachte ich, und dann werden sie auf mich heruntergesiebt.« Doch sie nimmt alle Unzulänglichkeiten sportlich und mit Humor, selbst den immer feuchten Lehmboden: »Komisch, wie einem die Gaben der Zivilisation fehlen können. Dielen sind etwas Herrliches. Geben einem Sicherheit.«

Höhepunkt des gemeinschaftlichen Lebens im Camp sind die Mahlzeiten, die im Kantinenzelt eingenommen werden: »Das Essen war übrigens ausgezeichnet. Die van Thoms' hatten die Oberleitung. Sie mussten fünfzig Personen bekochen. Sie hatten einen vierflammigen Propangasherd, zwei Backöfen und eine Reihe von Holzfeuern, die alle auf dem Lehmboden eines ziemlich großen Zeltes verteilt waren. Jedes Feuer wurde von einem Schwarzen versorgt, der sich die Finger verbrannte, wenn er an einer Gabel oder irgendeinem anderen Gegenstand Toast über die Flammen hielt. Es war so verräuchert, dass einem die Augen tränten. Sehr heiß. Wir bekamen ein bisschen würzigen Käse auf einer Tomate oder so was. Dann gab es Fleisch mit Kartoffeln und zweierlei Gemüse. Ein selbstgemachtes Dessert. Dann Kaffee [...]. Zum Essen gab es Wein. Es war ein Triumph. Ich werde nie rausbekommen, wie Madame van Thoms es schaffte. Gegen Ende hatte sie eine Art Nervenzusammenbruch, aber sie ließ sich uns gegenüber nichts anmerken.«

»Ein hysterischer Alptraum«

Das Leben mitten in der grünen Einsamkeit des Kongo könnte eine Mischung aus Abenteuerurlaub, Wellnessoase und »Simplify your life«-Kurs sein – »Mein Gott – da sitze ich in Afrika, und irgend jemand zahlt die Rechnung. Womit habe ich dieses Glück verdient?« –, wäre da nicht der Sinn und Zweck des Ganzen: die Arbeit am Set, vor der Kamera. Die stellt sich als mühevoll heraus, aber das Team meistert die auftretenden Schwierigkeiten mit viel Improvisationstalent. Die tägliche Fahrt von Biondo zum Drehort, vier Kilometer flussaufwärts, auf dem »schwarzen Wasser« des Ruiki, erfolgt auf der »African Queen« – »ein zehn Meter langer Metallrumpf mit einem dreißig Jahre alten Motor und einem riesigen Dampfkessel und einer Dampfpumpenattrappe«. In der Barkasse des Administrators befindet sich die Garderobe für Katharine Hepburn: »Wenn die Fenster offen waren, stieß man dauernd mit dem Kopf dagegen. Wir hatten ein schmuddeliges Chemieklosett und einen Spiegel, ein Meter achtzig mal fünfundvierzig Zentimeter, der überall am Rand abgeschlagen war.«

Katharine Hepburn besteht darauf, dass dieser Spiegel zu jedem Drehort mitgenommen werden muss, auch in den Urwald. Den Spott der männlichen Kollegen nimmt sie gelassen hin: »Ich war Bogie und Huston ausgeliefert – zwei übermännlichen Männern. Also ich hatte einen übermännlichen Vater, und ich brauchte nicht erst mit einem von ihnen zu arbeiten, um herauszufinden, dass sie es als Zumutung empfinden würden, darauf zu warten, dass ich, ein weibliches Wesen, mich fertig gekämmt und geschminkt und angezogen – kurz gesagt aufgetakelt – hätte.«

Die Dreharbeiten werden von den Einheimischen mit Neugier, aber auch Ratlosigkeit beobachtet: »Ich bin sicher, dass es ihnen absolut hirnrissig vorkam. All den Kram den Fluss hochzubefördern – sich umzuziehen – herumzusitzen – in der ›African Queen‹ zu hocken – dumm daherzureden – und das Ganze wieder und wieder – und dann nach Hause zu fahren. [...] Sie hielten uns für geisteskrank.«

Die ersten Tage vergehen im Dauerregen der Tropen. Das Team sitzt gezwungenermaßen in den Hütten, und Sam Spiegel, der Produzent, der auf Fotografien mit kurzen Shorts und weißen Kniestrümpfen zu sehen ist, zieht ein immer längeres Gesicht. Als dann endlich ein klarer Tag folgt, beginnen die Dreharbeiten in aller Eile, um die verlorene Zeit hereinzuholen. Doch die Probleme reißen nicht ab. Ein Holzfloß, das auf dem Ruiki mitgeführt wird und einen Dampfkessel und die Kameraausrüstung trägt, gerät in überhängendes Blattwerk. Dadurch stürzt der Kessel um, die Kameraausrüstung wird um ein Haar ins Wasser gerissen. Dann wieder steckt das Floß an treibenden Stämmen fest. »Jede Einstellung«, so Katharine Hepburn, »war ein hysterischer Alptraum.« Als die Schiffsschraube hängen bleibt, wird sie verbogen. Schließlich greifen auch noch Hornissen die Crew an und ein Ameisenzug durchquert Katharine Hepburns Bett: »Ich riss mir die Sachen vom Leib. Ich war praktisch bis zum Hals von Ameisen bedeckt – überall gebissen, bis auf Hände und Hals und Gesicht.«

Dann schieben sich wieder Wolken vor die Sonne. Außerdem ist das Geräusch des Generators auf den ersten Aufnahmen zu vernehmen. Da es wieder zu regnen beginnt, muss die Kamera rasch ins Trockene gerettet werden. Der Boden weicht durch den Regenguss vollständig auf und wird zu knöcheltiefem Morast. Die Kostüme sind mit Schlamm vollgespritzt, die Frisuren verwandeln sich in der feuchten Hitze in klebrige Haarsträhnen. »Technische Schwierigkeiten zuhauf und keine Stühle – keine Garderoben – kein WC – heißes Ginger Ale und heißer Fruchtsaft und heißes Bier«, so die Schauspielerin lakonisch.

Dennoch: Die Dreharbeiten schreiten voran, wenngleich immer wieder durch Wetterkapriolen und technische Probleme unterbrochen. Die schlimmste Katastrophe: Die »African Queen« schlägt leck und kentert im Ruiki River – lange bevor sie laut Drehbuch untergehen soll. Nur mithilfe der Einheimischen kann das Schiff mit Seilen gehoben werden – und muss erst einmal von Schlamm und Unrat gereinigt werden.

All diese Widrigkeiten schweißen das Team zusammen, lassen alle irgendwie zu Pionieren werden. Katharine Hepburn und Humphrey Bogart spielen nicht nur ihren Kampf gegen die Naturgewalten, sie müssen tatsächlich kämpfen. Schauspielkunst und Realität vermengen sich – auch das ist eine der Stärken des Films. »Trotz allem«, erinnert sich Katharine Hepburn fast vierzig Jahre später, »*African Queen* war ein Riesenspaß. Es war ein Riesenspaß, mit John Huston zusammen zu sein – und mit Bogie und Betty – und mit Peter. Und die Außenaufnahmen in Afrika waren für uns alle eine Premiere.«

Als die Szenen, die im Dschungel und auf dem Fluss spielen, »im Kasten« sind, fährt das Team über Ponthierville, wo noch ein paar Aufnahmen von einem großen Raddampfer gemacht werden, zurück nach Stanleyville. Dort besteigen die Filmleute ein Flugzeug und reisen nach Entebbe in Uganda, damals noch britische Kolonie. Sie wohnen in einem Hotel mit Golf- und Tennisanlage und können sich ein paar Tage lang erholen, wobei Katharine Hepburn ihrer »romantischen« Hütte in Biondo sogar etwas nachtrauert: Die sei primitiv gewesen, aber »luxuriös primitiv«.

Schließlich geht es zum Albertsee, an der Grenze zwischen Uganda und dem Kongo. Von dort aus soll sich das Team auf dem Schiff »Lugard II«, das von einem Schotten gelenkt wird, nilaufwärts zu den Murchison-Wasserfällen begeben. Doch zunächst gehen der waffennärrische John Huston und Katharine Hepburn auf die Jagd. Eine Elefantenherde kann vor ihren Nachstellungen zwar rechtzeitig Reißaus nehmen, aber ein Wildschwein und eine Kudu-Antilope werden erlegt. Zwei Jahre später hat Peter Viertel die fatale Jagdleidenschaft des Regisseurs in seinem Roman *White Hunter, Black Heart (Weißer Jäger, schwarzes Herz)* verarbeitet, der 1990 unter der Regie von Clint Eastwood, mit ihm in der Hauptrolle als John Wilson (John Huston), verfilmt wurde. So entstand aus den Ereignissen am Rande der Dreharbeiten zu einem Film ein Roman und daraus wieder ein Film – Kunst gebiert Kunst.

Katharine Hepburn selbst sah ihr Jagdabenteuer mit gemischten Gefühlen, gerade auch, als der Kudu geschlachtet werden soll: »Es gab eine schaurige Szene, als jeder von uns versuchte, ihm die Kehle zu durchschneiden, damit er ausblutete. Ich weiß nicht mehr, was zu stumpf war, das Messer oder der Wille, es zu schaffen. [...] Wieder auf dem Hausboot, verzehrten wir den Kudu. Es war ein Fest. Und *ich* hatte ›in Afrika gejagt‹.«

Etwas mulmig wird der Schauspielerin, als sie zu den Murchison-Fällen kommen und am Victoria-Nil einen »Teppich von

Krokodilen« liegen sehen. Es müssen noch ein paar Szenen gedreht werden, aber die Gesellschaft der Reptilien lässt alle erschauern: »Könnt ihr es euch vorstellen? Wir waren in einer Art Sackgasse, einer Art See [...]. Wir hatten die ›Queen‹, und wir hatten ein großes Floß für die Kameras und unsere beiden Scheinwerfer und den Ton. Das Wasser war [...] ein Krokodilteppich. Und ein Krokodil ist ein Tier, das einfach keinen Charme hat.«

Zehn Drehtage werden am Albertsee und am Victoria-Nil zugebracht, dann sind die meisten Szenen »im Kasten«. Glücklicherweise, denn im Team geht eine Magen-Darm-Infektion um und legt die meisten flach. Auch Katharine Hepburn erkrankt und dreht die letzten Szenen nur mit äußerster Selbstdisziplin. Etwas neidisch vermerkt sie: »Übrigens waren weder Bogie noch John in dieser ganzen Zeit krank. Es ging ihnen blendend!« Womöglich hat das mit deren beträchtlichem Alkoholkonsum zu tun, denn beide – Bogart wie Huston – waren als Trinker bekannt.

Schließlich dreht Huston am Albertsee noch die Szene, in der die »African Queen« ihren Weg durch das Schilflabyrinth sucht, bevor sie auf den See gelangt. Dann werden die Koffer gepackt, das Team reist zurück nach Entebbe, besteigt ein Flugzeug und fliegt, mit Zwischenlandung in Kairo, nach London.

Eine Frage der Zeit

Unterdessen dreht siebenhundert Kilometer südlich des Albertsees die »Liemba« weiter ihre zuverlässigen Runden auf dem Tanganjikasee. Sie wird für *African Queen* jedoch nie im Original gefilmt. Die Szenen, die die »Graf Goetzen« alias »Louisa« zeigen, werden in den Isleworth Studios in London gedreht. Dort, in englischem Wasser, das nicht von Bilharzia verseucht ist, müht sich Humphrey Bogart durch hüfttiefes Nass und wird von Blutegeln gequält, die absolut keimfrei sind und aus der Apotheke stammen. Allerdings ist das Wasser keineswegs so angenehm warm wie in den Tropen. »Oh, wie Bogie es hasste zu baden«, erinnert sich Katharine Hepburn nicht ohne Schadenfreude, »er fror furchtbar. Ich bade den ganzen Winter in Long Island – mein Rekord ist zwölf Grad unter Null (Lufttemperatur). Eine meiner eher rätselhaften Eigenschaften.«

In einer im Studio gestellten Fernaufnahme ist auch die »Graf Goetzen« zu sehen – das aufgehübschte und baulich veränderte Modell des Originals, das in jenem Jahr 1951 beileibe nicht mehr so gut in Schuss war.

So haben sich die »Graf Goetzen« alias »Liemba« und das Team um John Huston, Katharine Hepburn und Humphrey Bogart wochenlang »verpasst«. Außer dem Drehbuchautor Peter Viertel und dem Requisitenmeister dürfte wohl keiner der Anwesenden überhaupt eine Ahnung von dem alten, erlebnisträchtigen deutschen Schiff gehabt haben, das zwar 1916 versenkt worden war, aber auf Befehl des deutschen Generals Paul von Lettow-Vorbeck und nicht beim Angriff einer englischen Missionsschwester und eines Trunkenbolds mit selbst gebastelten »Torpedos«. An diese Szene erinnert sich die Schauspielerin eher mit Unbehagen: »Die Szene auf dem Kanonenboot. Es stand auf einer hohen Plattform, nur ein Stück Himmel war zu sehen. Einfach an einer freien Ecke des Geländes. Es war eine sehr schwache Szene, aber sie ging ganz gut. Charlie und Rosie hatten gewonnen! Das war's also.«

Das war's indes noch lange nicht. Der Film *African Queen* wurde ein Welterfolg, wobei die deutsche Fassung von 1958 um die Szenen geschnitten war, die beim Publikum wegen ihrer Deutschenfeindlichkeit auf Ablehnung hätten stoßen können. Die »Liemba« befuhr weiterhin den Tanganjikasee und tut es noch heute. 2001 endlich erinnerte der Redakteur und Filmemacher Stephan Lamby in seinem Dokumentarfilm *Die lange Fahrt der Graf Goetzen* an die abwechslungsreiche Geschichte des Dampfers. 2007 folgte der Schweizer Autor Alex Capus mit seiner Darstellung in Romanform unter dem Titel *Eine Frage der Zeit*, einem Buch, das ein großer Erfolg wurde und die »Graf Goetzen« einem breiteren Publikum bekannt machte.

Inzwischen kam der Gedanke auf, die »Liemba« zu ihrem hundertsten Geburtstag im Jahre 2013 wieder zurück in die Heimat zu holen, eventuell auf das Gelände der noch immer in Papenburg ansässigen Meyer-Werft. Das altersschwache und stark sanierungsbedürftige Schiff soll zu jenem Jahr ohnehin die letzte Fahrt auf dem Tanganjikasee tun. Über die Finanzierung der »Heimholung« wurde man sich bislang nicht einig. Rufe an das deutsche Entwicklungsministerium und das Auswärtige Amt wurden laut, Bürgerinitiativen haben sich gegründet. Schade, dass Katharine Hepburn davon nichts mehr erfahren hat – sie starb am 29. Juni 2003 im Alter von sechsundneunzig Jahren. Vielleicht hätte sie ihr Scherflein beigetragen?

Auswahlbibliografie

Catalina de Erauso

Dekker, Rudolf und Lotte van de Pol: *Frauen in Männerkleidern. Weibliche Transvestiten und ihre Geschichte*. Berlin 1990.

Götz, Rainer H.: *Spanish Golden Age Autobiography in its Context*. New York 1994.

Histoire de la Monja-Alferez, Dona Catalina de Erauso, écrite par elle-même, et enrichie de notes et documents, par Don Joaquin Maria de Ferrer. Paris 1830.

Lotthammer, Cornelia: *La Monja Alférez. Die Autobiographie der Catalina de Erauso in ihrem literarischen und gesellschaftlichen Kontext*. Frankfurt/M. 1998 (mit ausführlicher Bibliografie).

Stricker, Wilhelm: *Die Amazonen in Sage und Geschichte*. Sammlung gemeinverständlicher wissenschaftlicher Vorträge. Hg. von Rud. Virchow und Fr. von Holtzendorff. III. Serie. Heft 61. Berlin 1868.

Hortense de Mazarin

Combescot, Pierre: *Les petites Mazarines*. Paris 1999.

Flake, Otto: *Große Damen des Barock*. Berlin 1939.

Les illustres aventurières ou mémoires d'Hortense et de Marie Mancini. Préface et notes par Pierre Camo. Paris 1929.

Mancini, Marie, Princesse Colonne: *Cendre et poussière. Mémoires*. Lonrai 1997.

Mazarin, Hortense de: *Mémoires*. Paris 1808.

Rouvroy, Louis de, Duc de Saint-Simon: *Mémoires*. 1881.

Saint-Réal, César: *Les œuvres*. Paris 1757.

Sain-Réal, César: *Mémoires de M.L.D.M.* [i.e. Hortense de Mazarin]. Cologne 1675.

Saint-Évremond, Charles: *Mémoires de Madame la Comtesse de M.* Paris 1753.

Saint-Évremond, Charles: *Textes*. Paris 1972.

Mary Read und Anne Bonny

Anonymous: *The Tryals of Captain John Rackham and Other Pirates. Also, the Tryals of Mary Read and Anne Bonny, Alias Boon, on Monday the 28th Day of the said Month of November, at St. Jago de la Vega.* Jamaica 1721.

Bohn, Robert: *Die Piraten.* München 2003.

Dekker, Rudolf und Lotte van de Pol: *Frauen in Männerkleidern. Weibliche Transvestiten und ihre Geschichte.* Berlin 1990.

Druett, Joan: *She Captains. Heroines and Hellions of the Sea.* New York 2001.

Johnson, Captain Charles: *A General History of the Robberies and Murders of the Most Notorious Pirates.* London 1724.

Ida Pfeiffer

Donner, Eka: *Und nirgends eine Karawane. Die Weltreisen der Ida Pfeiffer (1797–1858).* Düsseldorf 1997.

Habinger, Gabriele: *Eine Wiener Biedermeierdame erobert die Welt. Die Lebensgeschichte der Ida Pfeiffer (1797–1858).* Wien 1997.

Habinger, Gabriele: *Ida Pfeiffer – eine Forschungsreisende des Biedermeier.* Wien 2004.

Jehle, Hiltgund: *Ida Pfeiffer. Weltreisende im 19. Jahrhundert.* Münster und New York 1989.

Pfeiffer, Ida: *»Wir leben nach Matrosenweise«. Briefe einer Weltreisenden des 19. Jahrhunderts.* Hg., bearbeitet und kommentiert von Gabriele Habinger. Wien 2008.

Pfeiffer, Ida: *Abenteuer Inselwelt. Die Reise 1851 durch Borneo, Sumatra und Java.* Wien 1993.

Pfeiffer, Ida: *»Biographische Skizze, nach ihren eigenen Aufzeichnungen«.* In: *Reise nach Madagaskar.* Wien 1861.

Pfeiffer, Ida: *Eine Frau fährt um die Welt. Die Reise 1846 nach Südamerika, China, Ostindien, Persien und Kleinasien.* Hg. von Gabriele Habinger. Wien 1992.

Pfeiffer, Ida: *Nordlandfahrt. Eine Reise nach Skandinavien und Island im Jahre 1845.* Wien 1991.

Pfeiffer, Ida: *Reise in das Heilige Land. Konstantinopel, Palästina, Ägypten im Jahre 1842.* Hg. und Vorwort von Gabriele Habinger. Wien 1995.

Pfeiffer, Ida: *Reise in die Neue Welt. Amerika im Jahre 1853.* Wien 1994.

Pfeiffer, Ida: *Verschwörung im Regenwald. Ida Pfeiffers Reise nach Madagaskar.* Basel 1999.

Stökl, Helene: *Die Weltfahrten der österreichischen Reisenden Ida Pfeiffer.* Wien 1920.

Jane Ellenborough

About, Edmond: *La Grèce Contemporaine*. Paris 1858.

Apponyi, Rudolf: *Vingt-cinq Ans à Paris*. Paris 1913–1926.

Beaufort-Strangford, Emily: *Egyptian Sepulchres and Syrian Shrines*. London 1874.

Blanch, Lesley: *Nomadin des Herzens. Jane Digby – ein Porträt*. Berlin 2005.

Blanch, Lesley: *Sie folgten ihrem Stern. Frauenschicksale im Orient*. Hamburg 1955.

Buchon, Alexandre: *Voyage dans L'Eubée, les îles Ioniennes et les Cyclades en 1841*. Hg. von Jean Longnon. Paris 1911.

Burton, Isabel: *The Inner life of Syria, Palestine and the Holy Land*. London 1876.

Burton, Isabel: *The Life of Captain Sir Richard F. Burton*. London 1898.

Lovell, Mary S.: *A Scandalous Life. The Biography of Jane Digby*. London 1995.

Oddie, E. M. (d. i. O'Donoghue, Elinor Mary): *Portrait of Janthe*. London 1935.

Oelwein, Cornelia: *Lady Jane Ellenborough. Eine Frau beeindruckt ihr Jahrhundert*. München 1996.

Schack, Adolf Friedrich Graf von: *Ein halbes Jahrhundert. Erinnerungen und Aufzeichnungen*. 3 Bde. Stuttgart 1894.

Therese von Bayern

Bayer, Th. von [d. i. Therese von Bayern]: *Reiseeindrücke und Skizzen aus Rußland*. Stuttgart 1885.

Bayer, Th. von [d. i. Therese von Bayern]: *Über den Polarkreis*. Leipzig 1889.

Bayern, Therese von: *Meine Reise in den Brasilianischen Tropen*. Berlin 1897.

Bayern, Therese von: *Reisestudien aus dem Westlichen Südamerika*. 2 Bde. Berlin 1908.

Bußmann, Hadumod und Eva Neukum-Fichtner: *»Ich bleibe ein Wesen eigener Art«. Prinzessin Therese von Bayern. Wissenschaftlerin, Forschungsreisende, Mäzenin (1850–1925)*. München 1997.

Bußmann, Hadumod: *»Ich habe mich vor nichts im Leben gefürchtet.« Die ungewöhnliche Geschichte der Therese Prinzessin von Bayern. 1850–1925*. München 2011 (mit umfangreicher Bibliografie).

Hildebrandt, Irma: *»Eine Autodidaktin wird Ehrendoktor: Therese Prinzessin von Bayern (1850–1925)«*. In: Hildebrandt, Irma: *Bin halt ein zähes Luder. 15 Münchner Frauenporträts*. München 1991, S. 43–54.

Huber, Walter: *»Forschungsreisen nach Südamerika 1888/1898, Dr. h. c.

Therese Prinzessin von Bayern«. In: *Münchner Naturforscher in Süd-amerika.* München 1998, S. 38–64.

Krauss, Sylvia: »Prinzessin Therese von Bayern«. In: Willoweit, Dietmar (Hg.): *Denker, Forscher und Entdecker. Eine Geschichte der Bayerischen Akademie der Wissenschaften in historischen Portraits.* München 2009, S. 189–204.

Schweiggert, Alfons: *Otto, der Bruder König Ludwig II. von Bayern. Ein Lebensbild.* München 1992.

Hermione von Preuschen

Eine Bibliografie zu H. v. P. findet sich in: Gisela Brinker-Gabler u. a. [Hgg.]: *Lexikon deutschsprachiger Schriftstellerinnen 1800–1945.* München 1986, S. 247.

Mühsam, Erich: *Unpolitische Erinnerungen.* Berlin 2003.

Preuschen, Hermione von: *Astartenlieder.* Zürich 1902.

Preuschen, Hermione von: *Der Roman meines Lebens. Ein Frauenleben um die Jahrhundertwende.* Berlin und Leipzig 1926.

Preuschen, Hermione von: *Durch Glut und Geheimnis. Indische Impres-sionen.* Wolfenbüttel 1909.

Preuschen, Hermione von: *Flammenmal. Gedichte.* Berlin o. J. [1903].

Preuschen, Hermione von: *Regina vitae! Gedichte.* Berlin 1888.

Ranft, Gerhard (Hg.): »*Theodor Storms Briefe an Hermione von Preu-schen«.* In: *Schriften der Theodor-Storm-Gesellschaft 22* (1973) S. 55–94.

Telmann, Konrad: *Briefe an Hermione von Preuschen.* Berlin 1911.

Lou Andreas-Salomé

Andreas-Salomé, Lou: *Lebensrückblick. Grundriss einiger Lebenserinne-rungen.* Hg. von Ernst Pfeiffer. Zürich und Wiesbaden 1952.

Andreas-Salomé, Lou: *Rainer Maria Rilke.* Frankfurt/M. 1988.

Andreas-Salomé, Lou: *Russland mit Rainer. Tagebuch der Reise mit Rai-ner Maria Rilke im Jahre 1900.* Hg. von Stéphane Michaud in Verbin-dung mit Dorothee Pfeiffer. Mit einem Vorwort von Brigitte Kro-nauer. Marbach 1999.

Asadowski, Konstantin (Hg.). *Rilke und Rußland. Briefe, Erinnerungen, Gedichte.* Frankfurt/M. 1986.

Decker, Kerstin: *Lou Andreas Salomé. Der bittersüße Funke Ich.* Berlin 2010.

Prater, Donald A.: *Ein klingendes Glas. Das Leben Rainer Maria Rilkes. Eine Biographie.* Reinbek 1989.

Rilke, Rainer Maria und Lou Andreas-Salomé: *Briefwechsel.* Hg. von Ernst Pfeiffer. Zürich und Wiesbaden 1951.

Wendt, Gunna: *Lou Andreas-Salomé und Rilke – eine amour fou*. Berlin 2010.

Wiesner-Bangard, Michaela und Ursula Welsch: *Lou Andreas-Salomé*. *»... wie ich Dich liebe, Rätselleben«. Eine Biographie*. Leipzig 2002.

Mary Kingsley

Birkett, Deborah: *Mary Kingsley (1862–1900); a biographical bibliography*. Bristol 1993.

Frank, Katherine: *A Voyager Out. The Life of Mary Kingsley*. Boston 1986.

Gwynn, Stephen: *The Life of Mary Kingsley*. London 1932.

Kingsley, Mary Henrietta: *Travels in West Africa: Congo Français, Corisco and Cameroons*. London 1897.

Kingsley, Mary Henrietta: *West African Studies*. London 1899.

Kingsley, Mary: *Die grünen Mauern meiner Flüsse. Aufzeichnungen aus Westafrika*. Ausgewählt und mit einem Nachwort von Ulrike Budde. München 1989.

Lütgen, Kurt: *Die Katzen von Sansibar zählen. Das Leben einer ungewöhnlichen Frau*. Braunschweig 1962.

Alexandra David-Néel

Brosse, Jacques: *Alexandra David-Néel. L'aventure et la spiritualité*. Paris 1978.

Chalon, Jean: *Alexandra David-Néel. Das Portrait einer Unbezähmbaren. Das Wagnis eines ungewöhnlichen Lebens*. München 1998.

David-Néel, Alexandra: *Altes Tibet, neues China*. Wiesbaden 1955.

David-Néel, Alexandra: *Arjopa. Die erste Pilgerfahrt einer weißen Frau nach der verbotenen Stadt des Dalai-Lama*. Leipzig 1928.

David-Néel, Alexandra: *Mein Weg durch Himmel und Hölle. Das Abenteuer meines Lebens*. München 1995.

David-Néel, Alexandra: *Sous des nuées d'orages. Récit de voyage*. Paris 1940.

David-Néel, Alexandra: *Wanderer mit dem Wind. Reisetagebücher in Briefen 1904–1917*. Wiesbaden 1979.

Foster, Barbara und Michael: *Alexandra David-Néel – Die Frau, die das verbotene Tibet entdeckte*. Freiburg i. B. 1999.

Middleton, Ruth: *Alexandra David-Néel. Portrait of an Adventurer*. Boston 1989.

Peyronnet, Marie-Madeleine: *Dix ans avec Alexandra David-Néel*. Paris 1973.

Agatha Christie
Barnard, Robert: *A Talent to Deceive. An Appreciation of Agatha Christie*. London 1980.
Christie, Agatha: *Come Tell Me How You Live*. London 1946.
Christie, Agatha: *Death on the Nile*. London 1937.
Christie, Agatha: *Erinnerung an glückliche Tage*. Bern 1998.
Christie, Agatha: *Meine gute alte Zeit. Eine Autobiographie*. Bern 1990.
Christie, Agatha: *Murder in Mesopotamia*. London 1936.
Christie, Agatha: *Murder on the Orient Express*. London 1934.
Christie, Agatha: *They Came to Baghdad*. London 1951.
Gripenberg, Monika: *Agatha Christie*. Reinbek 1994.
Mallowan, Max: *Mallowan's Memoirs*. London 1977.
Mallowan, Max: *Nimrud and Its Remains*. London 1966.
Morgan, Janet: *Agatha Christie. A Biography*. London 1984.
Osborne, Charles: *The Life and Crimes of Agatha Christie*. London 1982.
Sova, Dawn B.: *Agatha Christie A To Z. The Essential Reference to her Life and Writings*. New York 1996.
Thompson, Laura: *Agatha Christie. An English Mystery*. London 2007.
Trümpler, Charlotte (Hg.): *Agatha Christie und der Orient. Kriminalistik und Archäologie*. Bern, München, Wien 1999.
www.agathachristie.com

Thea Rasche
Italiaander, Rolf: *Drei deutsche Fliegerinnen*. Berlin 1940.
Rasche, Thea: *Start in Amerika*. Berlin 1928.
Rasche, Thea: *Und über uns die Fliegerei*. Berlin 1940.
Zegenhagen, Evelyn: »*Schneidige deutsche Mädel*«. *Fliegerinnen zwischen 1918 und 1945*. Deutsches Museum. Abhandlungen und Berichte. Neue Folge, Band 22. Göttingen 2007 (mit ausführlicher Bibliografie).

Leni Riefenstahl
Collignon, Ilse: »*Liebe Leni…*« *Eine Riefenstahl erinnert sich*. München 2003.
Filmmuseum Potsdam (Hg.): *Leni Riefenstahl*. Berlin 1999.
Herzog, Markwart und Mario Leis (Hgg.): *Kunst und Ästhetik im Werk Leni Riefenstahls*. München 2011.
Kinkel, Lutz: *Die Scheinwerferin. Leni Riefenstahl und das »Dritte Reich«*. Hamburg und Wien 2002.
Knopp, Guido und Friedrich Scherer: »*Leni Riefenstahl*«. In: Guido Knopp: *Hitlers nützliche Idole*. München 2007, S. 266–316.
Leis, Mario: *Leni Riefenstahl*. Reinbek 2009.

Nadel, Siegfried Ferdinand: *The Nuba: An anthropological study of the hill tribes in Kordofan*. London 1947.

Riefenstahl, Leni: *Die Nuba von Kau*. München 1976.

Riefenstahl, Leni: *Die Nuba. Menschen wie von einem anderen Stern*. München 1973.

Riefenstahl, Leni: *Mein Afrika*. München 1982.

Riefenstahl, Leni: *Memoiren*. München und Hamburg 1987.

Rother, Rainer: *Leni Riefenstahl. Die Verführung des Talents*. Berlin 2000.

Sontag, Susan: *Under the sign of Saturn*. London 1996.

Taschen, Angelica (Hg.): *Leni Riefenstahl – Fünf Leben. Eine Biographie in Bildern*. Köln 2000.

Trimborn, Jürgen: *Riefenstahl. Eine deutsche Karriere*. Berlin 2002.

Katharine Hepburn

Capus, Alex: *Eine Frage der Zeit*. Roman. München 2007.

Foden, Giles: *Die wahre Geschichte der African Queen*. Frankfurt/M. 2006.

Forester, Cecil Scott: *Die »African Queen«*. Berlin 1999.

Hepburn, Katharine: *African Queen oder Wie ich mit Bogart, Bacall und Huston nach Afrika fuhr und beinahe den Verstand verlor*. München 1987.

Hepburn, Katharine: *Ich. Geschichten meines Lebens*. München 1991.

Marill, Alvin H.: *Katharine Hepburn. Ihre Filme – ihr Leben*. München 1979.

Stührenberg, Michael und Pascal Maitre: »*Die endlose Fahrt der ›Liemba‹*«. In: *GEO*, 04/2007.

Viertel, Peter: *Weißer Jäger, schwarzes Herz*. Roman. Zürich 1990 (amerikanische Originalausgabe: 1953).

Wright, Tricia (Hg.): *Katharine Hepburn. Hollywood Collection – Eine Hommage in Fotografien*. Text und Fachberatung Manfred Hobsch. Berlin 2009.

www.meyerwerft.de